W0365883

21 Tage mit Braco

Verlag:
Budjenje d.o.o.

Zagreb
Srebrnjak 1

Copyright:
Budjenje d.o.o.

Für den Verlag:
Damir Dumić - Kambiček

Originaltitel:
ANGELIKA WHITECLIFF /*21 days with Braco*

Übersetzer:
Mladen Šipek

Die CIP-Aufnahme ist im EDV-Katalog der National - und Universitätsbibliothek in Zagreb unter der Nummer 729228 abrufbar
ISBN 978-953-6892-40-2

21 Tage mit Braco

ANGELIKA WHITECLIFF

An Braco

Du hast mir meine kostbaren Hoffnungen und Träume wiedergegeben, und die Kraft, sie wahr werden zu lassen.

Die Verfasserin möchte ihren Dank aussprechen an Dr. Michael Salla, ihren Lebensgefährten, dessen Liebe und Unterstützung von dem Moment ihrer ersten Begegnung an ein Leuchtfeuer war, und der dieses Buch mit Zuversicht und Glauben an Erfolg redaktionell bearbeitete. Ebenso geht ihr Dank an Charlene Nevil, für ihre feste Überzeugung und Unterstützung, dass dieses Buch geschrieben werden muss, an Monica Robles für ihre Freundschaft und Liebe durch all die Jahre hinweg, sowie an die Gymnasiallehrerin Frau Elrick, die sie als erste ermutigte, Schriftstellerin zu werden.

INHALT

VORWORT

Jahrhundertelange scharfe Kämpfe, Konflikte und Chaos zwischen Staaten und Zivilisationen haben die Menschen dazu bewegt, tief in den kollektiven Geist einzudringen, um Lösungen zu finden. So erschienen große Führer, Lehrer und Vereiniger auf der Bildfläche, als Antwort auf diese Aufgabe; geschaffen und gehärtet aus der allgemeinen Notwendigkeit heraus, das Schicksal dieser Zeit zu verbessern. Heute kommt es unter uns allen zu einem heftigen Erwachen, als unabwendbarer Aufschrei nach einem geistigeren Bindeglied des Lebens, nach einer Rückkehr zur Natur, zu unseren Herzen und zueinander. Dieser Vorgang spielt sich überall auf der Welt ab, wie in einer großen Menschenfamilie. In den Vereinigten Staaten wird die Bewegung der Selbsthilfe immer stärker, ebenso wie alternative Heilmethoden, ökologischer Aktivismus, Erforschung neuer Energien und der Ruf nach Frieden.

Unser kollektives Bewusstsein und unsere Herzen rufen um Hilfe und fordern zu Taten auf, damit wir das Böse überwinden, das wir unserer natürlichen Umgebung und unseren Mitmenschen angetan haben. Immer mehr Menschen stellen sich der Herausforderung, Ungleichheit zu korrigieren, bevor es zu spät ist. Wir leben in einer Zeit des Erwachens und der Wandlung, das ist unser gegenwärtiges Schicksal, und unser entschlossener Aufschrei geht aus der daraus geschaffenen intuitiven Inspiration hervor. Die von unserem Verstand so leicht gesteckten Grenzen haben uns bisher behindert. Heute heben unsere Herzen und unsere Intuition solche Beschränkungen auf. Denn unsere Herzen und Seelen kennen unsere geheimsten Wünsche und halten unbestechlich an dem höheren Verständnis fest, dass alles möglich ist, auch außerhalb des Begriffsvermögens unseres Verstands.

Hoffnung ruft aus unseren weit geöffneten Herzen nach einem Wunder, das die Dinge zum Besseren kehrt, nach einer neuen Kraft und Reinheit, die uns die Möglichkeit bietet, uns selbst zu helfen - und das Gleichgewicht mit allen Dingen wieder herzustellen. Und die einzigartige Lösung kommt auf uns zurück als Antwort auf diesen aufrichtigen Hilferuf, sie kommt aus jener größeren Quelle, die „Alles“ ist. Außerhalb des Körpers, Verstands und der Seele kann sie eine Gabe schaffen, die das kollektive Bedürfnis auf die unerwartetste Weise befriedigt.

In Kroatien lernte ich einen Menschen kennen, der bereits seit 14 Jahren Menschen auf dem Balkan und in vielen Ländern Europas hilft und der, so glaube ich, eine monumentale Rolle auf dieser Welt spielt. Im Grunde genommen stellt er nicht nur eine außergewöhnliche Gelegenheit für die Menschen dar, sondern auch eine kostbare Lösung, nach der die Massen flehen, die grundlegenden Wandel für Glück, Frieden und Gleichgewicht unserer Welt wünschen. Sein Name ist ganz einfach Braco, was in seiner Muttersprache „kleiner Bruder“ bedeutet. Er ist ein gewöhnlicher Mensch, wie wir alle, einer von uns. Nur sein sanfter Blick verrät die Gabe, die den Schlüssel darstellt. Den Schlüssel zum Erwachen, zum Wandel, zur Heilung nicht nur körperlicher Gebrechen, sondern auch des Lebens jener Personen, denen das Licht der inneren Kraft, des inneren Willens und des Daseinsgrunds genommen war.

Braco ist ein hervorragender Katalysator; die aus seinem Blick strahlende Energie kann Menschen spontan zu sich selbst, zu der Quelle, zu jenem inneren Licht und zur Gesundheit zurück führen. Das ist es, was Dinge möglich macht, ein Bewusstsein, das die Fesseln des Geistes aufschließen und uns von konventionellen Beschränkungen, die uns im Weg stehen, befreien kann, damit wir unsere Körper und unsere Leben heilen. Jahrhundertelang existierten Heilige, Weise, Yogis, Propheten, und Heiler, die wundersame Heilungen vollbrachten. Braco kommen ebenfalls solche Verdienste zu. Belegt wird dies durch eine meterhohe Masse dokumentierter wundersamer Heilungen unheilbarer Krankheiten, Erkrankungen und Verletzungen der Personen, die Bracos öffentliche Begegnungen besuchten. Aber Braco passt in keine der angeführten Kategorien. Er ist ein Mensch, der in aufrichtiger Liebe zur Natur und zu dem Menschen lebt. Er ist ein normaler Familienmensch, der sich die Verbesserung des menschlichen Lebens zur Berufung gemacht und sein Leben der Erfüllung dieser Aufgabe gewidmet hat.

„Heiler“ ist ein Ausdruck, der oft mit Braco in Verbindung gebracht wird. Doch seine Fähigkeit, nicht nur den Körper zu heilen, sondern auch die Lebensprobleme einzelner Personen, sprengt den Rahmen dieser Klassifikation. Braco würde sich selbst nie als Heiler bezeichnen, aber aus einem ganz anderen Grund. Er ist nicht da, um Menschen zu heilen; seine innere Bestimmung ist es, dem vorbehaltlos zu dienen, was wir einzig und allein als göttlichen Willen bezeichnen können. Nur dieser Wille bringt Gaben durch Braco. Nur dieser Wille entscheidet, welche Form bestimmte Personen im Leben annehmen werden, und nur dieser Wille reagiert auf die Wünsche unseres Herzens, nicht unseres Verstands. Kein Teil Bracos ist von dieser Hilfeleistung ausgenommen, und möglicherweise ist gerade dies der Grund, weswegen er auserkoren wurde, der Menschheit diese Gabe zu bringen. Die Verantwortung einer solchen Berufung ist unmessbar.

Nicht alle, die Braco besuchen, erfahren Heilungen. Der Grund dafür liegt darin, dass wir alle den freien Willen haben, den Zutritt zu unseren Herzen und Wünschen zu verwehren. Wir können uns der Welt und den Möglichkeiten verschließen, das Aufatmen unseres Herzens blockieren - das steht uns auf dieser Welt frei. Dennoch verspürt die Mehrzahl der Teilnehmer an Bracos Begegnungen ein Gefühl der positiven, guten Energie und etwas Höheres. Das innere Licht flammt wieder auf, das Unlösbare und Unüberbrückbare verblasst, Antworten auf Fragen tauchen auf, während wir nach Lösungen suchen. Und so kommen Körper zur Gesundung, manchmal wundersam und augenblicklich. In vielen Fällen verspüren die Besucher einen unwiderstehlichen Drang zum erneuten Besuch, und für eine völlige Genesung sind mehrere Begegnungen nötig. Das hängt jedoch von der Einzelperson ab, nicht von der Energie, sonst würde dies für alle gelten. Unsere Herzen müssen nur offen sein und die Erkenntnis akzeptieren, dass das unbezahlbare Geschenk tatsächlich existiert.

In den vergangenen 14 Jahren arbeitete Braco ausschließlich auf dem Balkan und in einigen Teilen Europas. Jedes Jahr besuchen ihn Hunderttausende von Menschen, um die Kraft seines Blicks zu erleben. Davon hört man nur durch Mundpropaganda, denn Braco gibt keine Erklärungen für die Presse ab, spricht nicht in der Öffentlichkeit und macht keine Reklame. Der Grundstein seiner Arbeit liegt in seiner Heimat, wo man ihn liebt, respektiert und schätzt, und er ist bemüht, jeden zu sehen, der ihn besuchen kommt. Und dennoch, Osteuropa und manche Teile Westeuropas halten noch immer an gewissen traditionellen Werten fest, die an Stammeszugehörigkeit grenzen. Noch immer herrscht große Eifersucht in Bezug auf jene, die sich über die Gemeinschaft erheben und Erfolg haben.

Anders ist es in Amerika, wo der Erfolg des Individuums geschätzt und respektiert wird. Die europäische Mentalität dagegen ist linear und auf konventionelle Wissenschaft ausgerichtet, die auf Grund gesellschaftlicher Normen und Konventionen ihr Urteil bildet. Und dennoch ist diese Denkart bereit, den Gedanken des Heiligen oder des Retters zu akzeptieren, den die Kirchentradition ist untrennbar in diese Regionen eingewoben. Diese Faktoren schaffen Beschränkungen. Das Phänomen von Bracos Blick kann von der Wissenschaft im derzeitigen Entwicklungsstand nicht durch Standardwissen oder lineare Denkweise erklären. Er ist kein Heiliger, der Menschen rettet. Außerhalb der herrschenden Parameter benötigt Braco einen anderen fruchtbaren Boden, auf dem sich seine Gabe und damit auch sein Erbe entfalten kann. Er ist sich auch selbst der Tatsache bewusst, dass er den Balkan bald verlassen muss, um ein neues Heim zu finden, von dem aus er die Welt erreichen kann.

Ich bin überzeugt, dass Braco in die Vereinigten Staaten kommen muss, um seine umfangreiche Mission zu erfüllen. Hier wird man ihn befragen und auf die Prüfung stellen, wie alle anderen auch, aber seine Resultate werden sein Maßstab sein, und diese Resultate werden seinen Beitrag zum Aufschwung der Menschen erkennbar machen. Das amerikanische Bewusstsein ist zum Erwachen und zum Wandel bereit, es ist bereit, die Welt zu heilen und ihr durch eigenes Beispiel zu helfen. Unsere Menschen erforschen neue Weisen der Bewusstseinssteigerung und schätzen all jene, die ihre Herausforderungen bewältigen, um der Welt Gutes zu bringen. Dies ist das Land der Möglichkeiten, ein Land, in dem man seinen Erfolg eigenhändig und durch harte Arbeit schmiedet. Und selbst wenn jemand nach einer Zeit des Erfolgs durch eigene Schwächen Schiffbruch erleidet, sind wir bereit, ihm zu vergeben, falls er die Verantwortung übernimmt, und dann auch Beifall spenden, wenn er sich mit neu erworbener Demut wieder aufrichtet.

Amerika ist die neue Welt, die Hoffnung, und die Menschen schätzen und pflegen Genialität und unbegrenzte Möglichkeiten. Wir helfen uns selbst. deswegen bin ich davon überzeugt, dass Braco gerade hier seinen Weg finden muss, denn die Zeit und die Gedanken sind reif für den Auftritt einer größeren Sache auf dieser Welt, die aus der Oberfläche herausragt und von allen gesehen werden kann. Gleichzeitig erwarten immer mehr Menschen eine Wende zum Positiven; sie sind auf der Suche nach einem inneren Bindeglied, um auf ihre Art und Weise zum größeren Wohl ihrer Gemeinschaften, der Nation und der Welt beizutragen. Ich erlebte das Mögliche, das mich stark beeindruckte, und es ist mein Wunsch, mit diesem Buch den Blick auf eine Lösung freizulegen, die vor uns steht und die uns und unsere Kinder in die Zukunft führen kann, damit wir in einer Welt des Gleichgewichts und der Freude leben, denn wir haben die Kraft, das zu verwirklichen.

Das Schicksal ruft. Um es wahr werden zu lassen, müssen wir uns wieder der Natur zuwenden und wie ein Kind eine spontane Liebe zu kleinen Freuden pflegen, unsere Lebensweise einfacher gestalten, unsere Werte erkennen, uns von unserem Konsumdenken befreien, die allumfassende Verbundenheit zur Seele, Familie, Gemeinschaft und zu der Welt akzeptieren. Ich habe einen Menschen kennen gelernt, dessen Blick voller Liebe die wahren Werte aufleben lassen kann, die alles Unbill und alle Herausforderungen ausradieren. Er katalysiert den Heilvorgang und das Gefühl der Leere im Individuum, das nicht mit der Zeit nachlässt. Das Schicksal ruft und es bietet sich uns die Gelegenheit, das Geschenk, unser Glück und unsere Kraft wieder zu erlangen, und dieses Geschenk kommt auf eine ganz und gar unerwartete Weise.

Braco

Ivica Prokić

Angelika Whitecliff

EINLEITUNG

"Derjenige, der die Welt retten wird, muss Eins mit der Welt sein" – Sri Aurobindo

Weshalb lassen wir es zu, dass unsere Hoffnungen und schönsten Träume verblassen, während das Leben weiter geht und unser Schicksal forträgt? Kindern ist kein Gebirge so hoch, dass es nicht erklettert werden könnte, und ebenso haben unsere Möglichkeiten keine Grenzen, die wir nicht überschreiten könnten, und doch treibt uns etwas zu dem Glauben, wir seien es nicht wert, dass unsere süßen, unschuldigen Träume in Erfüllung gehen. Und dennoch zwingt unsere chaotische Welt unsere Freude schnell in die Knie und kann unseren Enthusiasmus durch die Anhäufung atemberaubender Probleme und Sorgen empfindlich schmälern. Unsere Zivilisation lehrt uns nicht, wie man Harmonie mit der Natur schafft oder wie man sich dem Mitmenschen gegenüber verhalten muss, wie Brüder und Schwestern, die, in Liebe verbunden, einander Glück wünschen. Stattdessen erfüllt uns unsere Isolation und Unruhe mit einer Schwäche, die langsam oder schnell das Beste in uns verzehrt.

Was für immer verloren scheint, schlummert aber nur und wartet auf das Versprechen eines neuen Sonnenaufgangs. Die Zeit der Finsternis ist, wie die Nacht, nur vorübergehend, denn die Sonne, die den neuen Tag bringt, kann niemand aufhalten. Neue Hoffnung, eine neue Gelegenheit, den Durchbruch zu schaffen, ja sogar die Möglichkeit, dass junge Triebe unseres Wesens auf dem ausgetrockneten Boden zu neuen geistigen Formen wachsen. Es ist gleich, wie viel Boden um uns vernichtet ist; wir sind ein unzerstörbarer Samen, der seine ewige Eigenschaft, voll aufblühen zu können, erhalten hat.

Ich war Zeugin einer neuen Möglichkeit auf diesem Planeten, auf völlig unerwartete Weise, durch einen Menschen, dessen Blick diesen Ruf des Erwachens unseres Sonnenlichts widerspiegelt...

Die einundzwanzig Tage in Gesellschaft Bracos, eines Kroaten, dem eine heilende und dem wissenschaftlichen Begriffsvermögen unserer Gegenwart trotzende Energie gegeben ist, zeigten mir eine Gelegenheit auf, die für die Menschheit vollauf göttlich und großartig ist. Die Frage ist nur: Sind wir als Art bereit, diese uns momentan gebotene Gabe anzunehmen, die weit über allgemein anerkannte Normen hinaus reicht? Sind wir bereit, unsere Herzen zu öffnen, und zwar ohne Einschränkungen, die unser Verstand so leichtfertig in den Weg stellt, und uns in die Kindheit zurück zu versetzen, als wir im Stande waren, angebotenes Heil, wie auch unsere Geburt, einfach zu akzeptieren? Dies ist unsere große Herausforderung der Gegenwart, während wir vor dem Abgrund des Weltuntergangs stehen, den wir mit eigenen Händen geschaffen haben, denn Angst und die Errungenschaften des Menschen bringen unser Verhältnis zur natürlichen Welt aus dem Gleichgewicht.

DIE BEGEGNUNG MIT BRACO

Von Braco hörte ich zum ersten Mal im Januar des Jahres 2009, als mich meine Freundin und Kollegin, eine italienische Fotoreporterin und Erforscherin des Übernatürlichen, Paola Harris, per E-Mail wissen ließ, dass im Februar eine ganz besondere Person auf ihrer ersten USA-Reise den angesehenen UFO/Paranormal-Kongress in der Nähe von Las Vegas besuchen wird. Sie schrieb:

"Du solltest dir wirklich Braco aus Kroatien (Zagreb) ansehen. Er heilt durch Blicke. In der Schweiz fand sich ein Publikum von über 10.000 Menschen ein. Ein Professor spricht in seinem Namen, obwohl er selbst über sehr gute Englischkenntnisse verfügt. Professor Drago Plečko kannte auch Dr. med. Andrija Puharić, (ebenfalls Kroate) der Uri Geller entdeckt hatte.
Braco spricht nicht, es gehen aber besondere Schwingungen von ihm aus.

Das wird dich interessieren." - Paola (26. Januar 2009)

Der kurzen Nachricht hatte sie ein Bild von Braco hinzugefügt. Als ich sein Foto anschaute, blitzte etwas in mir auf. Mein Herz schwoll vor Aufregung, und ich konnte meinen Blick nicht von diesem Foto abwenden. Das Absolute zu erkennen, nahm einen Platz in meiner Seele ein, obwohl mein Verstand nur den unwiderstehlichen Wunsch erkannte, diesem Menschen zu begegnen. An jenem Tag beschloss ich, ein Ticket zu buchen für einen Flug von meinem Heim auf Hawaii nach Laughlin in Nevada, zum Kongress, der eine Woche dauern sollte. Meine einzige Motivation war das starke Gefühl, dass Braco eine absolut einzigartige Person ist.

Ich begann sofort mit meinen Nachforschungen, um möglichst viel über diesen Heiler zu erfahren, der aus dem als Jugoslawien bekannten Gebiet stammte, einer Region, in der sich jahrhundertelang Heiler mit außergewöhnlichen Fähigkeiten bewegten. Die von gewissen Heilern aus Russland und Osteuropa demonstrierten Fähigkeiten waren in der Tat dramatisch. Braco dagegen stammt aus einem wohl am heftigsten von Kriegen heimgesuchten Gebiet auf unserem Planeten, und er wirkt wie das beruhigende Licht eines Leuchtturms in der Bastion der Gewalt zwischen Rassen und Religionen.

Ich stieß auf eine Webseite über Braco und las alles bis auf das letzte Wort durch, schaute mir ein Video auf You Tube an und studierte alle auffindbaren Artikel, in denen Menschen über ihre persönlichen Erfahrungen und Heilungen berichteten. Im Jahr 2008 reisten über 200.000 Menschen an, aus dem einzigen Grund, Braco zu sehen, entweder in seinem Zentrum am Srebrnjak 1 in Zagreb, oder bei Begegnungen in Deutschland, Österreich, der Schweiz und in anderen Ländern. Viele schrieben über ihre Erfahrungen, und zwar nicht nur darüber, wie sie sich auf wundersame Weise von schweren Krankheiten und Verletzungen erholt hatten, sondern auch über die Verbesserung ihrer Lebensqualität auf allen möglichen Ebenen.

Mein Enthusiasmus verstärkte sich mit dem Glauben an meine ursprüngliche Reaktion und der Bestätigung der Kraft dieser Gabe, die dieser Mann den Menschen brachte. Auf dem Kongress befand sich an dem Rezeptionstisch ein Anmeldeformular für ein Treffen mit Braco, das auf fünfzig Teilnehmer pro Tag begrenzt war. Ich war die erste Person, die sich für alle sieben Tage anmeldete. Ich hatte beschlossen, voll und ganz zu erleben, was hier vorgehen sollte.

Meine erste Begegnung mit der heilenden Energie von Braco bewirkte etwas, das ich für unmöglich hielt. Er gab mir meine aufgegebenen Träume, Hoffnungen und verborgendsten Bestrebungen meines Lebens zurück. Und noch viel mehr - die Kraft, sie zu verwirklichen. Ich spürte die Energie in meinen Kopf und in meine Arme einfließen, und das war ganz und gar fühlbar. Und was noch unglaublicher ist, ich spürte augenblicklich eine tiefe Bewegung in mir, die Raum schaffte, die mich frische Lebensluft einatmen ließ.

Bei allen meinen Reisen durch die ganze Welt in den vergangenen zwanzig Jahren, und bei allen meinen Begegnungen mit Heilern, Schamanen und geistigen Führern in den Vereinigten Staaten, Europa, Japan, Mexiko, Südamerika und den Philippinen, bei meiner ganzen Arbeit der Erforschung und Förderung bewusstseinserweiternder Werke war ich noch nie auf eine Person von solcher Macht gestoßen. Viele gute Heiler stehen Menschen auf verschiedenen Problemebenen hilfreich zur Seite, aber Braco brachte Licht in meine Seele, das ein Tor zum Allumfassenden öffnete, was mich vollkommen verblüffte. Meine Erfahrung kam dem Fliegen gleich, einem von unaufhaltsamer Freude geprägten Abheben in luftige Höhen.

In Bracos Gegenwart drang Licht in mich hinein, das eine neue, unerschütterliche Grundlage schuf - dessen war ich mir absolut sicher. Bei seiner Begegnung der Blicke fühlte ich, dass sich in meinem Leben alles zum Besseren wandelte, und dies setzte sich auch weitere fünf Monate fort, als mich ein unerwartetes Geschenk zu einer erneuten Begegnung mit ihm führte.

Ich fand neue Kraft in mir, mich dem Unheil des Lebens zu widersetzen und mein anfängliches Glück zu bewahren. Etwas lebte in mir auf, das ich noch nie zuvor verspürt hatte und das mir half, mich Herausforderungen zu stellen und allem mit frischer Kraft und Entschlossenheit entgegenzutreten.

Und er tat das auf so einfache, liebenswerte Weise. Wenn er hilft, spricht Braco nie und legt niemandem seine Hand auf. In völliger Stille, ganz ruhig, während die Menschen vor ihm stehen, richtet er seinen Blick fünf bis zehn Minuten lang über die Gruppe. Es werden keinerlei religiöse oder spirituelle Überzeugungen vorgetragen oder verlangt. Die Person muss die Macht von Bracos Blick weder annehmen noch verstehen. Er selbst würde niemals verlangen, dass man ihn verehrt oder seine einzigartige Fähigkeit vergöttert. Er würde niemals zulassen, irgendjemandens Guru zu werden, denn seine Gabe kann wirksam sein, auch wenn jemand daran zweifelt. Und dennoch, nur ein offenes Herz wird ihn bereichern - die Bereitschaft, zu fühlen, neuen Möglichkeiten gegenüber aufgeschlossen zu sein.

Bereits bei der ersten Begegnung mit Braco nahm ich mehr entgegen, als mein Geist zu verlangen im Stande war. Tief in meinem Inneren erwartete ich ganz wenig, nur so viel, wie mein Verstand begreifen konnte. Aber mein unschuldiges Herz wollte mehr, und das kam ihm auch zu. Der menschliche Wille bedeutet nichts im Vergleich zu dieser unaussprechlichen Quelle hinter seinem Blick, während unsere Wünsche von naiver und chaotischer Vernunft geleitet werden. Es war ein unschuldiger, geradezu kindlicher Wunsch, der alles bedeutete und das Tor zu allen Möglichkeiten öffnete. Das Wort "Wunsch" wird in den späteren Gesprächen immer öfter ausgesprochen werden.

Nach der zweiten Begegnung mit Braco spürte ich an jedem folgenden Tag, dass sich die Energie in mir mehrte, die Lebensimpulse übernehmen und mir auf alle mögliche Art und Weise helfen sollte. Meine Freundin Paola stellte mich Braco bereits am ersten Morgen vor, und ich erkannte die Gelegenheit und nutzte sie. Ich fragte Braco, ob er gewillt wäre, Hawaii zu besuchen und an einem Kongress teilzunehmen, den ich veranstalten würde, wobei ich mich natürlich ganz nach seinem Zeitplan und seinen Verpflichtungen richten würde. In diesen Momenten unserer Begegnung verspürte ich eine Inspiration und beschloss im selben Augenblick, meinen vierten Kongress Earth Transformation Conference zu organisieren, den ich in den letzten Jahren mit der Unterstützung meines Freundes Michael mitveranstaltet hatte. Dies war eine Gelegenheit zur Edukation der Menschen mit dem Ziel der Verbesserung der Lebensqualität. Ich erkannte die wahrlich wundersame Gelegenheit, seine Energie nicht nur in mein geliebtes Heim zu bringen, sondern sie auch mit vielen Menschen zu teilen, die von fern und nah herbeikommen würden.

Die Hawaii-Inseln sind wie ein Sirenengesang, ein Zielort von solcher Schönheit und Anziehungskraft, dass kaum jemand der betörenden Melodie seines Rufs widerstehen kann. Und als mir Braco von seiner Liebe zum Meer und zu allen Meerestieren erzählte, wusste ich, dass eben dieser Ort mein süßer Köder war. Ich erzählte ihm von unseren Bräuchen, von der Achtung der Natur und von dem Schwimmen mit Delphingruppen entlang unserer Küste. Die große Insel liegt auf 19,5 Grad geografischer Breite unserer Erdkugel. Das ist ein mächtiger Ort von großer Bedeutung, der Aloha, den Geist der Liebe, den Herrscher unserer Küsten, hervorgebracht hatte.

Zu meiner Überraschung sagte mir Braco, er werde mit seinen Mitarbeitern freie Termine prüfen, wahrscheinlich im Januar 2010, und sich dann bei mir melden. Später hörte ich, dass Braco Jahre im voraus reserviert ist, doch er würde einige Pläne ändern, um Hawaii besuchen zu können. Bereits am nächsten Tag gab er mir freie Termine bekannt, und nun konnte ich mit der Veranstaltung des neuen Kongresses beginnen. Doch diesmal wird das Thema der Heilung zum Bestandteil gemacht, und ich wusste, dass es ergiebiger sein würde als jedes andere Thema zuvor. Ohne einen Blick zurück machte ich mich sofort an die Arbeit und dachte daran, dass ich Braco nun fast ein Jahr lang nicht sehen würde, bis zu Beginn des nächsten Jahres.

Und dennoch hatte dieses wirkungsvolle Licht in mir etwas anderes für mich vorgesehen. Recht bald nach Laughlin erhielt mein Gemahl im Juni eine Einladung, eine Vorlesung auf dem Exopolitics-Kongress in Barcelona, Spanien, zu halten. Zwei Monate vor der Abreise überkam mich der Wunsch, Braco nochmals zu sehen. Ich hoffte, dass er zur Zeit unseres Spanienaufenthalts vielleicht in einem der Nachbarländer sein würde und ich wieder an seiner Gruppenheilsitzung teilnehmen könnte. Das kam letztendlich nicht zustande, doch ich hoffte auch weiter, dass sich eine Gelegenheit bieten würde. Und dann, im Juni, erhielt ich unerwartet eine E-Mail, dass Braco telefonisch mit mir sprechen möchte.

Er rief zur vereinbarten Zeit an und lud mich sofort nach Kroatien ein. Ich sollte ihn in seinem Zentrum am Srebrnjak 1 besuchen und ihn auf seinen Reisen begleiten, um mich mit der Art und Weise vertraut zu machen, wie er seine Begegnungen abhält, damit ich lernte, wie man ihn dem Publikum auf zukünftigen Begegnungen vorstellte. Dies bot mir die Gelegenheit, in meiner Kolumne der Web-Zeitschrift Examiner einen Artikel über seine Arbeit zu schreiben und mit US-Bürgern über seine Art des wandelnden Wirkens zu sprechen. Die Einladung war einfach und edel. Er erkundigte sich, ob ich sofort kommen könnte, wegen meiner Barcelona-Reise. Er machte spontan den Vorschlag, ich könne ihn 21 Tage lang begleiten und danach rechtzeitig zum Kongress und zum vereinbarten Treffen mit meinem Partner erscheinen.

Zu diesem Zeitpunkt war Bracos Einladung für mich eine vollkommene Überraschung. Und dennoch musste ich keinen Augenblick überlegen. Ich wusste mit Sicherheit, dass sich mir die Gelegenheit des Lebens bot. In einem Atemzug sprach ich mein "Ja" aus. Später flogen meine Gedanken über all die Dinge, die ich noch zu erledigen hatte, bevor ich mein Büro für einen Monat verlassen würde, meinen Barcelona-Aufenthalt eingeschlossen. Aber ich konnte Berge versetzen, solch eine Kraft fühlte ich in mir. Seit ich Braco zum ersten Mal gesehen hatte, erzählte ich allen lieben Freunden, dass ich einen Menschen kennen gelernt habe, der dieser Welt Großes bringt. Während ich über ihn sprach, hatte meine Begeisterung kein Ende.

Nach zehn Tagen saß ich im Flugzeug nach Kroatien, machte eine Flugreise zum anderen Ende der Welt. Später konnte ich mich davon überzeugen, dass Braco in jeder Hinsicht ein überaus spontanes Leben führt und im Stande ist, schnell, inspiriert und ohne zu zögern zu handeln. Er sandte mir ein Flugticket nach Europa und kümmerte sich um meine Verkehrsverbindungen bis zum Zielort. Als Gastgeber ließ er mir ein extremes Maß an Hochherzigkeit und über alle Erwartungen hinaus seine volle Aufmerksamkeit zukommen. Es reizte ihn der Gedanke, dass bisher noch niemand so viel Zeit in seiner Gesellschaft verbracht hatte, und er war überzeugt, dass uns ein wertvolles Abcntcucr bcvorstand.

Seltsamerweise erfüllte sich nicht nur mein Wunsch, wieder an Bracos Begegnungen teilzunehmen, ich würde ihn sogar drei Wochen lang begleiten. Und so beginnt eine wahre Geschichte…

ÜBER DIESES BUCH

Braco hatte mir nur eine Beschränkung für dieses Buch auferlegt. Es wurde mir gesagt, dass ich ihn nicht direkt zitieren könne. Dieses Buch sollte das Leben aufzeigen, wie es von Braco geführt wird, mit Geschichten über ihn, entnommen aus Gesprächen mit seinen Eltern, besten Freunden und seinen langjährigen Mitarbeitern in seinem Zentrum am Srebrnjak 1. Meine Reisen mit Braco boten mir die Gelegenheit, jene Seiten seiner Person kennen zu lernen, über die bisher noch nie geschrieben wurde. Hinzu kamen meine direkten Erfahrungen und Beobachtungen rund um Braco; nach der Arbeit, Schulter an Schulter, vom frühen Morgen bis zum Ende des Tages, oft nur wenige Stunden Schlaf wegen des hohe Ansprüche stellenden Reiseplans zu Begegnungen in zahlreichen Ländern.

Für mich öffnete sich ein besonderes Portal, so dass ich letztendlich die Geschichte über den realen Menschen hinter dem Wunder erzählen konnte, und ich hoffe, anderen damit geholfen zu haben, zu verstehen, weswegen gerade er derjenige ist, der diese Gabe und Verantwortung trägt. Im Laufe der Reise sprach ich mit Personen, die aus vielen Ländern und den verschiedensten Lebensumständen zu einer Begegnung mit Braco angereist waren. Ich begegnete der grenzenlosen Kraft seiner Energie, die er so vollständig mit anderen teilte. Eine Energie, die wundersame Heilungen schafft, nicht nur bei Menschen mit ernsten körperlichen Erkrankungen, sondern auch bei jenen mit den tiefsten Problemen und Nöten, die hilflose Menschen bedrücken, in Bezug auf Liebe, Arbeit, Geld, Familie und alle anderen möglichen Schwierigkeiten, die das Leben mit sich bringen kann.

All diese Faktoren bilden die Grundlage und den Hintergrund dieses ungewöhnlichen Mannes, und es steht geschrieben, dass genau dies die Kluft im Verständnis von Braco und seiner Arbeit beim neuen Auditorium schließen wird. Ich persönlich bemühe mich noch immer, auf sinnvolle Weise zu dem Geheimnis dieses besonderen Menschen vorzudringen, der einen Schritt vorwärts für die Menschheit darstellt. Er ist ein besonnener Mensch, der nach dem Beispiel lebt, und nicht nach Worten und intellektuellen Konzepten. Die innige Liebe zur Natur und zu einfachen Freuden des Lebens, zu Freunden und Familie, füllen sein Wesen mit Schwingungen, die ihn über die konfuse Psyche des modernen Menschen und dessen Lebensweise erheben.

Ich glaube nicht, dass Bracos Gabe durch Lernen auf andere übertragen werden kann. Und zwar deswegen, weil es ein Geschenk an die Welt aus der geistigen *Quelle* ist, und nur diese Quelle kann das Schiff wählen, dass ihre Energie transportieren wird. Das ist eine Gabe, so wertvoll und selten, dass sie nicht ohne perfekte Harmonie erhalten werden kann. Geht die Harmonie verloren, verschwindet auch diese Gabe. Deswegen steht die Verantwortung außerhalb des Begreifens und muss von der ganzen Seele widergespiegelt werden, und solch ein Dienst ist überaus selten und kostbar.

Solch eine Gabe zu besitzen, bedeutet, dem Leben selbst zu dienen, ohne persönliche Interessen oder Gedanken. In unseren Gedanken streben wir alle nach solch einem Dienst, aber in der Realität gibt es nur wenige Menschen, die solche Höhen erreichen, denn dies erfordert absolutes Geben, ohne Widerspruch. Glücklicherweise müssen wir diese Last nicht auf uns nehmen. Das Geschenk ist hier und wird allen angeboten, die bereit sind, zu kommen und deren Wirkung zu erfahren. Das ist exklusiv und wertvoll genug, um die Wandlung zu schaffen, die wir uns so unschuldig, aber so tief in unseren Herzen herbeiwünschen.

ERSTER TEIL

BRACO UND IVICA

Viktor, Josip (Braco) und Ivanka Grbavac

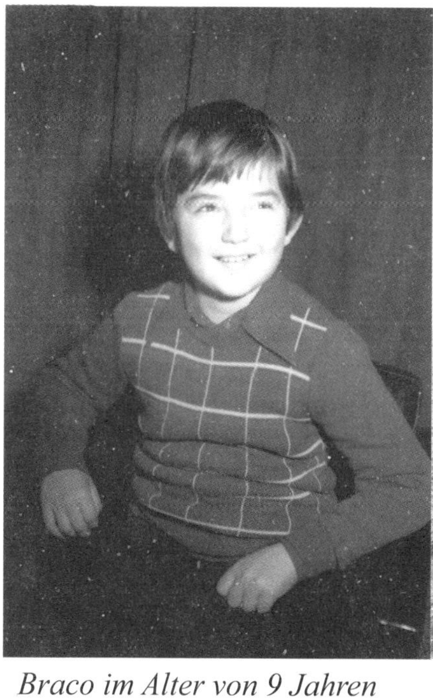

Braco im Alter von 9 Jahren

Braco im Alter von 32 Jahren

Bracos Eltern: Ivanka und Viktor

Braco und Angelika in Trogir

Bracos Freund Ivan

Bracos Freund Nikica mit Viktor in Trogir

Franka und Mate, Eigentümer des Hotels und Restaurants Pasike, mit Braco - in Trogir

Braco liest die Geschichte seines Vaters, die in diesem Buch veröffentlicht wird

Anja, Angelika, Braco, Dragana und Marjana in Ljubljana, Slowenien

Braco - Adriaküste

Kapitel 1

Tag 1 – Montag, 29. Juni 2009

Erneute Begegnung mit Braco

Das Abenteuer der Reise und eines neuen Reiseziels nährt meine Seele immer mit einer kindlichen Unerschrockenheit vor neuen Erfahrungen und Erlebnissen. Unbekannte Sprachen und Kulturen sind wundersam, deshalb nehme ich gerne an, was mir geboten wird, ohne jegliche Zurückhaltung vor dem Unbekannten. Osteuropa und der Balkan waren für mich ein naives Rätsel, und die Schrecken der vergangenen Konflikte warfen einen Schatten auf meine Reise nach Kroatien. Das Einzige, woran ich als amerikanische Journalistin denken konnte, war der Eintritt in die geheimnisvolle Welt Bracos. Dieser Erfahrung wegen war ich gewillt, mich kopfüber in das Unbekannte zu stürzen, und zum Glück hatte das Schicksal großzügigerweise etwas Einzigartiges für mich vorgesehen.

Während ich zwanzig Stunden lang im Flugzeug saß, das mehrmalige Umsteigen von Hawaii bis zu meinem Zielort eingerechnet, dachte ich über die Worte des Erforschers des Übernatürlichen, Drago Plečko, nach, der Braco auf der Konferenz in Laughlin vorgestellt hatte. Er behauptete, Bracos Mentor Ivica hätte vor einem Jahrzehnt genau vorgesehen, dass Braco erst amerikanischen Boden betreten würde, nachdem sich ein großer Wandel im Bewusstsein der amerikanischen Seele vollzogen hat. Für mich ist es kein Zufall, dass Braco nur einen Monat nach Barrack Obamas Amtsantritt in die Vereinigten Staaten kam. Dieser Amtsantritt folgt einer neuen, von der Wählerschaft bestimmten Richtung, die eine resonierende Möglichkeit einer besseren Zukunft aufzeigt. Ich fragte mich, wie weit kann dieser Wandel und seine Verbindung mit meiner bevorstehenden Reise gehen? Amerika demonstrierte Bereitschaft; vielleicht wird es das von Braco dargebotene Geschenk stützen.

In Zagreb kam ich unausgeschlafen an, und ohne Gepäck, das bereits vor mir angekommen sein sollte. Ein Kameramann, Sead, seine Assistentin und Damir, ein zurückhaltender Mensch mit süßem Lächeln, erwarteten mich nach der Zollabfertigung. Man hielt mir sofort ein Mikrofon vor die Nase, und eine Videokamera zeichnete alles auf. Ich wurde aufgefordert, meine Eindrücke über die Reise zu schildern, was mich völlig überraschte. Dennoch bemühte ich mich im Geiste des Augenblicks, gefasst zu bleiben, obgleich ich nach der Reise recht übermüdet aussah. So gab ich nur eine kurze Erklärung ab und bat dann um Hilfe bezüglich meines verloren gegangenen Gepäcks. Damir, Sead und seine Assistentin eilten liebenswürdigerweise sofort zu Hilfe, waren mir mit dem Ausfüllen eines Formulars behilflich und versprachen, sich um alles zu kümmern. Danach machten wir uns auf den Weg zum Srebrnjak 1, einem Ort mit besonderer Geschichte, wie ich später erfuhr.

Während der Fahrt teilte man mir mit, mein kurzer Bericht über die Erfahrungen bei den Begegnungen mit Braco auf dem Kongress in Laughlin sei in Seads neuesten Film über Braco und seinen USA-Besuch eingeflossen. Ich war überrascht und begeistert, auf solche bescheidene Art und Weise bereits Teil dieser für mich neuen Welt geworden zu sein. Sehr schnell sollte noch eine größere Überraschung folgen, als mich einige Personen auf Grund des schon auf DVD erschienenen Films erkannten. Da begriff ich, dass alle inspirierten Projekte sehr schnell Früchte tragen, wenn sie von fühlbarer Spontaneität geleitet werden.

Zagreb ist eine Stadt von angenehmer Atmosphäre und verschiedenartiger Architektur. Wie die Mehrzahl europäischer Städte rühmt sie sich eines großen Parks, der von vielen Einwohnern aktiv zu Spaziergängen, Treffen und Veranstaltungen genutzt wird. Nach unserer Ankunft im Zentrum kamen wir zunächst an einem beeindruckenden dreistöckigen Haus vorbei und gelangten in einen von Bambusgewächsen gezierten Garten. Seltsam, dies erinnerte mich an die vielen Bambuswälder auf den Hawaii-Inseln. Wie man mir sagte, wurde der Garten nach Bracos Vorstellungen eingerichtet. Obwohl man ihn darauf hingewiesen hatte, dass es unsinnig ist, solche Flora in einem derartigen Klima zu pflanzen, ließ er dennoch Bambusgewächse anpflanzen, die dann hoch und üppig wuchsen. Ein gepflasterter Weg führt durch den Hain von Bambusgräsern. Da saß Braco auf Seegraskissen, ganz im Einklang mit seiner Liebe zur Natur und zur einfachen Schönheit.

Als er mich erblickte, erhob er sich mit einem warmen Lächeln, und wir umarmten uns in einem glücklichen Gruß. Es wurde alles getan, damit ich mich willkommen fühlte, und es wurden auch Getränke serviert. Während ich vor ihm stand, fühlte ich etwas, das ich bereits in seiner Gegenwart in Laughlin gefühlt hatte. Ich fühlte eine Stärke, die bis in mein Innerstes reichte. Es war, als ob in meinem Inneren ein Licht aufging, und ich erlangte einen höheren Grad des Bewusstseins. Die von ihm ausgehende und ihn umgebende Energie weckte eine unbekannte Kraft in mir; es genügte bereits, nur neben ihm zu stehen. Dieser spürbare Effekt hielt bis zum Ende des Tages an, da gibt es keinen Zweifel. Ich war aktiv, ohne Spur von Jetlag. Im Grunde genommen spürte ich während meines Aufenthalts in Kroatien so gut wie nie Müdigkeit, trotz des anspruchsvollen Arbeitsprogramms und der vielen Gespräche und Treffen, die oft bis lange in die Nacht andauerten.

Der Tag war schon in den Morgenstunden fast heiß, doch Braco wirkte frisch und entspannt in seiner weisen Unschuld. Langes braunes Haar umrahmte sein Jungengesicht, und die grauen Strähnen waren zu früh gekommen, passten aber gut zu ihm, und ich fragte mich, ob sie nicht etwa ein Zeichen der Verantwortung waren, die er trug. Braco machte teils den Eindruck eines Jugendlichen, teils den eines 42 Jahre alten, zeitlosen Menschen. Im Laufe der folgenden Wochen beobachtete ich sein Gesicht, das dynamische Veränderungen durchmachte und so die Vielfältigkeit seiner zahlreichen Eigenschaften und inneren geistigen Ausdrucksformen unterstrich.

Bracos Anfänge

In unserem ersten Gespräch erzählte mir Braco von seiner Kindheit und von den Anfängen seiner Arbeit. Geboren wurde er im November des Jahres 1967 als einziges Kind seiner geliebten Eltern. Zu seinem Vater bestand eine besonders starke Verbindung. Als Junge verbrachte er viel Zeit mit Angeln, in der Natur, die ihm viel Freude bereitete. Er war in jeder Hinsicht gewöhnlich. Er schrieb, wie sein Vater, ein Betriebswirtschaftsstudium ein und machte mit 24 Jahren seinen Diplomabschluss. Und, was für die europäische Kultur typisch ist, er lebte weiter in seinem Elternhaus und verbrachte die meiste Zeit in Zagreb. Er reiste nie außerhalb der Grenzen Kroatiens. Seine Eltern hatten ein Sommerhaus an der Adria, wo er die Sommertage verbrachte. Die von der Mehrheit der Menschen angestrebten materiellen Güter, wie etwa ein Sportwagen oder die Annehmlichkeiten einer wohlhabenden Familie, standen ihm alle zur Verfügung.

Für kurze Zeit arbeitete er im Innenministerium als Untersuchungsbeamter, doch verließ er diesen Posten recht schnell, als er sah, dass die Polizei ebenso rücksichtslos war wie die Schurken, nach denen er fahndete. Danach gründete er seine eigene Firma und erntete erste Erfolge, doch das änderte sich bald. Seine Begegnung mit dem Heiler und Propheten Ivica Prokić veränderte für immer seinen Lebensweg.

Braco war niemals an Heilung oder an geistigen Themen interessiert. Dennoch, aus einer Laune heraus, nachdem er ein von seiner Mutter gekauftes Buch von Ivica gelesen hatte, beschloss er, sie zu diesem Heiler zu begleiten. Der Grund seines Besuchs war weder Krankheit noch Probleme, sondern reine Neugierde, die so endete, dass er den ganzen Tag lang im Haus des Heilers verbrachte, während Ivica eine Unzahl von Menschen empfing, jeden einzeln, die alle wegen ihrer zahlreichen Probleme Hilfe suchten. Braco saß dort und verspürte eine solche Ruhe, dass er beschloss, an diesem Nachmittag eine geschäftliche Besprechung zu versäumen und sich anzustellen. Er war als letzter an der Reihe. Braco war an diesem Herbst des Jahres 1993 26 Jahre alt, als er zum ersten Mal der Person begegnete, die später sein Mentor und engster Freund werden sollte, und er selbst eines Tages sein Nachfolger. Diese neue Freundschaft und die Umstellung der Prioritäten waren die Ursache vieler Meinungsverschiedenheiten zwischen Braco und seinem Vater, mit dem ihm ein besonders enges Verhältnis verband.

Bracos Vater, Viktor Grbavac, reagierte heftig auf Bracos Interesse an Ivica, und die daraufhin eintretenden Schwierigkeiten waren ausschließlich ein Ergebnis der Angst. Sein Sohn begann sich von ihm und von allen materiellen Gütern abzurücken, was ihm nicht normal erschien, ebenso wenig wie die zufriedene Stille, die sein Sohn nach Hause brachte. Viktor fragte seine Gemahlin, was Ivica seinem Sohn angetan hatte. Zu Beginn verschwieg er seinen Eltern, ja sogar seiner Freundin, seine täglichen Besuche bei Ivica, die sich seit der ersten Begegnung fortsetzten. Braco wusste genau, dass sie seine Wahl nicht verstehen würden. Dennoch sagte er ihnen recht bald die Wahrheit.

Seine Mutter geriet zunächst in Angst, weil sich Braco auf etwas Unbekanntes einließ, und da er nicht mehr, wie früher, regelmäßig nach Hause kam, fürchtete sie auch um seine Zukunft. Vor Ivica hatte sie dennoch keine Angst. Ivica hatte sie lieb, und doch spürte sie, dass sie ihren Sohn verliert. Nach einer Woche teilte Braco seinen Eltern mit, dass er alles aufgibt und zu Ivica zieht. Seine Mutter brach in Tränen aus, und seinen Vater packte die Wut. Braco hatte bisher seine ganze freie Zeit mit dem Vater verbracht, und so war es kein Wunder, dass sie schockiert waren. Doch dem jungen Mann war das inzwischen gleich, denn seine Liebe zu Ivica war so stark, dass sie die Liebe zu den Eltern verdrängte. Viktor nahm sogar die Dienste eines Detektivbüros in Anspruch, das Braco verfolgen und herausfinden sollte, was ihr Sohn machte. Einige Zeit lang warf er auch seiner Gemahlin vor, ihren Sohn zu Ivica gebracht zu haben.

Ich glaube, Braco hat Ivica mehr als Freunde lieben gelernt, wie jemanden, der das ursprüngliche Licht in dieser Welt darstellt. Der Eindruck, den Ivica auf Braco hinterließ, war nicht mehr auszulöschen. Ivica verlangte für seine Prophezeiungen und Heilungen kein Geld; er war nur da, um Menschen zu helfen, und das war alles. Für ihn waren alle Menschen gleich, ob arm, jung oder alt, hässlich oder schön, und er behandelte sie alle gleich. Diese Philosophie des Gebens übte eine starke Wirkung auf Braco aus. Aber nicht als Heiler, denn Braco befasste sich zu Ivicas Lebenszeiten nie mit Heilungen, sondern mit der geistigen Verbundenheit, die dem jungen Menschen half, neuen Frieden in seinem Inneren zu finden.

Viktor hatte seit Bracos Kindheit immer die volle Aufmerksamkeit und loyale Liebe seines Sohnes genossen. Jetzt war plötzlich alles anders, denn Braco hatte entschlossen, seine Zeit mit Ivica zu verbringen. Als einflussreicher, in seiner Gemeinschaft geachteter Geschäftsmann zog Viktor in seinem Unmut alle Register, um seinen Sohn auf die einzige Art und Weise aufzuhalten, die ihm noch blieb: Er ließ ihn zum Militärdienst rufen. Dies ereignete sich während des Krieges zwischen Kroatien und Serbien, und obwohl Bracos Bildungsgrad ihn vor der Teilnahme in Kampfhandlungen verschonte, so war dies doch ein drastischer und übereilter Schritt, der verhängnisvoll enden konnte, denn wenn der Krieg eskaliert wäre, hätten sich solche Regeln geändert.

In der Armee machte Braco auch die Ausbildung mit Feuerwaffen durch, die er bereits nach drei bis vier Tagen verabscheute. Das brachte ihm eine Gefängnisstrafe wegen Befehlsverweigerung ein. In der im Gefängnis verbrachten Zeit ging Braco in den Hungerstreik. Deswegen wurde er ins Krankenhaus gebracht, wo man ihn intravenös ernährte. Der Krankenhauspsychiater machte Visite, und die Ärzte gaben ihm Medikamente, die er, sobald die Ärzte gegangen waren, sofort in die Toilette warf. Seine Eltern kamen zu Besuch und fragten ihn, weswegen er hungerte, wo er doch alles hatte, eine Hochschulausbildung, einen guten Job, Geld und eine Freundin. Ihr Sohn gab ihnen klar zu verstehen, dass er, falls er nicht bei Ivica sein konnte, lieber sterben würde.

Bei der ersten Gelegenheit flüchtete Braco durch ein Fenster aus dem Krankenhaus und besuchte Ivica. Der Heiler versuchte ihn zu überreden, wieder zu seinem Leben zurückzukehren, da sein Vater schon den Verstand verloren habe, und Ivica hatte schon genügend Menschen, die Hilfe brauchten. Braco war einverstanden, aber er spürte, dass er seine Handlungen nicht mehr kontrollieren konnte. Der Gedanke überkam ihn, seinem Leben ein Ende zu bereiten. Daraufhin änderte Ivica seine Meinung und sagte Braco, er könne bleiben. Obwohl der Heiler sich um Bracos Leben große Sorgen machte, empfand er nun Mitleid und versprach, Braco zu helfen.

Ivica riet Braco, ins Krankenhaus zurückzukehren, da sonst die Polizei nach ihm fahnden würde, und er versprach, Braco am selben Abend um 20 Uhr zu besuchen. Braco willigte ein und versuchte, unbemerkt wieder ins Krankenzimmer zu schleichen. Doch es war zu spät. Die Polizeibeamten waren schon da und verärgert. Braco erzählte ihnen stolz, er habe sich mit Ivica getroffen, und niemand könnte ihn daran hindern, ihn wieder zu besuchen. da auch Bracos Vater anwesend war, folgte ein hitziges Gespräch, bei dem der Vater, mit der Entschlossenheit seines Sohnes konfrontiert, schließlich nachgab.

Man beschloss, Braco noch einige Tage im Krankenhaus zu behalten, bis alle Dokumente für eine legale Entlassung aus dem Krankenhaus und aus dem Militärdienst ausgefüllt sind. In dieser Nacht kam Ivica zu Besuch und sie fanden sich während eines Gesprächs plötzlich im Aufzug, der zur Leichenhalle führte. In Kroatien müssen alle Männer mit 18 Jahren ihren einjährigen Wehrdienst leisten. Braco wurde einberufen, aber nach drei Tagen wieder nach Hause entlassen, da ihm Hepatitis diagnostiziert worden war. Nach einem Jahr sollte er wieder einberufen werden, doch wurde ihm aus Gründen der Weiterbildung Aufschub gewährt. Das Schicksal hatte sich zweimal eingemischt und Braco davor bewahrt, den Wehrdienst zu verweigern, beziehungsweise Menschen zu töten.

Bald darauf sprach Bracos Vater mit Ivica und war damit einverstanden, dass sein Sohn Ivica besuchen darf. Viktor glaubte, Bracos Verblendung würde sich mit der Zeit legen. Doch dann begann er selbst, Ivica regelmäßig zu sehen, da der Heiler ihn und seine Gemahlin gewöhnlich zu Hause besuchte. Ivica ließ Braco wissen, dass sein Vater nicht an ihre Arbeit glaubte, aber dass er Ivica besuchte, weil ihm dies die einzige Möglichkeit bot, mit seinem Sohn zu kommunizieren. Ivica meinte noch, Bracos Vater habe alles, was er getan hat, aus reiner Liebe getan, und aus dem Wunsch heraus, Braco zu beschützen.

Nach Ivicas Tod setzte Braco sein Werk fort. Sein Vater dachte, die Besuche würden nun enden. Auch nach einem Jahr hoffte er noch immer, dass bald damit Schluss ist. Heute glaubt Bracos Vater sogar mehr an ihn als Bracos Mutter Ivanka. Sein Vater ist nun zu einer tieferen Einsicht gekommen und respektiert den Wandel in Braco, und trotz des noch immer schwelenden Angstgefühls fand er Respekt. Viktor hat sein Unwissen und die Erwartungen, die in seinen Sohn setzte, überwunden, um mehr zu sehen. Es war Ivica, der dem jungen Mann mit der Zeit den Namen "Braco" gegeben hatte, unter dem er heute ausschließlich bekannt ist. Als er ihm diesen Namen gab, sagte er, dass ihn alle Menschen bei diesem Namen rufen werden, der im Kroatischen "kleiner Bruder" bedeutet, mit Ausnahme der Eltern, die ihn als einzige weiter Josip nennen. Ivica sprach viele Prophezeiungen aus, in denen er eine scharfsinnige Detailgenauigkeit bei der Weissagung von Vergangenheit, Gegenwart und Zukunft an den Tag legte. Er sagte, eines Tages würde Braco nicht nur sein Nachfolger sein, es würden ihn auch ganze Prozessionen am Srebrnjak 1 besuchen, und danach würde die ganze Welt in einem endlosen Umzug eintreffen.

Als gebürtiger Serbe kam Ivica nach Zagreb, um zu prophezeien und zu heilen, denn er war überzeugt, dass es ein Prophet im eigenen Land niemals zu etwas bringen kann. Das gleiche gilt für Braco, und sein wahres Werk wird erst beginnen, wenn er Kroatien verlässt und in einem anderen Land der Welt seinen Wohnsitz nimmt. In Laughlin sprach Braco über Bilder, die er geträumt hatte, über einen Ort mit viel Grün, wo Menschen ein natürliches Leben in Holzhäusern leben, umgeben von üppiger Vegetation und Unmengen von Wasser. Damals fiel mir ein, dass es sich dabei vielleicht um Hawaii handeln könnte, mein trautes Heim, und ich beschrieb ihm voller Aufregung die Inseln in allen Einzelheiten, da die Ähnlichkeit so groß war.

Das Zentrum, Srebrnjak 1

An diesem Morgen war unser Gesprächsthema wieder Hawaii, die malerischen Schönheiten und Besonderheiten dieses einzigartigen Fleckens auf der Erde, wo die Menschen große Mengen frisch gepflückter Mango- und Papayafrüchte sowie Bananen von den überall wachsenden Bäumen verzehren. Bracos Augen strahlten, als ich von dem vollkommen spirituellen, nichtmaterialistischen zwischenmenschlichen Beziehungen der Bewohner meiner Geburtsinsel sprach. Und ich wünschte mir wieder, dass sein Traum mit der Realität übereinstimmt, wenn er endlich zu Besuch kommt. Vor meiner Ankunft sagte er mir in unserem kurzen Telefongespräch, dass ich die Botschaft and die ihn umgebenden Menschen weitergeben würde, um sie auf seinen Abgang aus Europa vorzubereiten. Damals verstand ich die mir zugedachte Rolle nicht ganz, aber bald, schon in der ersten Woche, werde ich sie mit vollster Kraft spielen.

Später, in den Wochen vor uns, entfaltete sich die Geschichte von Ivica bis in alle Einzelheiten, und ich lernte diesen Mann durch seine Taten und Worte kennen. Er war ein temperamentvoller Mensch, der die Dinge immer klar und ehrlich betrachtete, ohne zu verschönern oder von Attributen Gebrauch zu machen, mit denen wir in der westlichen Gesellschaft unsere Worte zu maskieren pflegen. Ivica war wie eine Kraft der Natur - wild, freigeistig und mit Gottes Kraft gesegnet, die er von ganzem Herzen nutzte, um anderen zu helfen. Es scheint, als ob Braco und Ivica eine Seele in zwei Körpern waren, und nun ist einer sichtbar und der andere noch immer da, aber unsichtbar.

Während wir im Pavillon sprachen, benachrichtigte ihn einer seiner zahlreichen Mitarbeiter am Srebrnjak 1, dass sich eine Menschengruppe versammelt hat, die zur Begegnung mit Bracos Blick bereit ist. Falls Braco nicht in anderen Ländern unterwegs ist, hat er regelmäßig vier Tage in der Woche reserviert, an denen sein Zentrum für alle geöffnet ist, die ihn sehen möchten, und zwar völlig kostenfrei. Die Begegnungen finden den ganzen Tag statt, jede Stunde oder halbe Stunde, je nach Anzahl der Personen, die an dem jeweiligen Tag eintreffen. Manchmal kommen riesige Busse aus dem Ausland, die ganze Nacht unterwegs waren. Branko, ein Mann des Vertrauens und ein treuer Freund, ist für die Sicherheit zuständig. Er ist ein Zagreber Polizeichef im Ruhestand, der einst bewirkte, dass Ivica aus dem Gefängnis entlassen wurde, in der Zeit des Kommunismus, als geistige Heilung und Weissagung strafbar waren. Obwohl Branko nicht Englisch spricht, scheint er doch einige Worte verstanden zu haben, während er unserem Gespräch zuhörte. Jetzt stand er auf und begleitete Braco und mich aus dem Bambusgarten in einen Raum, der so gestaltet war, dass er Energie erhalten kann.

Braco geht nirgendwo hin, ohne von mindestens einem oder zwei seiner Mitarbeiter begleitet zu werden, auf Reisen ebenso wie am Srebrnjak 1. Seine Popularität und die ihn ständig umgebenden Menschenmassen machten es notwendig, dass er immer von Wachbeamten begleitet wird. Sonst könnte er sich nicht frei bewegen, ohne ständig von einer Unzahl von Menschen angefasst zu werden, die ihm ihren Dank abstatten möchten. Generell spricht er mit niemandem, außer mit seinen Mitarbeitern. Vor langer Zeit wurden seine Worte ohne Zustimmung verwendet und von den Medien verdreht, die seine Art und Weise der Hilfeleistung nicht verstanden. So entschloss Braco, dass zukünftig seine Taten für sich selbst sprechen sollen.

Der Raum, in dem die Begegnungen mit Bracos gebendem Blick stattfinden, war wie ein Tempel, von Boden bis Decke wunderbar mit polierten Steinplatten aus gelbem Onyx belegt. So war Bracos Vision, und er scheute keine Ausgaben, um es seinen Vorstellungen entsprechend bauen zu lassen. Es kommt ein Gefühl der Ehrfurcht auf, wenn sich die breite, aus Holz geschnitzte Tür öffnet und Braco den Raum betritt. Er kam durch den Hintereingang, während die Masse draußen wartete. Auf einer Seite de Halle befindet sich ein kleiner Raum, in dem Braco sitzt, bis die Besucher alle eingetreten sind, und ich ließ ihn dort auch ungestört verweilen, bis der Moment gekommen ist, dass er vor der Besuchergruppe auf dem Onyxplatten-Podium steht, damit ihn alle gut sehen können.

Seine Mitarbeiter boten mir an, bei dieser ersten Begegnung in der ersten Reihe zu stehen. Beim Betreten der Halle hielten die Besucher Blumen in den Händen, verschiedene Blumensträuße, kleine und große. Das ist Tradition bei allen Begegnungen mit Braco, wo immer sie auch stattfinden. Die Menschen achten seine Liebe zur Natur, und die Blumen sind ein Zeichen ihrer Liebe und Achtung. Wer auf den Srebrnjak 1 kommt, legt die Blumen auf einen besonderen Tisch ab, und wenn er die Begegnung verlässt, bekommt er einen anderen Blumenstrauß, so dass niemand mit leeren Händen geht. Ich betrachtete die Besucher und sah Menschen aller Altersklassen; viele von ihnen hielten Fotografien ihrer Liebsten in den Händen, die mit Problemen kämpften. Bracos Blick zeichnet sich durch die Besonderheit aus, dass er Personen auch über ihre Fotos erreicht; dabei wirkt er ebenso stark, wie wenn die Person selbst anwesend wäre. Manche waren sehr erfreut, Braco zu sehen, andere wiederum wirkten verängstigt oder besorgt wegen der Last, die sie durch diese Tür mitbrachten.

Nachdem sich eine Besuchergruppe von etwa einhundert Personen versammelt hatte, wurden sie in die Halle gewiesen und geschickt in Reihen verteilt, damit Personen kleinerer Statur vorne stehen. Vier bis fünf Mitarbeiter postieren sich an den Seiten und beobachten die Gruppe, während einer ein Mikrofon nimmt und das Podium betritt. Da Bracos Energie manchmal recht heftig auf bestimmte Personen einwirken kann, ist dieses Team bereit, Hilfe zu leisten, falls erforderlich. Ich habe selbst erlebt, dass manche Personen in bestimmten Momenten tatsächlich die starken Hände des Teams brauchten. Es wurde eine kurze Rede auf Kroatisch gehalten, und dann erklang Musik, immer die selbe, ein besonderes Instrumentalstück. Wenn die Musik einsetzt, betritt Braco von der Seite das Podium. Sein Gesichtsausdruck ist sanft und natürlich - und dann blickt er liebevoll, in der Stille, nach vorne und erhebt langsam seinen Blick über das Publikum. Ich hörte, wie jemand hinter mir weinte, während ich versuchte, meine ganze Aufmerksamkeit auf Braco zu richten.

Das war es, worauf ich mich fünf Monate lang gefreut habe, dieser unglaubliche Blick der Befreiung, der Ruhe, der Kraft, der Energie und etwas viel, viel Größerem. Das war es, was mich vollständig zu mir zurück führte und jene kleinen Teile rettete, die ich unwiederbringlich verloren glaubte, und mich mit neuen, erst entdeckten Teilen überraschte. Ich spürte Ruhe und Behaglichkeit, und gleichzeitig eine unbeschreibliche Energie und Lebendigkeit. Ich konnte es nicht sehen, aber spüren, wie die Energie durch meinen Körper floss, von Kopf bis Fuß. Recht bald fand ich heraus, das dieses Gefühl bei jeder Begegnung anders sein kann. Und dennoch besteht immer die gleiche geistige Erleuchtung.

Mein Geist kam zur Ruhe, während ich mich vollkommen entspannte und alles aufnahm, was ich in diesen fünf oder sechs Minuten fühlen konnte. Manchmal fiel mir im Laufe der Begegnung die Lösung eines Problems ein, oder ich gelangte zu der Erkenntnis, dass sich in meiner Welt etwas zum Besseren gekehrt hatte. Braco sprach niemandem bestimmte Antworten oder Lösungen aus, und dennoch sprechen viele Besucher davon, wie sie plötzlich begriffen haben, was zu tun ist oder was sich in ihnen selbst spontan geändert hat, bereits während der Begegnung, oder danach. Das ist der Ausgangspunkt, für mich und für jeden, der in seinem Herzen solch eine Möglichkeit akzeptiert, sei es nun bewusst oder unbewusst. Glücklicherweise ist das Herz im Stande, selbst den hartnäckigen Geist zu überwinden, um diese Energie des neuen Anfangs aufzunehmen. Manche Anhänger Bracos waren einstige Skeptiker, die von dem Besuch nichts oder nur Schlimmes erwarteten.

Als die Musik zu Ende war, blieb Braco noch einige Momente stehen und verließ dann den Raum. Im Raum herrschte Stille, mit Ausnahme einiger Seufzer des Glücks, und ich verspürte ebenfalls keinen Wunsch, mich zu bewegen oder mit jemandem zu sprechen. In diesem letzten Augenblick herrschte solch eine Vollständigkeit, dass ich mir wünschte, sie möge immer weiter fortdauern. Aber die zweite Gruppe wartete bereits, und Bracos Mitarbeiter mussten diese Begegnung beenden, damit eine neue Besuchergruppe eingelassen werden konnte. Der Mitarbeiter, der die einleitende Rede gehalten hatte, trat noch einmal vor die Menschen und fragte sie, ob sie etwas gespürt hatten. Manche lächelten nur, andere nickten mit dem Kopf, und die meisten sagten Ja. Und dann tauschten einige Besucher untereinander ihre Erfahrungen aus, manche auf recht emotive Weise.

Sie sprachen darüber, wie sie die Energie gespürt haben, wie sie eine weiße oder goldene Aura um Bracos Körper gesehen haben, und über ihre innere Zufriedenheit. Danach bedankte sich der Gastgeber bei der Gruppe und erinnerte an die nächsten Termine, bevor sich die Tür öffnete und die Besucher gehen konnten. Alles spielte sich im zeitlich vorgesehenen Rahmen ab, dank den erfahrenen Helfern, die jedem Besucher würdevoll, mit Liebe und Aufmerksamkeit, den Weg zeigten. Ich wartete, bis die letzte Person den Raum verlassen hatte, und nahm dann den Weg, der zu Braco führte. Ich strahlte über das ganze Gesicht, und alles, was ich aussprechen konnte, war "Danke". Branko, Bracos großer Beschützer, begleitete mich zum Bambusgarten, und wir kamen an Besuchern vorbei, die gingen oder gerade angekommen waren.

Zum Frühstück gab es frisches Obst, Gebäck und ein Getränk, das ich später recht lieb gewann, den starken kroatischen Espresso. Während unseres Gesprächs kamen und gingen verschiedene Beschäftigte des Zentrums. Sie tranken einen Espresso und ließen sich einen Happen schmecken, bevor sie sich wieder an ihre Arbeit machten. Bei jedem Beschäftigten war eine feste familiäre Bindung und eine besondere Gelassenheit zu spüren. Braco musste sich bald einer neuen Gruppe annehmen, und ein Mitarbeiter leistete mir weiter Gesellschaft. Es folgten viele Begegnungen, und in einem Moment fragte ich, ob ich an einer weiteren Begegnung teilnehmen konnte. Braco willigte zögernd ein.

Dieses Mal positionierte man mich vor der Gruppe, damit ich die Gesichter der Besucher betrachten, aber mich auch zu Braco hinwenden konnte, während er in die Besuchergruppe blickte. An diesem Morgen war überwiegend lokales Publikum anwesend, denn Juli und August sind Ferienmonate, und überall in Europa ist man auf Reisen oder in Urlaub. In Kroatien und in vielen europäischen Ländern dauert der Urlaub vier Wochen, im Gegensatz zu den mageren zwei Wochen in den Vereinigten Staaten. Deswegen kamen etwas weniger Busse an, als in den übrigen Monaten. Doch auch diese Zahlen erschienen mir recht groß.

Da viele der lokalen Einwohner regelmäßige Besucher sind, musterten sie mich abschätzend. Obwohl ich ein warmes Lächeln an sie richtete, kam zunächst keinerlei Rückmeldung - generell werden Fremde in dieser Region nicht mit einem Lächeln begrüßt. Man blickte mich mit einem starren Gesichtsausdruck an, und ich musste das als normal hinnehmen, ohne jegliche Bitterkeit. Doch sagte man mir, dass sie, falls nötig, jedem Fremden sofort zu Hilfe eilen würden. Später wurde ich doch mit viel Lächeln belohnt, als ich ihnen als Besucherin aus dem paradiesischen Land vorgestellt wurde, die Braco durch den Kongress auf den Inseln führen wird. Man war einverstanden, aber ich sollte Braco wieder zurück bringen, und viele wünschten mir viel Erfolg mit dem Kongress.

Während der Begegnung fühlte ich mich buchstäblich so, als würde ich Energie essen. Es überkam mich ein so besonderes, so tiefes Gefühl, dass es meine Seele berührte, und als ich es erkannte und begriff, dass ich mein ganzes Leben lang darauf gewartet habe, konnte ich nicht genug davon bekommen. In diesen Minuten war ich im Himmel, und der Himmel schwellte in mir. Falls sich spontane Heilung und Lebensveränderungen in dem Bruchteil einer Sekunde vollziehen können, dann begriff auch ich, dass ich buchstäblich Energie aufsauge und Reserven schaffe. Dieses Gefühl und diese Energie hatten so in meinem Leben gefehlt, in diesem Leben voller kurzfristiger Herausforderungen und Verleugnungen, die ohne diese Energie wohl für immer unausgesprochen geblieben wären.

Aus irgendeinem Grund versäumte ich die nächste Begegnung wegen eines zu langen Gesprächs, und Braco hatte kurz eine anderweitige Verpflichtung. Die Zeit war vorüber, bevor ich meinen Wunsch nach einer weiteren Begegnung äußern konnte. Während ich im warmen Bambuspavillon saß, fühlte ich mich furchtbar, weil ich etwas Kostbares verloren hatte. Ich wollte alles daran setzen, mir keinen einzigen Schluck des Heils entgehen zu lassen, das Braco aus seiner Quelle anbot.

Als er in den Bambusgarten zurückgekehrt war, fragte ich Braco, ob ich bei seiner nächsten Gruppenheilsitzung anwesend sein darf. Ich beichtete ihm aufrichtig, wie schlecht ich mich fühlte, seine vorige Begegnung versäumt zu haben. Und dann sagte ich ihm in aller Naivität, dass ich bei allen Begegnungen mit seinem gebenden Blick mit dabei sein möchte. Und diesmal war er, ohne auch nur einen Augenblick zu zögern, einverstanden. Erst später erfuhr ich, dass noch niemand so etwas getan hatte; die Regel war, dass man nicht mehr als einmal pro Tag teilnimmt. Selbst die Mitarbeiter, die im Onyx-Tempel aufpassen und zu Hilfe eilen, falls jemand von der Energie übermannt wird, werden am Ende des Tages von anderen abgelöst, damit auch diese bei den Begegnungen an die Reihe kommen.

Ich war ein Versuchskaninchen, und Braco dennoch überaus dankbar für seine Flexibilität und seinen Wunsch, mich glücklich zu machen. Er hatte die Gabe, Gelegenheiten zu erkennen, die unsichtbar im Raum schweben, von den schläfrigen Massen unbemerkt, doch völlig real in den unsichtbaren Wirklichkeitsebenen, und bereit, sich in der Zukunft zu zeigen. Wegen allem, was ich auf den Begegnungen gesehen habe, beschloss ich fest, nicht umzufallen, ungeachtet der aufgenommenen Energiemenge, und dass ich diesen Versuch würdevoll durchstehen werde. Braco bot mir natürliche Unterstützung, und ich hatte das Gefühl, dass er meinem möglichen Erfolg nachhalf. Wie das meiner Seele wohl tat! Wenn wir nur alle so leben könnten, uns gegenseitig unterstützen und einander die Wege freilegen! Aber die meisten Menschen erliegen der Eifersucht und dem Wettbewerb mit anderen, als ob jemandens Sieg unsere Niederlage bedeutet. Win-win ist die nächste Evolution der Gedanken und Taten.

Im Nu war es Zeit fürs Mittagessen, und mir stand ein Rundgang durch den Srebrnjak 1 bevor. Ivica lebte und arbeitete in einer der Wohnungen dieses Gebäudes. Mit der Zeit übernahm Braco das ganze Gebäude und baute es zu dem Ort um, den ich heute gesehen habe. Lange zuvor wusste er schon, dass er nach dem kompletten Umbau des Srebrnjak 1, wo alles begann, ausziehen muss. Jetzt sind fast alle Arbeiten beendet, einschließlich des Bambus-Pavillons und des Gartens, denn es steht ein Wandel an.

Das Erdgeschoss des hohen dreistöckigen Gebäudes ziert der kostbar eingerichtete Onyx-Raum mit einer großen goldenen Sonne, zentral über dem Podium positioniert. Möbel sind nicht vorhanden, mit Ausnahme von zwei Stühlen und einem kleinen Tisch in dem Nebenraum, in dem Braco auf die nächste Gruppe wartet. Eine lange Treppe führt in ein großes Vorzimmer mit vielen Bildern von Braco und Ivica an den Wänden. Eine große Vitrage erweist beiden Ehre mit lebendigen Farben und beherrscht eine ganze Wand. Hier lassen die Besucher ihre Blumen zurück, bevor sie den großen, zweigeteilten Raum betreten, der als Wartezimmer dient. Der Raum ist mit vielen Stühlen ausgestattet; hier können die Besucher in gelassener Atmosphäre Platz nehmen, bis ihre Gruppe aufgerufen wird.

Aus dem Wartezimmer führt eine andere Tür in einen mit kunstvoll geschnitzten Holzpanelen verzierten Saal. Hier wird Braco und seine Arbeit der Besuchergruppe vorgestellt, und hier werden zahlreiche Bücher und Filme über ihn zum Verkauf angeboten. Eine Riesenanzahl von Menschen zeugt von spontaner Heilung, nachdem sie eines der vielen Bücher gelesen haben, die Ivica zu Lebzeiten geschrieben hatte. Ivicas Bücher sind wie Nektar, er schrieb sie in einem veränderten Bewusstseinszustand. Heute zeugen Menschen von ähnlichen Erfahrungen, während des Anschauens von DVDs über Braco. Von Bracos eigenem Opus, wie auch von anderen Büchern über ihn, werden ähnliche Zeugnisse abgelegt. Dieses Material wird dem Publikum als andere Ebene der Hilfe und Stärkung der Energie im Leben des Menschen angeboten.

Auf der anderen Seite der Vorhalle befindet sich die gut ausgestattete Küche, wo der Koch Stevo mit viel Liebe und Geschick Speisen nach jedermanns Geschmack und Vorliebe zubereitet. Da ist auch ein Mitarbeiter mit einem Rechner, der nur wenig Raum einnimmt, und ein Badezimmer mit Dusche, das jedem, der den ganzen langen Tag mit einem straffen Zeitplan am Srebrnjak 1 arbeitet, ein wenig Komfort bietet. Diese Räumlichkeiten werden ständig benutzt, besonders der Küchentisch, wo unendliche Mengen Espresso, Türkischer Kaffee und immer griffbereite Snacks serviert werden. Hier kann man auch eine Zigarette rauchen, denn scheinbar herrscht in Kroatien diese Gewohnheit noch immer; auch Ivica frönte dieser Leidenschaft unter dem Vorwand, sie sei gut für die Konzentration.

Endlich öffnete sich auf dem dritten Stockwerk ein glänzender Raum, vollständig von Boden bis Decke mit geschnitztem Holz getäfelt, mit Dachfenstern an der schrägen Decke. Hier ist alles überwältigend, auch der massiv proportionierte Esstisch aus dem selben Holz wie die Täfelung des gesamten Raumes, während die Couch und die Sessel, der Plasmafernseher an der Wand und die Stereoanlage eine angenehme Ecke zum Entspannen bieten. Hier trafen wir uns jeden Tag zum Mittagessen und genossen das lebhafte Gespräch, die Scherze und die Heiterkeit.

Unweit des geräumigen Saals liegen zwei Schlafzimmer. In einem davon liegt immer Ivicas Kleidung, die Braco aus sentimentalen Gründen nicht forträumen konnte. Die Täfelung und das Belegen des Erdgeschosses mit Onyx-Platten nahm mehrere Jahre in Anspruch. Deshalb ist jetzt alles perfekt. Alles in allem flößt das vielen Besuchern ungemeinen Respekt ein, denn dieser Ort bedeutet ihnen viel, dieser Ort der Heilung und Wandlung, der mit einem freimütigen Volkspropheten begann, der lediglich Menschen helfen wollte, ihr Leben zu verfeinern.

Im großen Zimmer warteten einige Gäste auf uns, unter ihnen auch Bracos Vater, Viktor. Er ist ein charmanter, gefasster Mann mit grauem Haar und einem kindlichen Lachen, wie auch sein Sohn. Wir schüttelten uns die Hand und er sagte mir auf Kroatisch, er habe mich wiedererkannt, aus Bracos neuester DVD über seinen USA-Aufenthalt. Braco übersetzte mir seine Worte und ich fühlte mich geschmeichelt, auch hier in Kroatien bekannt zu sein. Gesprochen wurde überwiegend auf Kroatisch. Da mir nur Braco übersetzend einsprang, entgingen mir einige Scherze, und dennoch fühlte ich mich dieser Gesellschaft voll zugehörig.

Damals überraschte mich die im Hintergrund spielende Musik. Ich war schon einmal in der Küche gewesen, aber über die Musik hatte ich nicht nachgedacht.

Statt Ethno- oder neuer kroatischer leichter Musik spielte in diesem Raum amerikanische Pop-Rock Musik aus den Achtzigern. Wo immer ich mich während meines dreiwöchigen Kroatienbesuchs auch aufhielt, in Restaurants, Hotels, in anderen Städten oder in Bracos Haus, aus dem Radio erklang immer die Musik der Achtziger, als ob eine Zeitmaschine unsere alte Pop-Kultur in diesen Teil Europas versetzt hätte. Ich begriff, dass man gerade in dieser Umgebung dem Genuss der Wiederbelebung der Vergangenheit nicht widerstehen kann. Ein Geist der Aufrichtigkeit erfüllte jeden Winkel dieses Raums, und jeder Augenblick war voll, hell und fern von den alltäglichen Verleugnungen, die ein unechtes Gefühl der Behaglichkeit schaffen.

Das Mittagessen wurde um 14 Uhr serviert und war reich an vegetarischer Kost. Man sagte mir, es sei für mich zubereitet worden, denn Braco würde gewöhnlich Fastenspeisen zu Mittag essen, gekochtes Hähnchenfleisch und ungekochte Zucchini in Olivenöl. Sein Frühstück ist ebenfalls einfach, ein Glas Milch mit Honig, einige Esslöffel heimischen Olivenöls, Bananen und frisches Obst. Mein Besuch bot dem Koch die Gelegenheit, sein Talent zu zeigen, und ich war sehr froh über diese Aufmerksamkeit. Braco meinte, er würde vorerst dasselbe essen wie ich. Bei seinen Reisen durch andere Länder verspeist er auch widerspruchslos alles, was ihm seine Gastgeber servieren. Deshalb nahm ich mir nur wenige Bissen von jeder Speise auf den Teller, denn ich hatte keinen Hunger, die Energie schien meinen Hunger bereits gestillt zu haben. Aus diesem Grunde konnte ich den angebotenen Speisen nicht genügend Beachtung schenken.

Nach dem Mittagessen reihten sich wieder die Begegnungen aneinander, und ich sog sie alle auf, es war ein Festmahl wie jenes am Mittagstisch. Als der Tag mit der letzten Gruppe um 18 Uhr endete, begleitete mich Braco zu seinem Wagen. Während wir den Parkplatz verließen, sagte er mir, dass er schon einige Jahre nicht mehr Auto fährt. Einen Moment lang war ich besorgt, dass er das Fahren verlernt hat, wie viele in New York, die nur die öffentlichen Verkehrsmittel benutzen. Doch er war ein recht guter Fahrer, obwohl er, wie ich erfuhr, die Strecke von seinem Haus bis zum Gebäude am Srebrnjak 1 hauptsächlich zu Fuß zurücklegt, wenn er um 6 Uhr morgens zur Arbeit geht. Wenn er mit dem Auto unterwegs ist, fährt ihn immer einer seiner Mitarbeiter; manchmal wird er auch von mehreren begleitet. Diese Fahrt war ein Privileg für mich nach der Reise, denn an diesem Abend nahmen wir uns etwas Zeit für eine Besichtigungstour durch die Stadt Zagreb.

Zagreb

Wir hielten vor Bracos Haus in einem angenehmen Wohnviertel an. Hier steht ein recht geräumig wirkendes, vierstöckiges Haus mit einer Stein- und Eisenmauer, und dahinter ist eine Grasfläche und die Fassade zu sehen. Ich hatte keine Reisetaschen dabei, denn mein inzwischen aufgefundenes Gepäck sollte erst am nächsten Morgen hier ankommen. Dem Himmel sei Dank, dass ich am Flughafen meinen Aktenkoffer mit Kombinationsschloss, in dem ich wichtige Dinge aufbewahre, nicht an der Gepäckannahme übergeben hatte, so blieb mir nun zumindest die Zahnbürste. Ich sollte in Bracos Haus untergebracht werden, was er seinen anderen Gästen sonst nicht anzubieten pflegt, aber er wollte mich sehen und erleben lassen, wie sein Leben aussieht, und zwar ohne Einschränkungen. Später wurde mir klar, weshalb gerade das so wichtig war, aber zu diesem Zeitpunkt dachte ich, er möchte nur, dass ich mich wohl fühle, damit ich meinen Artikel über ihn, die für die meisten Menschen so mysteriöse Person, schreiben konnte.

Hinter der Eingangstür führt eine Treppe in zwei Richtungen. Es zeigte sich, dass Familienhäuser hier anders projektiert werden als in den USA. Die vier Stockwerke bergen vier vollkommen getrennte Wohnungen, jede mit zwei Schlafzimmern. In Kroatien bleiben Familien seltener zusammen, und wenn ein Kind erwachsen wird, kann es getrennt in einer der Wohnungen leben. Generell herrscht hier eine größere Nähe, eine tiefere Verbindung zwischen

Eltern und Kindern. Rudi, einer der wichtigsten Mitarbeiter auf dem Srebrnjak 1, lebt in der Wohnung ganz oben im Haus. Mir wurde das zweite Stockwerk zugeteilt, während Braco und seine Familie auf dem dritten Stock leben. Seine Frau und sein Sohn Andelon, sein einziges Kind, verbringen jedes Jahr zwei Sommermonate im Haus in einem Küstenstädtchen an der Adria.

Braco ließ mich in mein neues Quartier eintreten und zeigte mir die Zimmer. Die Wohnung wird von Massivholzmöbeln beherrscht, ebenso wie am Srebrnjak 1. Die Einrichtung strahlt eine Atmosphäre der Tradition und Stabilität aus. Alle Räume sind mit Marmor ausgelegt, und jedes Zimmer hat einen Balkon. Alles war sehr sauber und ordentlich. Ein Silbertablett mit einer Flasche Wasser und Gläsern wartete auf mich. Hier war für alles gesorgt, was meinen Aufenthalt mehr als angenehm machen würde. Letztendlich konnte ich nur sehr wenig schlafen, hauptsächlich wegen des straffen Reiseplans und der Reise ans Meer.

Später leistete ich Braco auf seinem Balkon Gesellschaft, wo mir ein Getränk serviert wurde. Im langen und schmalen hinteren Teil des Garten wächst eine Unzahl fruchtbarer Obstbäume, und weiter unten breitet sich ein weiteres Beet mit essbaren Pflanzen für den eigenen Gebrauch aus. Hier bestellen die Menschen ihre Gärten selbst, und generell ohne den Gebrauch von Pestiziden, nach jahrhundertealter Tradition. In der Ferne bot sich uns ein atemberaubender Blick auf das Tal, umgeben von Hügeln. Die Front des Hauses verrät nicht, welche Landschaft sich hinter dem Gebäude auftut, und das hat mich begeistert.

Auf dem unteren Plateau erblickte Braco seinen Vater, der sich um Garten und Obstgarten kümmert. Er scheint die Natur ebenso zu lieben wie Braco, und er jätete Unkraut mit großem Elan. Wir begrüßten ihn, und er strahlte vor Freude. Er bot uns frisch gepflückte Kirschen an, und wir sahen auch einen Korb mit Gemüse, vorbereitet für das Mittagsmahl. Viktor zeigte mir stolz die verschiedenen Obstbäume und das Saisonobst. Nach einem kurzen Gespräch kehrte er zu seiner Arbeit zurück, und wir machten uns auf den Weg zu einem Spaziergang durch die Zagreber Stadtmitte.

Bald darauf spazierten wir schon durch eine Einkaufsstraße mit vielen Schaufenstern, und ich war erstaunt, dass die Stadt keine größere Zahl alter historischer Gebäude aufweist. Moderne Gebäude beherrschen die alten in wechselnden Abständen. Kopfsteinpflaster ist noch in vielen Städten zu finden, doch hier spiegelt es den Geist der vergangenen Zeiten wider. Während des Spaziergangs befragte ich Braco über seine Lebensphilosophie, über seine Gabe und seine heilende Arbeit. Seine Antwort auf solche Fragen lautete damals, in der ersten Woche unseres Treffens, immer gleich: Da gibt es nichts zu sagen. Ich war überzeugt, dass er eigentlich viel wusste, aber aus irgendeinem Grund nichts sagen wollte, zumindest jetzt noch nicht.

Ich versuchte es immer wieder mit der gleichen Reihe von Fragen, aber ohne Erfolg. Schließlich gab ich auf und versuchte, die Umgebung zu genießen. Er führte mich zu einem beeindruckenden steinernen Spazierweg, der zu einem massiven uralten Bauwerk führte. Als wir den Gipfel erreichten, tat sich vor uns ein herrlicher Blick auf die Stadt auf, und wir machten Halt, um die Ansicht zu genießen. Aus dem nahegelegenen Café ertönte Volksmusik, und ich fragte, ob es sich dabei um traditionelle Volksmusik handelt. Er wusste es natürlich nicht, denn er war wie ein unerfahrener Jüngling, der solche Töne zum ersten Mal vernimmt. Mit seinem Lächeln sah er so herzig aus in seiner Unschuld, trotz meiner Enttäuschung wegen der zuvor unbeantworteten Fragen. Ich stellte die gleichen Fragen in verschiedenen Formen, aber erfolglos, und so blieb mir nichts weiter übrig, als diese Geheimnistuerei zu akzeptieren, zumindest fürs erste.

An diesem ersten Tag verspürte ich in Bracos Gesellschaft eine ungezwungene Gelassenheit, als ob wir uns schon lange kennen und ich ihm glauben kann. Ich konnte jedes beliebige Thema ansprechen, und er würde aufmerksam zuhören. Seine Aufmerksamkeit war überdurchschnittlich, und ich glaube, er kann sehr gut zwischen den Zeilen lesen. Zuerst schien es, als seien wir pure Gegensätze, denn während ich kreuz und quer durch die Welt reiste, studierte er die Dinge auf geistiger Ebene und befasste sich seit langem mit Heilungen. Er hatte seine ganze Jugend in Kroatien verbracht, aber Geistigkeit und Heilung hatten ihn überhaupt nicht interessiert, bis er in seinem 26. Lebensjahr Ivica begegnete. Sein Wissen ist rein, nur seins, nicht durch fremde Denkweisen gebildet, und er versteht sehr gut, dass zuviel Informationen zu einem Leben ohne Zweck und Bedeutung führen.

Dieser erste, in Bracos Gesellschaft verbrachte Tag begann mich bereits zu verändern. Dabei tat er nichts Außergewöhnliches; seine Natürlichkeit und selbstsichere Haltung dienten mir als klares Beispiel, was nötig war, um auf eine höhere Ebene aufzusteigen. Es war einfach und leicht; bloße Worte würden niemals solch eine Wirkung erzielen. Unser Spaziergang setzte sich auf der anderen Seite des Hügels fort, zurück zum Handelszentrum, wo wir in einem Café Rast machten. Er fragte mich, ob ich müde sei, und überraschenderweise war ich es nicht, dank der Kraftströme, die ich während der Begegnungen und in der Gegenwart solch einer außergewöhnlichen Persönlichkeit aufgenommen hatte.

Braco bot mir ein Glas Wein an, und ich wollte es annehmen, aber es war mir unangenehm. Braco trinkt niemals Alkohol. In der Tat hat dieser einzigartige Mann im ganzen Leben noch nie einen Schluck Wein getrunken, deswegen bestellte ich lieber einen Fruchtsaft. Recht bald befreite er mich von solchen einengenden Ängsten, als ob er feinsinnig die Beschränkungen erkannte, die ich mir selbst auferlegt hatte. Damit legte er meine spontanere Seite frei. Er half mir auf eine sanfte und natürliche Weise, rationale Verhaltensweisen abzulegen, und mein Wesen wurde nicht mehr von diesen Schatten beherrscht, sondern nur von meinen augenblicklichen und reinen persönlichen Wünschen, die für andere keine Gefahr darstellten.

Obwohl bestimmte philosophische Fragen unbeantwortet geblieben waren, führten wir im Café ein sehr reges Gespräch - über seinen achtjährigen Sohn, über seine Mitarbeiter am Srebrnjak 1 und, natürlich, über Hawaii. Braco sprach über seine Gefühle bezüglich der Ereignisse um seinen Vater; bisher hatte er sie noch niemals jemandem anvertraut. Wir sprachen über Zagreb und seine Kindheit, seine Liebe zur Natur und seine Hingabe zur Arbeit. Nach dieser Pause kehrten wir zu seinem Haus zurück und gingen nach Mitternacht zu Bett.

Man überließ mir die Entscheidung, ob ich am Morgen zu Fuß mit Braco zur Arbeit gehen oder schlafen bleiben und mich ausruhen wollte. Ohne Zögern entschloss ich mich für den Fußmarsch um sechs Uhr, und so ging ich die erste Nacht freudestrahlend zu Bett, hochbeglückt, weil meine Seele satt und gut genährt war. Mein einfacher Wunsch, Braco wieder zu sehen, erfüllte sich in tausendfacher Weise, durch die Großzügigkeit der Energie, die all dies möglich machte.

Kapitel 2

Tag 2 - Dienstag, 30. Juni 2009

Wünsche

Mein Wecker klingelte um fünf Uhr, und Braco stand um Punkt sechs vor meiner Tür, um mich auf dem 50-minütigen Weg zur Arbeit zu begleiten. Unglaublich, aber ich fühlte mich frisch und zum Aufbruch bereit. Noch ein Beweis für die Energie, die mich hier in Zagreb umgab. Nach einigen Straßen gelangten wir zu einem riesigen Park mit schmalen, dich durch den Wald schlängelnden Wegen. Die Gegend war fast menschenleer, außer einigen wenigen Spaziergängern, die ihren Hund Gassi führten. Der Morgen war frisch, und die Sonnenstrahlen bahnten sich ihren Weg durch die Baumkronen. Braco liebt die Natur mit seinem ganzen Wesen, und diese Momente in der Natur erfüllen ihn mit Kraft.

Jetzt verstand ich besser als je zuvor - wegen seines anstrengenden Zeitplans braucht er den Kontakt zur Natur, um seinen Tag im Gleichgewicht zu halten. Solche einfachen Freuden werden bei Menschen im Alltagsstress oft vernachlässigt - das einzige Mittel zur Entspannung ist der Fernseher. Aber das zehrt nur an der Lebensenergie, die nicht wieder aufgeladen wird. Der Mensch muss eine Harmonie mit der Natur schaffen und sich mit der Seele der Natur verbinden, sonst verliert er die Orientierung in der trügerischen Welt der materiellen Güter, die letztendlich keine wahre Erfüllung bringen können. Braco weiß das und hat sein Leben entsprechend eingerichtet.

Es war ein herrliches Gefühl, zu Fuß unterwegs zu sein, vor allem deswegen, weil Braco sein Schritttempo an meine bevorzugten schnellen Schritte angepasst hatte. Später gingen wir etwas langsamer, damit ich die Landschaft noch etwas genießen konnte. Zu dem Zeitpunkt betrachtete ich dies als Ersatz für das Schwimmen in den warmen Gewässern Hawaiis, in Begleitung meiner Freunde, der Delphine. Seltsam, die Spaziergänge mit Braco machten mir ebenso viel Spaß. Auf dem Weg machten wir an einem Straßencafé Halt, wo wir einen Croissant und unseren ersten Espresso zu uns nahmen. In Bracos Gegenwart durchtränkte mich der Augenblick voll und ganz und gestattete mir, den Druck meines üblichen Prioritätenprogramms zu lockern, um mit Begeisterung Neues zu erfahren.

Am Srebrnjak 1 begrüßte uns Branko, der Mann, der alle Fäden in der Hand hält, zusammen mit allen anderen, die - wovon ich mich später überzeugen konnte - ein festes und loyales Team des Zentrums bildeten. Dinko, Rudi, Pero, Ljiljana, Miki, Davor, der Koch Stevo und der selbstaufopfernde Damir gehören zu den Schlüsselfiguren des Zentrums und sind bereits seit Jahren hier. Sie erledigen ihre Jobs tadellos und ohne jeglichen Widerspruch. Branko, Damir, Pero und Dinko kannten Ivica und waren auch seine Helfer, und so kennen sie Braco seit den frühesten Tagen. Sie sind mehr als nur Mitarbeiter; die Geselligkeit und Freundschaft unter ihnen schuf eine feste Bindung und eine allgemeine Harmonie. Sie sind der Energie von Bracos Blick und Hilfeleistung aus ganzem Herzen treu ergeben.

An diesem Morgen lernte ich Ljiljana kennen, die einzige Frau im Team. Ich hatte sie in einigen Filmen über Braco gesehen, die den Gruppen im Zentrum gezeigt wurden. Sie geht als Einzige nicht auf Reisen, sondern kümmert sich am Srebrnjak 1 weiter um die Besucher. Eine außerordentliche Frau mit schönem, geradem, schulterlangem Haar. Sie ist herzlich, selbstbewusst und gewandt im Auftreten. Auch alle anderen hier Beschäftigten umgibt ein Flair von Harmonie und Gelassenheit sowie von bedeutender innerer Kraft. Der anspruchsvolle Zeit- und Reiseplan und die Arbeitsstunden erfordern dies ja auch.

Die Gruppenheilsitzungen fanden für eine Unmenge von Besuchern statt, die den ganzen Tag lang ankamen. Ich war bei allen Begegnungen dabei, und jede Session brachte mir neue Erkenntnisse. Ich konnte buchstäblich spüren, wie das Licht der Kraft in mich einfließt. Einer meiner intimsten Wünsche, den ich lange Zeit weder Braco noch sonst jemandem gegenüber geäußert habe, war, Schriftstellerin zu werden. Alle meine Literaturlehrer glaubten, dass ich eines Tages schriftstellerisch tätig sein werde, dass ich dieses besondere Talent zum Schreiben habe. Doch ohne besonderen Grund hielt mich etwas Unsichtbares zurück, obwohl ich viele Projekte in Angriff genommen hatte, konnte ich nie den Selbstzweifel überwinden, einen Zweifel, der mich hinderte, Großes zu vollbringen.

Während der morgendlichen Begegnungen mit Bracos gebendem Blick rief mein Herz immer wieder diesen Wunsch aus und bat um die Kraft, diesen Traum endlich wahr werden zu lassen. Wie konnte ich überhaupt wissen, dass mir dieser Wunsch durch Braco bald in Erfüllung gehen sollte, als wunderbarer, spontaner Gedanke, der ihm einfiel? Mein zweiter Herzenswunsch war, im Stande zu sein, ohne Lampenfieber und Hemmungen vor großen Versammlungen zu sprechen. Ich hatte eine Heidenangst vor öffentlichen Auftritten, und dennoch halte ich gerne Reden, das ist mein Widerspruch. Ich sprach jahrelang auf Kongressen, aber das war die reinste Agonie, und ich wusste, dass sich das alles ändern könnte, wenn nur mein Geist eine tiefer liegende Stütze fände.

Bei der Verwirklichung beider Wünsche standen mir meine inneren Dämonen auf gewisse Weise im Weg, und ich wusste nicht, wie sie zu überwinden sind. Und jetzt, während der morgendlichen Begegnungen, kam wieder Hoffnung in meinem Herzen auf, und ich spürte endlich die innere Erregung, die mich ahnen ließ, dass diese Dinge möglich sind. Dann trat ich ins Freie und dachte nicht mehr darüber nach, denn ich begriff nicht, dass die Energie aus Bracos Blick den Möglichkeiten auf der Stelle Tür und Tor öffnet. Der späte Morgen gab mir mein Gepäck wieder, und ich konnte endlich die Kleidung wechseln, die ich vier Tage lang fast ununterbrochen und quer durch die Welt getragen hatte. In frischer Kleidung fühlte ich mich in der Großzügigkeit meiner Umgebung und des Personals am Srebrnjak 1 voll und ganz zufrieden.

Branko und die übrigen lobten meine Fähigkeit, mit wenig Schlaf auszukommen und weiter an den Begegnungen teilzunehmen, doch ich konnte ihnen nicht auf Kroatisch antworten, dass ich das Gefühl habe, ich könnte vor lauter Energie durch die Luft schweben. An diesem Morgen brachte man Coco hierher, das Heimtier von Bracos Familie.

Das war ein stolzer weißer Vogel mit einem Riesenbedarf an Liebe und Betreuung. Braco und ich spielten während der Pause im Pavillon mit Coco. Er neckte den glücklichen Vogel, der so zufrieden aussah, wenn man seine Federn streichelte. Dann begannen wir, über Ivica zu sprechen, über Bracos Liebe zu diesem Freund und über den Schmerz nach dem so schnellen Verlust. Alle Mitarbeiter am Srebrnjak 1, mit denen ich sprach, zollen diesem Propheten höchste Achtung. Ich kannte Bracos Geschichte, wie er zu Ivica kam, und jetzt war es an der Zeit, mehr über den Mann zu erfahren, der das alles in Gang gesetzt hatte.

Der Prophet Ivica

"Die Macht war göttlich, nicht mein." - Ivica Prokić

Ivica veröffentlichte sein erstes Buch im Jahr 1992. Er sagte seinen Freunden oft, er würde genau dreizehn Bücher schreiben. Nach seinem dreizehnten Buch kam er bei einem Unglück ums Leben, das er selbst vorausgesagt hatte. Braco war bei ihm, als sich das ereignete. Es war der junge Braco, der Ivicas Leichnam aus Südafrika zurücktransportieren ließ, wo eine tückische Welle Ivica das Leben kostete, während sie gemeinsam an einem Strand surften, an dem sie vorher schon gewesen waren und den der Prophet sehr mochte.

Der am 4. August 1950 in einer serbischen Bergregion geborene Ivica Prokić hatte bereits im Alter von sieben Jahren seine erste Vision. Als er mit andern Kindern am Ufer den Fluss betrachtete, schrie er plötzlich auf und erstarrte. Später sprach er über ein Gefühl, als ob ein Stück Sonne in seinen Knöchel eingetreten und im Bein nach oben gewandert sei. Dieses Ereignis führte zu einer Weitsicht in dem Knaben, dessen einzigartige Fähigkeiten langsam zum Vorschein kamen. 1971 zog er nach Zagreb um und begann, Fische auf dem Stadtmarkt zu verkaufen. Er hatte viele Traumgesichte, insbesondere durch Astralreisen. Bis zu dem Jahr 1989 hatten sich seine Fähigkeiten und seine innere Kraft verstärkt, und er begriff, dass er die Vergangenheit, Gegenwart und Zukunft mit hoher Genauigkeit sehen kann.

Sein Termin an der Klinik für Bioenergie bestätigte seine Fähigkeiten. Er hatte selbst eine Untersuchung vereinbart. Die Bioenergetiker sagten ihm, er habe eine große Kraft und er sollte Menschen helfen. Am 5. November 1989, als er in der Badewanne lag, erblickte Ivica einen Menschen, der vom Kreuz fällt. Das Kreuz fiel auf Ivicas Stirn und hinterließ eine bleibende Narbe, während ihm Blut aus den Händen rann. Seither besaß er eine besondere Fähigkeit zu heilen; er konnte mit einer Berührung bewirken, dass sich die Person besser fühlt. Er erkannte, dass er eine besondere Gabe hatte und dass er für seine Hilfe niemals Geld nehmen darf, was er auch nie getan hat.

Seine erste Prophezeiung kam am 16. November 1989, als er ein Grubenunglück vorhersah. Es musste noch etwas Zeit vergehen und seine Kraft stärker werden, bis er im Stande war, seine Traumbilder zu deuten. Dann begann er, wie Nostradamus, einen Spiegel zu benutzen, in dem er jemandens Vergangenheit, Gegenwart und Zukunft sah. Ivica empfing auch weiterhin Besucher, jeden einzeln, und gab Ratschläge, die den Besuchern selbst, ihren Familienangehörigen oder den Personen auf den mitgebrachten Fotografien halfen. Zu jener Zeit brachte Ivica sein erstes Buch heraus und schenkte es den hilfesuchenden Besuchern. Auch heute noch berichten Menschen über die starke heilende Wirkung seiner Bücher, und Ivica hat viele geschrieben. Jedes einzelne Buch wirkt mit einer besonderen, gebenden Energie auf die Menschen ein.

Durch mündliche Überlieferung hörte man von Ivicas Kräften und Fähigkeiten sowie von der Zahl der Besucher. Im Laufe der Jahre besuchte er auch andere Städte und produzierte eine DVD über seine Arbeit und die Hilfe, die er seinen Mitmenschen durch Energiezufuhr zuteil werden ließ.

Am Srebrnjak 1 sind viele Portraits von Ivica zu sehen. Sie zeigen einen strahlenden Menschen mit einem breiten Lächeln. Stolz und direkt gab er Menschen Auskunft, immer ohne Umschweife und ohne Beschränkungen.

Auf allen Bildern ist Ivica mit einer schweren goldenen Halskette und mit Goldringen an den Fingern zu sehen. Er hatte nämlich in einer Vision die Botschaft erhalten, er müsse ein Kilogramm Gold an sich tragen, wegen der Arbeit mit solch einer großen Zahl an empfangenen Besuchern.

Das Gold stärkte ihn und bot Schutz vor den negativen Energien der Menschen, die er heilte. Das Gold brachte ihn auch in eine unmittelbare Beziehung zur Sonne. Es war eine große Last für den Propheten, besonders in der Sommerhitze, doch er war sich dessen bewusst, dass eben diese Kraft von vitaler Bedeutung war, und das war sein Preis. Als sich Braco zu ihm gesellte, trug er auch schweres Gold um den Hals und an den Händen, bis sich seine eigene natürliche Kraft bis zu dem Maß vermehrt hatte, dass er diese Art der Stütze nicht mehr benötigte. Heute trägt Braco, wie auch viele seiner Besucher, einen einfachen goldenen Anhänger in Form einer Sonne um den Hals, sowie einen Ring als Zeichen der Beständigkeit der Energie, die sich ausbreitet, den Geist stärkt und heilt.

Spontaneität

Als wir nach einer weiteren Gruppenheilsitzung wieder in den Bambusgarten zurückgekehrt waren, fragte ich Braco, ob er Geheimnisse hat. Da er auf seinen Reisen alles isst, was ihm vom Gastgeber angeboten wird, und es sich dabei überwiegend um Fleischspeisen handelt, war er wohl kaum ein typischer Vegetarier. Darüber hinaus rauchen in Kroatien alle, ohne befürchten zu müssen, stigmatisiert zu werden, und so zündet auch Braco hin und wieder eine Zigarette an. Braco pflegt die Bräuche und Traditionen seiner Region. In den Vereinigten Staaten leben geistige Heiler und Lehrer oft weltabgewandt, was Bracos Lebensweise entgegensteht. Obwohl auch in bekannten Büchern über wahre Kräfte, wie etwa in The Initiate von Cyril Scott, manche Lehrer oft auf Gewohnheiten wie Zigarrenrauchen oder das eine oder andere Fluchwort zurückgreifen, um die übliche Vorstellung von der - irreführenden - Perfektion zu sprengen. Möglicherweise verhält sich auch Braco so, als tue er dies aus dem selben Grund, aber es ist offensichtlich, dass er sich durch nichts abheben will, da sein Einfluss sonst in eine andere Richtung wirken würde. Mit meiner Frage wollte ich im Grunde genommen einen Weg finden, Braco besser zu verstehen.

Er lächelte nur und antwortete, dass er in der Tat ein Geheimnis hat, und so folgte ich ihm in den Bambusgarten, wo er mir sein geheimes Versteck zeigte. Hier kann er sich in aller Stille verbergen, und niemand wird auf den

Gedanken kommen, hier nach ihm zu suchen. Seine freigeistige, sanfte Seele trieb ihn oft dazu, sich vor den Blicken seiner immer aufpassenden Mitarbeiter, zu verstecken, insbesondere vor dem immer aufmerksamen Branko, um einige Zeit alleine zu verbringen. Dies war ein wunderschöner kleiner Zufluchtsort, wo man sich in aller Ruhe niederlassen und die Schönheit der Natur mit dem dunklen Grün der Bambusblätter und dem Vogelgezwitscher genießen kann. Für Braco ist dies ein wahres Geheimnis; andere Dinge sind nur Randaspekte des menschlichen Alltags. Das wies mich nochmals darauf hin, dass Braco sich nicht abhebt, sondern wahrlich eins mit den Menschen ist, trotz seiner wundersamen Kraft.

Es war Zeit für das Mittagessen, und wir gingen in den dritten Stock, wo Stevo im Esszimmer wieder einmal das Feinste vom Feinsten in vegetarischer Kost zubereitet hatte, aber auch Fleisch für diejenigen, die tierische Eiweißstoffe bevorzugen, wie etwa Branko. Für mich war immer ein Platz neben Branko reserviert, und das ermöglichte mir eine bessere Übersicht über das Geschehen. Einige Mitglieder des Teams kamen noch hinzu, die übrigen setzten ihre Arbeit fort. Manche tranken ein Glas Wein zum Mittagsmahl, aber ich hielt mich noch immer zurück. Heute füllte Braco meinen Teller. Er wusste, dass ich nur kleine Portionen benötigte, und gab rücksichtsvollerweise jeweils nur einen Esslöffel von jeder Speise auf meinen Teller, der dann doch übervoll war.

Braco aß dieselben Speisen wie ich, nur in etwas größeren Mengen, und meinte, er würde das fortsetzen, solange ich da bin, was ich als sehr galante und einzigartige Geste erachtete. So etwas würde der Mehrheit der Gastgeber niemals einfallen. Brankos Sinn für Humor sorgte bei allen Anwesenden für Heiterkeit, doch ich versäumte einige Witze, weil Braco sie mir nicht übersetzen wollte. Erst später war ich auf Brankos Witz-Kanonade gefasst. Stevo ließ uns wissen, dass er uns besondere Pfannkuchen mit Eiskreme zubereitet hatte, und ich wusste, dass wir uns den Gaumenfreuden hemmungslos hingeben würden.

Die Pfannkuchen wurden serviert, und Braco verzehrte sie verspielt mit den Fingern, obwohl das Eis sehr schnell schmolz. Zuvor, beim Mittagessen, hatte ich selbst mit den Fingern gegessen und erklärt, dies sei natürlicher, denn Essbesteck verändere den Geschmack der Nahrung. Zu meiner Überraschung stimmte mir Braco zu. Vielleicht hatte er das wieder nur im Spaß gemeint, aber wir machten beide ein ernstes Gesicht. Braco fügte noch hinzu, dass er gerne ohne Besteck isst, doch dass bisher noch niemand seinem Beispiel folgte. Meines Erachtens geht dies auf die Naturvölker zurück und ist sehr gesund.

Es war wieder Musik zu hören, heiterer amerikanischer Pop und Rock der Achtziger, und so erfüllten Töne von Dawid Bowie, Men at Work und

Cindy Lauper den Raum. Spontane Reaktionen kommen hier in der Tat leicht vor, und so zogen wir sofort unsere Schuhe aus und Braco forderte mich zum Tanz auf. Lachend machten wir einige Tanzschritte, die bei allen Anwesenden für Heiterkeit sorgten. Branko nickte mit dem Kopf und sagte uns, wir seien verrückt, doch sein strahlendes Lachen verriet, dass er an unserer Verrücktheit auch Spaß hatte.

Da sich bereits viele Menschen versammelt hatten, war es Zeit, wieder zur Arbeit zu gehen. An diesem Tag kamen überwiegend Kroaten, mit Ausnahme einiger Busse aus den Nachbarländern. Man schaute mich noch immer neugierig an, denn ich war ständig im Onyx-Tempel anwesend. Doch war nun mehr Wärme in ihren Blicken zu bemerken, was ich sofort der Energie zuschrieb, die mich bereits zu verändern begann; ich war viel entspannter und nicht mehr so verwirrt. Nach und nach bemerkte ich, dass es mit der Stärkung meines Selbstbewusstseins auch zu größeren Veränderungen an mir kam. Außerdem machte unter den Besuchern die Neuigkeit die Runde, es sei eine Frau aus Hawaii angereist, was schon gewisses Aufsehen erregte.

An diesem Nachmittag betrat ich mit einer Gruppe zusammen den Warteraum. Ich wollte den ganzen Prozess erleben, den die Besucher am Srebrnjak 1 durchmachen. Ich setzte mich und beobachtete, wie neue Besucher in einer stillen Kolonne ankamen, mit Blumensträußen in der Hand, die sie auf den Tisch im Vorzimmer ablegten, bevor sie eintraten und sich einen Stuhl nahmen. Manche grüßten die anderen Anwesenden leise und suchten erst dann einen freien Stuhl. Im Raum herrschte eine Atmosphäre des stillen Erwartens, während die Portraits von Ivica und Braco an den Wänden eine gewisse Kraft ausstrahlten. Der Boden ist aus Marmor, und alles ist blitzsauber. Der Raum ist wirklich etwas Besonderes, dem Heilen gewidmet; die exzellente Verarbeitung, der Charakter und die Qualität der Räumlichkeiten ist nicht zu übersehen.

Die Besuchergruppe wurde nun in den nächsten Raum gerufen, der von Boden bis Decke mit reich verzierten Holztafeln verkleidet und durch ein Geländer mit Öffnung in der Mitte eingeteilt ist. Auf der einen Seite dieses geteilten Raums wird eine Vielzahl von Büchern aus der Feder von Ivica und Braco sowie recht viele Filme auf DVD zum Verkauf angeboten. Im Angebot ist auch der glänzende Sonnenanhänger, den viele Besucher tragen. Der Sonne mit den asymmetrischen Strahlen, die Ivica in seinen Traumgesichten erblickt hatte, gab Braco eine reale Form. Die Anhänger kann man kaufen, und ich hörte von vielen Menschen, wie sie den Anhänger ihren von Krankheiten geplagten Liebsten schenkten und er ihnen half, wieder gesund zu werden.

Ivica hatte einst die Vision gehabt, dass eben dieses besondere Stück der Sonne die Energie aus der Quelle zu den Menschen leitet. Braco gab der Sonne eine dreidimensionale Eigenschaft mit reliefartig herausgearbeiteten Strahlen und stellte sie in ihrer ganzen Größe und Großartigkeit auf das Podium im Onyx-Tempel. Bald darauf trat Ljiljana, warm und sorgsam, vor die Gruppe und hielt eine einfache Rede über Braco und Ivica auf Kroatisch. Die Besucher nickten hin und wieder zustimmend mit dem Kopf und lächelten. Mein Übersetzer, ein Mitglied des Teams, übersetzte mir nur das Wesentlichste in kurzen Zügen.

In der darauf folgenden kurzen Pause konnte man dann ein Buch, eine DVD oder die Sonne kaufen. Ich bemerkte, dass manche Besucher bereits Bücher besaßen, die sie, wie die Gebrauchsspuren verrieten, schon vor langer Zeit erstanden haben. Ivica sprach, dass diese schmalen Bände ihre Bedeutung zwischen den Zeilen tragen und mehrmals gelesen werden sollten. Die Besucher erzählten mit tagelang, wie sie beim Lesen des Buchs oder beim Anschauen des Films eine tiefe innere Hilfe bei gesundheitlichen Beschwerden spürten. Bracos Energie ist offensichtlich auch hier gegenwärtig und strahlt durch diese Medien.

Dann führte man uns weiter, und jeder Besucher bekam seinen neuen Blumenstrauß, bevor er die Treppe zum Hof hinabstieg. Von dort aus ging es weiter zum Haupteingang ins Zentrum, vor die große, geschnitzte Tür, die in den Onyx-Tempel führte. Die mit der Sicherheit der Gruppe betrauten Mitarbeiter warteten, bis alle versammelt waren, und öffneten dann die Tür. Wer von etwas kleinerer Statur war oder auf Krücken ging, wurde in die ersten Reihen gestellt. Ljiljana trat zum zweiten Mal vor die Besuchergruppe und erklärte, wie die Energie am besten aufzunehmen ist. Sie bat die Besucher, keine Fotoapparate zu benutzen und gab noch einige andere Anweisungen. Dann ertönte Musik, und alle konzentrierten sich voll auf das Podium. Braco betrat den Raum von der Seite, nahm seinen Platz auf dem Podium ein, und dann begannen seine Augen langsam durch den Raum zu wandern.

Mir fiel auf, dass alle Gruppen ähnlich reagieren. Junge Leute in ihren Zwanzigern und Dreißigern sind oft besonders gerührt. In dieser Gruppe war eine außerordentliche Sanftheit und Empfindsamkeit zu spüren, und später erblickte ich Tränen in vielen Gesichtern, und noch mehr Besucher hielten Taschentücher in ihren Händen. Man war ganz offensichtlich sehr von der Energie berührt und bereit, sie zu empfangen. Ljiljana fragte sie sorgsam, ob jemand seine Erfahrung mit den anderen teilen möchte, und es meldeten sich einige Besucher, darunter auch ein schwacher alter Mann mit strengem Blick, der dennoch, ganz unerwartet, auf eine sanftmütige und gefühlvolle Weise sprach.

Und schließlich wurde ich der Gruppe vorgestellt, als Frau von den Hawaii-Inseln, die Braco zum Kongress in die Vereinigten Staaten führen wird. Nun meldeten sich mehrere Besucher, die mir ihre Geschichten erzählen wollten. Rudi, eine weitere Schlüsselfigur am Srebrnjak 1, spricht gut genug Englisch, um mir im Gespräch mit diesen Menschen behilflich sein zu können, die mir erzählten, wie sich ihr Leben verändert hat, nachdem sie Braco mit seinem Blick von ihrer schweren Krankheit befreit hatte. Es war rührend, diese Gesichter zu betrachten, manche alt und runzelig, andere jung und tief erschüttert, wie ich sie bei jeder Begegnung gesehen habe. In den folgenden Tagen hörte ich mir ihre Geschichten an, entweder in unmittelbaren Gesprächen oder mit der Unterstützung von Rudi, Miki oder Ljiljana, denen ich unendlich dankbar bin für ihr Talent der Zweisprachigkeit.

Ausflug in den Zagreber Zoo

An diesem Tag war die Arbeit um 17 Uhr beendet – etwas früher, wegen des Feiertags, und so nahmen wir uns etwas Zeit und besuchten den zoologischen Garten, den mir Braco zeigen wollte. Wir gingen durch mehrere Straßen, und nach einem riesigen Park erschien vor uns die Silhouette des Zoos. Ehrlich gesagt, kein einziger zoologischer Garten hat mir jemals ein so großes Erlebnis beschert wie hier mit Braco. Er hat Tiere sehr gern, ebenso wie die Natur, und er wollte jedes Geschöpf streicheln und mit ihm spielen. Im Gegensatz zu amerikanischen Zoos gab es hier keine Schilder, die dass das Füttern oder Berühren der Tiere verboten. Auch die Umzäunungen der Gehege sind nicht so gestaltet, dass sie Besucher fern halten, ganz im Gegenteil, sie lassen die Menschen den Tieren möglichst nahe kommen. So gelang es Braco auch, seine Finger durch viele Gitterstäbe und Zäune zu stecken, in dem Versuch, den einen oder anderen Vogel oder die eine oder andere haarige Kreatur zu berühren. Das versuchte er jedes Mal, wenn wir anhielten.

Es ist unnötig zu sagen, dass manche der exotischen Tiere recht überrascht waren. Sie versuchten, an den Fingern zu schnüffeln oder daran zu knabbern, aber das hinderte Braco in seiner Arglosigkeit nicht, es wieder zu versuchen. Während ich zuschaute, wie viel Spaß er hatte, fielen alle meine Vorstellungen über vorschriftsmäßiges Verhalten im Zoo ins Wasser. Ich wollte ebenfalls Tiere berühren oder streicheln, war aber nicht so mutig wie er, und noch nicht so frei. Die Menschen gingen ohne Zeichen des Staunens an uns vorbei, während Braco kleinere Tiere streichelte, die nicht vor der Hand flüchteten, oder Vögel anlockte, wie er es auch mit seinem Kakadu Coco tat. Da er in dieser Stadt aufgewachsen war, gehörten regelmäßige Zoobesuche zu seiner

Kindheit, und - ich wage es zu sagen - er hat noch immer die gleiche Freude daran.

Zum Schluss sorgten die Erdmännchen, die Meerkats, für ein großes Finale. Ihr Gehege war von einer hüfthohen Mauer umgeben, an die sich die Besucher anlehnen konnten. Braco begriff, dass das untere Ende des Zauns unter Strom stand, als er einen Stromstoß erhielt. Dann beugte er sich über die Mauer, zuerst so weit, wie seine Arme und Oberkörper reichten, aber das genügte leider nicht, um ein neugieriges Männchen, das sich genähert hatte, zu berühren.

Dieses freche Erdmännchen dachte offensichtlich nur an Futter, das ihm aber nicht angeboten wurde. So musste Braco einen neuen Weg finden, sich noch mehr ausstrecken, um ihn zu berühren. Nun wippte er vor und zurück, wie ein Gymnastiker auf dem Schwebebalken. Er streckte sich so sehr, dass seine Füße den Boden nicht mehr berührten, und ich konnte nicht glauben, dass er gerade dieses selbstbewusste Erdmännchen streicheln wollte, der jedes Mal, wenn er ihm näher kam, ein Stück weiter zurückwich. Schließlich packte ich Braco am Fuß, aus Angst, dass er über die Mauer fallen könnte, und ich musste lachen, denn in diesem Augenblick fuhr mir der Gedanke durch den Kopf: "Schaut euch das an, der berühmte Braco mit dem gebenden Blick, er fällt gleich ins Gehege!"

Eines der Lieblingstiere von Braco ist der Tiger, aber der war diesmal nicht draußen, und so beendeten wir unseren Rundgang. Wir erfrischten uns noch mit einem Getränk, verließen den Zoo und gingen nach Hause. Wir nahmen den Weg durch den Park, am See entlang, und Braco erzählte mir, wie er als Kind immer gerne hierher kam. Dann beschrieb er mir viele wunderschöne Stellen dieses Parks. Er angelte hier auch gerne, aber wenn ein Fisch anbiss, warf er ihn sofort zurück ins Wasser. Die Luft war heiß, und der Schatten tat gut unter den Baumkronen am See. In der Stille bewunderten wir die Schönheit dieser Oase des Friedens, inmitten des städtischen Getümmels.

In diesen friedlichen Minuten schaute ich Braco in einem Moment an und blieb verblüfft und gelähmt. Es schien, als ob sich zwei Welten miteinander verwoben hätten, und er hatte sich verändert. In diesem Augenblick war er Atlas mit einem mächtigen, geistesabwesenden Blick. Dieses Traumbild der Vergangenheit war so wirklich, dass es mich schockierte. Obwohl ich es nicht verstand, war ich sicher, die historische Rückkehr der sagenhaften Insel Atlantis erlebt zu haben. Es war ein vollkommen klares Gefühl, das ich nicht erklären konnte. Es war eine Erinnerung, dass wir uns schon einmal begegnet waren, in einer anderen Zeit und an einem anderen Ort. Mein ganzer Körper bebte, von Kopf bis Fuß, durch die Energie, die mich durchdrang, und ich war völlig überwältigt. Alles, woran ich denken konnte, war - Ich kannte ihn, nicht im konventionellen, alltäglichen Sinn, sondern außerhalb der Grenzen der fünf Sinne. Mich überkam ein Gefühl der Erregung und Freude, aber nach außen hin blieb ich ruhig und ließ mir diesen Ansturm zeitloser Erfahrung nicht anmerken.

Stattdessen fragte ich ihn in aller Ruhe, was er über Atlantis weiß. Alle meine Fragen, die ich drei Wochen lang immer wieder stellte, brachten nur spärliche Ergebnisse, aber später kam ich durch ihn zu der Erkenntnis, dass die Zeit noch nicht reif war, von diesen Dingen zu wissen und darüber zu schreiben. Deswegen antwortete er mir nicht direkt, sondern fragte mich, was ich darüber dachte. Ich bekundete meine Überzeugung, dass alles in Atlantis seinen Anfang nahm, dass Atlantis die treibende Kraft sei. Auch jetzt kehren manche aus Atlantis zurück, um zu beenden, was sie lange zuvor begonnen haben; die Mission erfüllen, damit die Welt wieder frei sein kann. Bedacht nickte er bestätigend mit dem Kopf und antwortete, auch er fühle etwas Ähnliches. In diesem Moment war ich glücklicher denn je; das war ein Anfang.

Drei Stunden waren vergangen seit unserem Spaziergang durch den zoologischen Garten, am See entlang, und seit unseren langen Gesprächen. Wir kehrten zum Srebrnjak 1 zurück, zu Bracos Wagen, denn es stand ein Treffen bevor mit Mr. Sc. Drago Plečko, dem Wissenschaftler und Erforscher des Übernatürlichen. Dies war eine Gelegenheit, mit einem Fachmann zu sprechen, mit einer Person, die sich schon drei Jahre lang mit Braco befasst und die mir eine wissenschaftliche Erklärung der Kraft seines Blicks und der bewirkten Heilungen geben kann. Braco hatte uns einen Termin an diesem Abend vereinbart, in einem Restaurant in der Zagreber Umgebung.

Als wir im Zentrum ankamen, blieb Braco vor dem Eingangstor stehen und bat Branko auf Kroatisch, etwas für ihn zu erledigen. Nach einigen Minuten kam Branko mit einer Schachtel zurück. Lächelnd überreichte Braco sie mir als Geschenk. Ganz verdutzt öffnete ich die Schachtel und erblickte einen wunderschönen goldenen Anhänger mit einem Sonnensymbol in der Mitte. Mir fehlten die Worte, mit denen ich meine tiefste Dankbarkeit bezeugen könnte für diese Aufmerksamkeit. Braco schaute zufrieden und bot an, mir beim Umhängen der Halskette behilflich zu sein.

Wie ich erfuhr, hat Braco bisher noch niemandem solch einen Anhänger mit Halskette nach nur zwei gemeinsam verbrachten Tagen geschenkt; solch ein Präsent war normalerweise für Personen vorgesehen, die ihm jahrelang bei der Arbeit halfen. Mein Anhänger war das elfte in dieser Form gestaltete Exemplar, die Anhänger zuvor wurden in den vergangenen vierzehn Jahren verschenkt. Dieses Design gibt es nicht zu kaufen, denn solch einen Anhänger mit Halskette, sowie einige andere Schmucksachen, lässt Braco speziell als Geschenke herstellen. Sein Anhänger ist ein Unikat, ebenso wie jener seines Sohnes. Ljiljana hat den selben Anhänger, wie das eben mir zum Geschenk gemachte Exemplar. Mir verschlug es die Sprache, und doch war ich selig, ein so außerordentliches Geschenk der strahlenden Energie Bracos erhalten zu haben. Es war mir klar, dass er wusste, welche Rolle ich in seiner Arbeit spielen würde, doch ich würde dafür nichts verlangen und einfach warten, was die Zeit mit sich bringt.

Gespräch in Samobor

Wir fuhren zu einem kleinen Ort namens Samobor, zu einem Treffen mit Drago Plečko. Diese etwa fünfzehn Kilometer von Zagreb entfernte Kleinstadt ist ein wunderbar altertümlicher Flecken, einfach märchenhaft. Die Kopfsteinpflaster und kleinen weißen Häuser wirken bezaubernd und strahlen eine Atmosphäre jahrhundertalter Geschichte aus. Wir betraten die Terrasse des Restaurants, wo man uns einen Tisch reserviert hatte. Da Drago noch nicht eingetroffen war, wollte ihm Braco einen Streich spielen, um zu sehen, wie er reagiert. So gingen wir zu der Theke mit der Eiscreme, und Braco verriet mir seinen Plan: Er wird 50 Kugeln Eiscreme in verschiedenen Geschmacksrichtungen bestellen, einen ganzen Berg. Dazu bestellte er noch mehrere Portionen der berühmten Samoborer Cremeschnitten. In dieser Region gelten Kuchen als Ausdruck der Gastfreundlichkeit und Aufmerksamkeit gegenüber der Familie, doch das hier war ganz und gar übertrieben und konnte nur Heiterkeit auslösen.

Nachdem wir zum Tisch zurückgekehrt waren, kam der Kellner und wir bestellten Getränke. Jetzt war ich bereit, ein Glas Wein zu trinken, das mir helfen sollte, all die Süßwaren, die uns erwarteten, zu verdauen. Braco war ganz überrascht, als ich ihm sagte, Wein vertrage sich gut mit dem Eiscreme-Abendessen, und meine langjährige Erfahrung im Weinland Kalifornien machte mich wohl zu einer Expertin. Das war ein harmloser Scherz, und Braco hatte mich vollkommen in sein Spiel eingeschlossen, und so warteten wir jetzt darauf, das Gesicht des Wissenschaftlers zu sehen, wenn die bestellten Unmengen serviert werden. Bald darauf kam Drago, und als er Platz genommen hatte, dachten wir an unsere letzte Begegnung in den USA zurück, auf dem Kongress in Laughlin, Nevada.

Die fünfzig Eiscremekugeln kamen in einer riesigen Schüssel mit zwei Esslöffeln, und dazu noch eine Riesenportion Cremeschnitten. Wir lächelten beide unschuldig und erklärten, dass wir einen Bärenhunger haben und hofften, dass es ihm ebenso geht. Obwohl Drago vielleicht solche Scherze gewohnt ist, war er dennoch platt wie eine Flunder! Das stellte uns zufrieden, und so nahmen wir die Eiscreme in Angriff, obwohl ein großer Teil als geschmolzene Masse in der Schüssel zurückblieb und wir Glück hatten, dass die Schüssel auf einem großen Untersetzer stand. Wir plauderten ein wenig, und dann fragte ich Drago, ob ich das Gespräch aufzeichnen darf. Danach sprachen wir eineinhalb Stunden über das Phänomen von Bracos Blick, über das Sonnensymbol und über viele andere Dinge.

Nach unserer unrühmlichen Eiscremeepisode, aber auch nach einem sehr aufschlussreichen und tiefgründigen Gespräch, fuhren wir nach Zagreb zurück. Am Srebrnjak 1 angekommen, entschloss Braco, mir den Bambusgarten bei Nacht zu zeigen. Ein Jahr war vergangen, seit er ihn zum letzten Mal in den Abendstunden gesehen hat, und dieser Abend war warm und ideal für einen Aufenthalt im Garten. Als wir uns dem Weg näherten, fand er den Schalter, und gedämpftes Licht zeigte uns den Weg in den Bambusgarten. Hier genossen wir den leichten Wind und hatten noch ein kurzes Gespräch. Das war das letzte Vergnügen, das die Natur für uns vorgesehen hatte, bevor es zu donnern anfing und wir ins Haus flüchten mussten.

Zu Hause angekommen sagte ich Braco, ich hätte auch ein Geschenk für ihn aus Hawaii mitgebracht. Wir erfrischten uns kurz und trafen uns wieder im Wohnzimmer. In meiner mitgebrachten Geschenktasche mit traditionellen Motiven von Hawaii hatte ich Braco eine Menge DVDs über die Hawaii-Inseln mitgebracht. Er wählte sofort eine DVD zum Anschauen und betrachtete begeistert die Schönheit der Wildnis, die brillanten Farben der Tropen, die Fische und den Ozean. Recht bald machten mich die späten Stunden darauf aufmerksam, dass die Zeit zum Aufstehen um fünf Uhr naht, und so gingen wir nach einem ganzen gemeinsam verbrachten Tag auseinander.

Kapitel 2A

Gespräch mit Mr. Sc. Drago Plečko, *Parapsychologe und Wissenschaftler (Kroatien)*

30. Juni 2009

Legende: **A**-Angelika; **D**-Drago

A. Wollen wir dieses Gespräch mit den Anfängen von Bracos gebendem Blick beginnen?

D. Nach Ivicas Tod kam eine Frau zum Srebrnjak 1 und zeigte Braco ein Foto ihres Kindes. Das Kind war krank. Sie sagte - Ich weiß, dass mein Kind wieder gesund wird, wenn Sie dieses Foto berühren. Braco antwortete – Nein, ich bin kein Heiler. Ich bin nicht Ivica. Aber sie war hartnäckig. Als die Menschen begriffen, dass das Kind genesen war, forderten sie Braco auf, seine Mission fortzusetzen. Und so begann er. Zu Beginn sprach er mit den Besuchern. Das war eine große Last, denn die Fragen hatten kein Ende. Auf jede Antwort kamen sofort zwei neue Fragen. Hunderte von Menschen kamen und stellten alle möglichen Fragen. Später machte sich das Gerücht breit, dies sei eine Art Placebo-Effekt, eine Suggestion. Das kommt in solchen Situationen oft vor. Im Grunde genommen begann er dann mit einer neuen Vorgehensweise, mit dem Blick, ohne Kommunikation mit den Besuchern. Im Laufe der Jahre ereigneten sich verschiedene Dinge; die Besucher sprachen über ihre Erfahrungen, über Dinge, die ihnen widerfahren waren, über die Träume, die sie von Braco hatten, über verschwundene Krankheiten, über gelöste Probleme aller Art, und über vieles mehr. Dann begann er, in andere Länder zu reisen, Einladungen kamen von allen Seiten. Die Menschen berichteten unaufhörlich, ihr Gesundheitszustand habe sich verbessert, ihre Eheprobleme seien gelöst und Ähnliches.

A. Das ging also über körperliche Heilung hinaus, reichte bis zur Heilung des ganzen Lebens?

D. Ja, das ist das Seltsamste. Sehen Sie, Menschen können vollkommen geheilt werden. Wenn man die menschliche Psyche in eine bestimmte Richtung verschiebt, kann sie zur Heilung des Körpers beitragen. Aber wie kann man jemandens finanzielle Probleme lösen? Das ist überaus ungewöhnlich, die Besucher erzählen Geschichten wie: Ich hatte schreckliche Probleme mit meinem Bruder, wir haben heftig um Geld und Erbschaft gestritten. Plötzlich kommt diese Person vor meine Tür, freundlich gestimmt, alles konnte so einfach gelöst werden. Diesen Aspekt konnte bisher noch niemand verstehen.

A. Das kommt wiederholt vor?

D. In einem kürzeren Zeitraum wäre das normal. Es könnte nicht der Wirkungskraft einer Person zugeschrieben werden. Aber das ist zu ungewöhnlich und ist zu oft vorgekommen. Alles ist Statistik, und wir können behaupten, dass sich manche Dinge durch puren Zufall ereignet haben. Man kann jedoch nicht behaupten, dass sich ganz und gar alles zufällig ereignete. Ich erinnere mich noch an einen Mann aus Deutschland. Sein Sohn hatte Epilepsie, Grand mal.

Die Anfälle kamen ein- bis zweimal in der Woche. Das begann den Mann auf der geistigen und auf allen anderen Ebenen zu zerstören. Er kam regelmäßig, und nach einiger Zeit meldete er, sein Sohn habe schon seit 12 Monaten keinen einzigen Anfall mehr gehabt. Das wird vom medizinischen Standpunkt aus als absolut unmöglich erachtet. Es kamen auch andere Bezeugungen.

A. Dieses Phänomen lässt sich also schwer belegen, denn medizinisch ist nicht bestätigt, dass der Körper genesen ist, aber die zwischenmenschlichen Beziehungen sind geheilt, die geschäftliche oder finanzielle Lage hat sich gebessert - das ist schwerer zu beweisen oder statistisch zu erfassen?

D. Es kann leicht bestätigt werden, dass sich etwas ereignet hat, denn die Geschichte dieser Fälle ist sehr überzeugend. Es lässt sich aber nicht leicht auf wissenschaftlicher Ebene erklären. Obgleich ich persönlich der Meinung bin, dass wissenschaftliche Beweisführung nicht viel Sinn macht, weil wissenschaftliche Methodologie ins Spiel kommt. Und in dem Fall wird auf gewisse Weise das Wesentliche dieser Transformation zerstört. Wenn man die Schönheit einer Blume genießen möchte, sollte man sie nicht auseinander nehmen, sezieren, unter das Mikroskop legen und solche Dinge, denn damit wird ihre Essenz zerstört. Dasselbe gilt auch für das Spirituelle; es kommt immer zum selben Problem. Wissenschaftler wollen sezieren sehen, was sich im Inneren befindet, und wenn sie zu gewissen Antworten kommen, haben sie gleich neue Ideen, was als nächstes getestet werden soll. Und so wird man zum Versuchskaninchen. Und das hat keinen Sinn.

A. Dennoch, generell wegen der Menschen, um ihnen verstehen zu helfen, was alles möglich ist, hat jemand medizinische Unterlagen über die Heilungsfälle gesammelt, um die Geschichten zu belegen?

D. Ich habe das getan, ich hatte Einsicht in viele Unterlagen. Es ist solch ein Haufen (hebt die Hand hoch über den Tisch), einen Meter hoch. Die Schwierigkeit liegt nicht bei den medizinischen Unterlagen, sondern anderswo. das Problem liegt in der weiteren Verfolgung.

A. In der Bestätigung des langfristigen Effekts?

D. Für solch eine Aufgabe braucht man ein professionelles Team. Das ist so gut wie unmöglich. Es kommt, zum Beispiel, eine Frau aus München. Sie berichtet und bringt Unterlagen mit; sie hatte Krebs, der Zustand besserte sich beträchtlich und sie ging wieder zur Arbeit. Danach ist sie verschwunden. In den folgenden sechs Monaten fehlt jede Spur von ihr. Wie kann man solche Menschen weiter verfolgen? Um das zu tun, müsste ein großes Team engagiert werden. Solche Untersuchungen müssten von einem Institut durchgeführt werden. Es gibt jedoch kein offizielles Institut, weder in diesem Land noch in Europa, das gewillt wäre, diese Aufgabe anzupacken.

A. Ja, aber ich erlebte Fälle, wo eine Gelähmter plötzlich wieder gehen konnte. Solch eine Transformation ist doch etwas recht Konkretes.

D. Das Problem ist immer dasselbe: Ich lege solch einen Fall einem Neurologen vor und sage, schauen Sie, die Frau hatte zwei durch Blutungen im Thalamus hervorgerufene Schlaganfälle, sie sitzt schon seit sieben Jahren im Rollstuhl. Sie ziehen dann immer diesen wunderbaren Fachausdruck "spontane Remission" aus dem Hut, der alles erklärt; dies sei statistisch unerheblich und es handelte sich wohl um einen wirklich starken Placebo-Effekt. In der Sprache der Wissenschaft lässt sich immer ein Fachausdruck finden, der die bestimmte Situation erklärt. Und so geht es immer weiter. Wenn man aber mit zehn Fällen kommt, geraten alle in Aufregung und sagen, es sei statistisch alles möglich - nur wollen sie es nicht akzeptieren. Interessanterweise gaben zwei Ärzte, nachdem diese Frau in der Schweiz wieder auf ihren Beinen stand, eine Erklärung ab. Sie sagten, "Ja", sie ist unsere Patientin. Sie war sieben Jahre lang an den Rollstuhl gefesselt, es ist unglaublich, dass sie wieder gehen kann, und wir können das nicht erklären. Das haben sie tatsächlich ausgesprochen. Aber, wissen Sie, selbst wenn wir solche Informationen sammeln würden, bräuchte man eine Ewigkeit, um sie in eine der objektiven Betrachtung zugängliche Form zu bringen. Wenn ich sage, dass wir solch einen Fall haben, staunen alle, glauben es nicht. Sie finden immer wieder neue Fragen und zweifeln das Resultat an. Das ist ein endloses Überlisten, ein intellektuelles Versteckspiel. Wissen Sie, wenn man in der Medizin etwas beweisen will, dann kann man das auch tun. Und zwar vollständig. Man wählt einhundert Patienten, das Geld kommt von der Pharmaindustrie, man verabreicht ihnen ein Medikament, auf das nur etwa zwanzig Personen gut reagieren, und man wählt dann diese Gruppe aus. Man gibt noch zwanzig Patienten hinzu und hat den perfekten wissenschaftlichen Beweis, der die Wirksamkeit des Arzneimittels belegt. So wird das mit vielen Medikamenten gemacht. Aber Sie wird man genau dieser Handlung bezichtigen, falls Sie versuchen, einen Fall zu objektivieren.

A. Lassen Sie uns über Bracos Stil sprechen, der sich von Ivicas Handlungsweise unterscheidet. Braco hat Ivicas Art der Hilfeleistung nicht übernommen, er hat seine eigene, einzigartige Methode.

D. Das ist eine Anforderung der Zeit. Ivica hatte definitiv nicht so viel Menschen um sich herum. Er konnte sich beispielsweise erlauben, eine ganze Stunde lang mit jemandem zu sprechen. Oder mit zehn Personen am Tisch zu sitzen und drei Stunden lang zu diskutieren. Er konnte sich das leisten. Braco kann das nicht, weil er einer ganzen Menschenmasse gegenüber steht. Das ist eine ganz andere Situation; es ist nicht dasselbe. Außerdem spielt hier das unterschiedliche Temperament eine Rolle. Es gibt verschiedene Lehrer, verschiedene Gurus, jeder hat sein eigenes Temperament. Das hängt von der Person ab. Sie sind verschiedene Persönlichkeiten, wissen Sie, Bildungsgrad und so weiter. Braco ist viel gebildeter. Und die Dinge entwickeln sich weiter, wachsen. Das ist in allen Bereichen so. Man kann nicht ewig auf der Stelle treten, mit der selben Geschichte und dem selben Stil. Man muss Fortschritte machen und sich entwickeln. Wenn die Entwicklung aufhört, fängt das Sterben an.

A. Glauben Sie, dass Bracos Philosophie Ivicas Philosophie des Lebens, des Heilens und des Wohl gleichkommt?

D. Ich würde sagen, dass keiner von ihnen eine bestimmte Philosophie hat. Ihre Philosophien lassen sich mit einem Wort ausdrücken: Spontaneität. Nimm alles so, wie es kommt. Nimm das Leben so, wie es kommt. Man muss sich den Tatsachen seines Lebens stellen. Wer das tut, löst sich von seinen schlechten Schwingungen und überlebt leichter. Das Leben ist wie Wellenreiten, es ist nicht einfach, es ist sehr schwer.

A. Das ist wohl auch die Erklärung, weshalb Braco ein normales Leben führt. Er ist verheiratet, hat einen Sohn.

D. Ja, er führt ein normales Leben. Er ist kein Glücksspieler, er ist kein Abhängiger in jeglichem Sinne dieses Wortes. Ja, er projiziert seinen persönlichen Lebensstil auf die vor ihm stehenden Menschen, auf einer gewissen unterbewussten Ebene. Mann könnte sagen, dass wir alle unterbewusst zu einem kollektiven Bewusstsein verbunden sind, wir alle. Wir üben alle, mehr oder wenige, ständig einen Einfluss aufeinander ein, durch Kommunikation, aber auch in der Stille. Dann können Sie sich Braco vorstellen, wie er seine Tugenden auf die Menschen projiziert, die vor ihm stehen. Und wenn sie sich an diese Art des Nehmens angepasst haben, dann wenden sich die Dinge zum Besseren.

A. Und doch unterscheidet sich Braco von anderen Heilern und geistigen Lehrern. Er meditiert nicht und hat sein Leben nicht der Aufdeckung des Geheimnisses des Lebens gewidmet. Im Grunde genommen lebt er ein völlig normales Leben und hat dennoch auf solch tiefer Ebene einen Einfluss auf die Menschen. Wie ist das möglich?

D. Sehen Sie, ich betrachte das als Manifestation des Bedürfnisses nach Evolution. Wenn der Mensch das Bedürfnis verspürt, ist jemand da, der dieses Bedürfnis befriedigt. Das ist schwer zu erklären. Das ist, wie wenn Sie jemanden fragen, warum Wayne Gretzky ein so phänomenaler, unglaublich guter Spieler war. Das kann man nicht verstehen. Er machte das selbe Training durch, wie alle anderen. Seine Statur war nichts Besonderes, es gab nichts in ihm, das hervorstechen würde. Und dennoch ist er ganz und gar einzigartig. Das ist dasselbe, wissen Sie. Wenn der Schüler bereit ist, erscheint der Lehrer. Wenn jemand, der ein Bedürfnis hat, bereit ist, dann erscheint jemand, der die Probleme lösen wird.

A. Sie sagen also, dass es in diesem Fall das kollektive Bewusstsein der Menschheit ist, das jemanden wie Braco schafft?

D. Absolut, natürlich. Sonst wäre es wirkungslos. Braco zeigte niemals Interesse für die Medien - weder für Radio, noch für Fernsehen oder Interviews. Und dennoch finden sich hunderte von Menschen bei ihm ein. Zu seinem Geburtstag, zum Beispiel, erschienen 10.000 Besucher. Und das ereignete sich in einer Zeit, als er sich medienmäßig nicht exponierte. Man muss schon ein angeborenes Charisma haben, um die Menschen anzuziehen. Ich verstehe, weshalb Michael Jackson die Menschen anzog. Er hatte eine Riesenmaschinerie um sich herum - Werbung, Marketing, alles war da. Aber hier ist alles anders - hier haben es wir mit dem Gegenteil zu tun. Eigentlich kann man keine genaue Antwort geben, weshalb dies so ist. Jeder Mensch ist eine Manifestation des kollektiven Unterbewusstseins; jeder hat, auf seine bestimmte Art, eine Mission. Manche verstehen das und erfüllen ihre Mission. Andere wiederum sind sich ihrer Sendung überhaupt nicht bewusst, und mit ihrem Leben geht es bergab, denn sie können nicht verstehen, weshalb sie hier sind. Aber vielleicht kommen sie noch zu der Erkenntnis, bevor ihr Leben zu Ende ist. Und schließlich gibt es Menschen, die sich einer höheren Sendung bewusst sind und eine weitere Vorstellung vom Leben haben, und das ist ihnen angeboren. Ich sah viele Gurus und Yogis; viele unter ihnen haben selbst nach 40 Jahren der Meditation eigentlich nichts erreicht. Sie konnten sich keiner einzigen ungewöhnlichen Erfahrung rühmen. Sie konnten niemandem helfen, nichts vorhersehen, was sich auf jemandens Leben beziehen würde, weshalb wir hier sind, und all dies. Das ist also auch eine Option. Andererseits gibt es Menschen wie etwa Edgar Cayce, der nichts tat, er war ein schlafender Prophet. Er diktierte 45 Bücher, alles Prophezeiungen - und wusste überhaupt nichts davon. Er meditierte nicht, ging nicht in die Kirche, betete nicht zu Gott, hatte keine Kräfte und dergleichen. Hier haben wir es mit der selben Situation zu tun.

A. Wie kommt es zu der Synergie zwischen Braco und allen Teilnehmern seiner Gruppenheilsitzungen?

D. Dies wird als Radianteneffekt (oder Maharishi-Effekt) bezeichnet. Entdeckt wurde er von Maharishi Mahesh Yogi. Als man ihn zu diesem Thema befragte, antwortete er, es gäbe zehn Teilchen. Jedes Teilchen strahlt eine gewisse Energiemenge aus. Wenn sie auf der selben Frequenz wirken, ergibt das nicht 1+1+1, sondern verläuft nach einer Exponentialfunktion. In diesem Fall ist es dasselbe mit der Meditation. Er sagte, wenn zehn Menschen meditieren, dann wirkt das nicht auf zehn Menschen ein, sondern mindestens auf tausend, denn dieser Gruppeneffekt besteht in allem, in der Natur. Und das ist dieses berühmte ein Prozent. Wenn man eine Salzlösung hat und ein Prozent Kristall dazu gibt, verwandelt sich die gesamte Salzlösung in einen Kristall. Deswegen ist dieser Einprozenteffekt kennzeichnend. Falls wir 200 uns an einem Ort befinden und mit einer charismatischen Person synchron laufen, dann sind es nicht mehr 200. Es werden viel mehr sein. Falls diese 200 Personen ein Prozent einer Gruppe bilden, verhundertfacht sich das Wirkungspotential – 20.000. Es ist nachgewiesen, auch wissenschaftlich, dass es bei organisierten Gruppen - die beten, meditieren und Ähnliches - zu einer gewissen Veränderung im Kollektivbewusstsein dieser Umgebung kommt. Wie etwa die Umkehr der wachsenden Kriminalitätsrate, wissen Sie, solche Sachen. Die Zahl der Unfälle geht zurück. Das sind rudimentäre Forschungen, aber so etwas gibt es ganz offensichtlich. Deshalb glaube ich, wenn man eine größere Zahl an Personen zur gleichen Zahl für etwas Bestimmtes versammelt, dann wird auch die Auswirkung auf das kollektive Bewusstsein viel größer sein. Daran gibt es keinen Zweifel. Das ist wissenschaftlich nachgewiesen. Auch die Natur liefert solche Beispiele, mit dem einem Prozent Kristall, mit allem. Es ließen sich noch viele Beispiele nennen - in der Biologie, in der Chemie.

A. In welchem Maße, glauben Sie, wirkt sich Bracos Lebensweise auf die Menschen aus, die ihr Leben verbessern wollen? Wie stark lehrt er andere durch sein Beispiel?

D. Über sein Leben ist nicht allzu viel bekannt. Die Mehrzahl seiner Besucher weiß nicht viel über sein Privatleben. Ich glaube, es geht nicht darum, ein moralisches Beispiel zu geben. Ich würde sagen, es spielt sich alles mehr oder weniger auf einer subtileren Ebene ab. Es ist wie Shaktipat (ein sanskritisches Wort in der hinduistischen spirituellen Tradition, die sich auf die Übertragung geistiger Energie auf den Anhänger oder Schüler bezieht, vom Guru oder geistigen Lehrer, in dem diese Energie bereits aktiv ist). Falls Sie jemals eine Person gesehen haben, die Shaktipat übertragen kann, dann kennen Sie diese Art der Energieübertragung. Ich würde auch diesen Fall hier als Shaktipat bezeichnen, das wäre ein Vergleich, welcher der Sache am nächsten kommt. Wenn man eine Person mit solchen Fähigkeiten anblickt und sich in der Masse konzentriert, und diese Person sich ebenfalls fokussiert, dann bestehen ideale Bedingungen, dass es zu einer Übertragung von Energie kommt, ohne Rücksicht darauf, wie wir diese Energie nennen. Ich würde sie als Shaktipat bezeichnen. Das ist das naheliegendste, im Grunde genommen das einzige Beispiel. Erlebt habe ich das, zum Beispiel, bei Poonjaji, dem indischen Meister. Ramana Maharishi war ebenfalls dafür bekannt. Selbst Muktananda kam dadurch zu Ruhm. Er verkaufte Shaktipat für 300 Dollar; er pflegte eine Straußenfeder zu nehmen, und wenn er eine Person damit auf den Kopf traf, würde diese eine unglaubliche Erleuchtung erleben. Es gibt viele Beispiele, davon bestehen verschiedene Formen. Das gibt den Menschen ein inneres Gefühl des Selbstbewusstseins, der Sicherheit. Es ermutigt enorm, wenn man weiß, dass einem nichts Böses widerfahren kann, wie schlecht die Dinge auch immer von außen aussehen mögen. Sie entwickeln einen inneren Widerstand gegen den Druck von außen. Ich würde sagen, es wird ein inneres Schutzschild geschaffen. Und dennoch lässt sich die Wirklichkeit nicht mit einem Schlag verändern. Das ist unmöglich. Man muss wissen, das ist zu komplex. Was man aber tun kann, ist, sich dieser Wirklichkeit gegenüber zu verändern, eine andere Einstellung zu finden, die Kraft, auch auf Energieebene, so zu verändern, damit man mit der Situation auf der subtilsten Ebene zurechtkommt. Deswegen gelingt es den Menschen, ihre Ehe- und Finanzprobleme und solche Dinge in den Griff zu bekommen.

A. Man beginnt, Dinge in sein Leben hinein zu ziehen. Man hat einen Entschluss gefasst.

D. Ja. Wenn sich die Tür öffnet, weiß man den Weg. Und kann ihm folgen. Man kennt schon dieses Ja. Diese hohe Erfahrung. Es ist wie eine Erfahrungsspitze. Man weiß es innerhalb einer Sekunde. Es geht mehr in diese Richtung.

A. Eckhart Tolle spricht über die Kraft des Jetzt, und wie wichtig es für uns alle ist, gerade jetzt anwesend zu sein. Halten Sie dies für den Hauptfaktor, weswegen Braco die nachgewiesenen Möglichkeiten zeigt, wegen der Möglichkeit, anwesend zu sein?

D. Der springende Punkt ist nicht seine Anwesenheit, sondern die der Besucher. Das ist eigentlich ganz einfach - schauen Sie sich die Menschen an, wie konzentriert sie sind. Wenn sie sich vollkommen auf irgendein Objekt fokussiert haben, vor allem auf eine Person, die über alles hinaus auch noch die Energie hat, dann ist das alles, was man für die bestmögliche Perzeption braucht, im Moment der Anwesenheit. Ich glaube, das ist die selbe Geschichte. Er würde das nicht sagen. Er würde das auch nicht erklären, aber entscheidend ist: Wenn man vollkommen da ist, kann alles passieren, denn man tritt in eine Phase aller Möglichkeiten, des gesamten Potentials ein. Wer in dem Moment anwesend ist, dem stehen alle Möglichkeiten offen.

A. Wenn Braco heilt, projiziert er dabei nicht seinen Wunsch, zu heilen.

D. Nein, ganz im Gegenteil. Das zeigt niemals Wirkung. Wenn man seinen Willen auf die Menschen projiziert, wirkt das nur auf eine kleinere Zahl der Anwesenden. Denn, wer seine Persönlichkeit, sein Ego, seine Psychologie auf die Menschen projiziert, findet nur eine von zehn Personen, der das gefällt. Wenn man aber die innere Sicherheit, das innere, alle Lebensprobleme lösende Potential projiziert, dann zieht man neun von zehn Personen an.

A. Deswegen kommen immer mehr Menschen zu Braco?

D. So ist es.

A. Weshalb könnten die Menschen nicht einfach ein Foto von ihm anschauen und berührt sein, ohne genau zu wissen, was er tut?

D. Ich erlebte es viele Male in Tempeln und an verschiedenen Orten. Wenn Sie den Hare Krishna Tempel besuchen, sehen Sie dort eine originalgetreue Statue des verstorbenen Prabhupada. Er war eine unglaublich starke charismatische Persönlichkeit, und wenn Sie heute vor dieser Statue stehen, werden Sie bemerken, dass dieses Gesicht noch immer Energie ausstrahlt. Ja, das ist es, das ist die selbe Geschichte. Ja, das kann man tun. Man kann sich das aber nicht ausdenken. Man kann es nicht eigenen Willens tun, die Dinge so einrichten, dass man besser wird. Sie wissen, was ich meine, - auf der bewussten, intellektuellen Ebene. Man kann keinen Plan schmieden - jetzt werde ich das tun, weil es besser wirken wird. Das ist eine der Hauptillusionen. Man kann nicht sein, was man nicht ist. Wenn man versucht, etwas zu sein, was man nicht ist, verschwindet man. Dann ist man fertig, erledigt. Spontaneität ist der einzige Weg, wie Braco wirken kann. Wenn man über Dinge verhandelt - etwa, wir würden jetzt dies tun, weil es besser auf die Menschen wirkt - dann ist das nicht gut, das spielt sich auf intellektueller Ebene ab. Das lässt sich nicht auf intellektueller Ebene tun, geistig gesprochen ist man verloren. Man hat die Spur verloren. Das muss spontan wirken.

A. Ich habe bemerkt, dass Braco nicht viel Bücher liest und nicht viel Informationen über andere Menschen aufnimmt. Er ist offensichtlich ganz damit beschäftigt, anwesend zu sein, sein Leben zu leben, und er lässt Spontaneität durch sich entstehen. Aber die Mehrzahl der Menschen lebt nicht so.

D. Deswegen kommen die Menschen auch zu ihm. Sie sollten nicht auf diese Art und Weise leben.

A. Wenn Sie den Menschen erklären müssten, wie Bracos Lebensweise und Dasein anderen helfen können, ihr Leben zu verbessern, wie würden Sie das zusammenfassen? Die Art und Weise, wie er sein Leben lebt, während er anderen dient?

D. Ich würde das als Schwingung bezeichnen, als Schwingungsprinzip. Wenn man mit einer Quelle mitschwingt, wird man letztendlich zu dieser Quelle - aber nicht an der Oberfläche.

A. Nicht, weil man sich darum bemüht, sondern weil man offen ist?

D. Wenn man sich bemüht, ist man vornherein zum Scheitern verurteilt. Das ist das Schlimmste, was man tun kann, sich bemühen. Man hat Erfolg, wenn der Geist offen ist, wenn man dem gegenüber aufgeschlossen ist. Die Schwingungen schaffen eine Ähnlichkeit mit der Quelle, aber nicht auf intellektueller, oberflächlicher Ebene. Man muss sich nicht kleiden wie er, und auch nicht rauchen oder die selbe Frisur tragen. Verstehen Sie, das machen Menschen gewöhnlich. Frauen kamen aus Indien zurück, alle in Sari gekleidet. Das ist Unsinn. So wird man nicht Inderin. Das kann man nur in seinem Herzen, in seinem Geist werden. Und hier ist es dasselbe. Auch hier haben wir auf gewisser Ebene eine Kohärenz mit der Quelle. Die Menschen kommen, um zur Quelle zurückzukehren. Um zum ursprünglichen Zustand zu kommen, verstehen Sie? Wenn man Orte besucht, wo Menschen wie Braco sind, warum tut man das? Nicht, um etwas Neues auf schlechten Fundamenten zu bauen. Verstehen Sie, was ich meine?

A. Ja.

D. Man muss sein System zurückstellen und von neuem anfangen. Versuchen Sie, mit der Quelle mit zu schwingen, und sie wird Ihnen eine Lösung anbieten. Wenn Sie dazu nicht im Stande sind, wirkt das bei Ihnen nicht. Deswegen gibt es viele Menschen, die Braco besuchen und nichts spüren.

A. Viele Menschen wollen das geistige Leben kategorisieren. Braco fällt dabei auf vielerlei Weise aus dem üblichen Rahmen; er raucht und frönt anderen kleineren Lastern?

D. Oh ja, es gibt viele, in der Vergangenheit gab es viele solche Lehrer, Bugia trank und rauchte. Alle tibetanischen Lamas essen Fleisch .... das ist nur ein Mythos.

A. Aber auch heute glauben noch viele Menschen, die auf dem Weg geistiger Erleuchtung sind, sie müssten vielen Dingen entsagen.

D. Überwiegend die Amerikaner.

A. Es ist fast so, als ob man aufhört, Mensch zu sein, als ob man sich disziplinieren muss, um in eine bestimmte Schablone zu passen. Aber Braco lehrt uns, dass man das nicht mehr auf solch mühselige Weise tun muss. Es ist natürlicher, spontaner, menschlicher.

D. Man muss den Preis bezahlen, wenn man etwas tut, was einem nicht gefällt. Das liegt klar auf der Hand, das ist sehr aufreibend und frustrierend. Wer nach Indien kommt, wird bei Sai Baba sehen, dass nur die Amerikaner versuchen, gute Inder zu sein. Kein einziger Inder versucht, ein guter Inder zu sein. Das versuchen nur die Amerikaner. Dort ist niemand Vegetarier, die Hälfte der Bevölkerung raucht. Fanatiker aus Kalifornien werden das tun, denn so ist ihre Denkweise. Ja, das ist klar. Lassen Sie alles Unnatürliche bleiben. Es ist besser, etwas Schlechtes zu tun, als frustriert zu sein wegen etwas, das man nicht mag. Das klingt nicht schön, aber es ist eine Tatsache des Lebens. Und als Rajneesh das den Amerikanern sagte, wurde er verhaftet. Das möchte dort niemand hören.

A. Das geschieht Menschen, die vorgeben, keine Wut oder negative Emotionen zu empfinden; sie wollen durchgeistigt sein, werden aber frustriert?

D. Das geschieht ständig.

A. Ja, und dann kehren sie wieder auf ihren Weg zurück.

D. Ja, richtig. Verdrängte Wut verwandelt sich in Bösartigkeit, Feindschaft, Aggression, alles. Schauen Sie, das ist Energie, sie geht niemals verloren. Das ist Negativität, die in Ihren Körper eindringt, und Sie müssen sie irgendwie befreien oder umwandeln. Sonst können Sie nicht so leben.

A. Aber wenn man das verneint und so tut, als ob da nichts wäre… ?

D. Das führt nie zum Erfolg. Man schafft sich nur eine weiter Frustration, und dann noch eine. Wenn man frustriert ist, fügt man noch eine neue Art der Frustration hinzu, wie etwa … Ich bin nicht Vegetarier, ich gebe das Rauchen auf. Das reicht nicht aus, etwas fehlt. Jetzt werde ich Vegan, ich möchte keinen Käse mehr essen. Und was mache ich dann, ich werde um zwei Uhr in der Nacht aufstehen und zwei bis sechs Stunden lang meditieren. Doch die Erleuchtung kommt nicht. O Gott! Ich muss mehr tun, ich muss noch etwas dazugeben - das ist falsch, man muss etwas wegnehmen. Das ist das Schlimmste, was man tun kann, auf Drachenjagd gehen, und man weiß, dass man die schlechteste Variante gewählt hat. Man jagt den Drachen und die ganze Zeit denkt man, wenn ich noch dies und das tue, wird es mir dort besser gehen. Aber das Ziel erreicht man nie. Das nennt sich Illusion. Der Schlüssel liegt also in der Spontaneität. Hier macht niemand mit seinen Büchern Druck, mit Ideen, dass man das Rauchen, das Trinken, dieses und jenes aufgeben, so oder so leben muss. Zum Schluss ist man nicht mehr das die eigene Person, sondern jemand anderes.

A. Wenn jemand zur Begegnung mit Braco kommt, was muss er tun, um das Beste aus dieser Begegnung herauszuholen?

D. Darüber habe ich eine besondere Theorie. Meines Erachtens gibt es im Yoga diesen Punkt, zwei Finger unter dem Herzen, ein kleines Nebenchakra, das als Kalpa Vriksha bezeichnet wird. Wenn man sich darauf konzentriert, heiß es der Baum der Erfüllung des Herzens. Es kam im klassischen indischen Yoga zur Anwendung, wenn jemand ein Problem lösen wollte. Ich glaube, man kann sich selbst helfen, wenn man in diesem Punkt nur fühlt, und gleichzeitig Braco anschaut.

A. In diesem Augenblick muss man sich also auf das kleinere Chakra konzentrieren?

D. Man muss es nur fühlen.

A. Und wenn man über die Probleme nachdenkt, die man hat?

D. Das ist nicht nötig, denn die Probleme hat man bereits der Person, die vor einem steht, unterbewusst vermittelt. Man muss seine Probleme nicht aussprechen. Die Menschen glauben generell, man müsste sie aussprechen. Aber sie sind ja ohnehin da, ob sie nun artikuliert werden, oder nicht. Also, jedes Problem ist wie ein Gedanke. Wenn man sich in seinen Gedanken vertieft, wird er verblassen und schließlich nicht mehr zu erkennen sein. Und doch ist es noch immer der selbe Gedanke. Das gleiche geschieht mit dem Problem.

A. Wenn jemand mit völlig offenem Herzen kommt und Bracos gebendem Blick begegnet, raten Sie ihm, sich auf das Chakra unter dem Herzen zu konzentrieren? Wäre das, Ihrer Meinung nach, die beste Art und Weise, die Energie aufzunehmen?

D. Manche Besucher benötigen eine größere Zahl von Begegnungen. Sie entwickeln die Energie in sich selbst. Die Probleme sind nicht bei jedem auf einen Schlag verschwunden. Unmöglich. Für manche ist es möglich, für andere nicht. Man muss viel Energie sammeln, um das Hindernis überwinden zu können. Durch wiederholte Besuche erfahren sie grundlegende Veränderungen. Das spielt sich nicht immer auf einmal ab. Es kann aber auch so wirken.

A. Das ist also der Grund, weswegen die Besucher immer wieder kommen? Sie akkumulieren die Wirkkraft in ihrem Inneren?

D. Ja, das ist richtig. Sie verspüren das Bedürfnis. Sie spüren, dass sie das brauchen.

A. Und die Bücher und DVDs über Braco, sind sie ebenfalls der Energieakkumulation zuträglich?

D. Das ist ein zusätzlicher Generator. Eine Reminiszenz. Verschiedene Philosophien, Religionen, haben verschiedene Reminiszenzen. Verstehen Sie, es ist wie eine Erinnerung. Nur eine Erinnerung. Nur ein Rückblick auf das Gefühl, die man während der Begegnung hatte, und das wiederkommt. Das geschieht auf Gefühlsebene. Das Problem dieser Zivilisation ist die weibliche Seite; die Menschen leben ihre weibliche Seite nicht aus, die wir als Gefühl bezeichnen. Sie fühlen nicht, sie denken. Und schon rein dadurch, dass er sich in die Gefühlsebene einschaltet, bereits auf dieser Ebene beginnen sie, das Problem zu lösen. Es ist eine Art Mischung zwischen dem, was wir als Gefühl und Emotion bezeichnen, aber das Gefühl ist mehr als nur Emotion. Emotion ist der Ausdruck unseres inneren Bewusstseinszustandes, das Gefühl ist die Art und Weise der Problemlösung. Wenn man das während der Begegnung erreicht, wenn man dieses Gefühl bekommt, findet sich die Lösung von allein.

A. Spontan, es geschieht einfach?

D. Es existiert auch ein anderes Extrem. Man taucht in den Emotionsbereich ein und reagiert dann sehr emotional, was jedoch nur ein Ausdruck des Erlebten ist, und das stellt nicht die Lösung des Problems dar. Das ist nur ein Ausdruck des momentanen inneren Zustands.

A. Was ist mit Bracos Sonnensymbol, das die Menschen tragen?

D. Diese Sonne hat dreizehn Strahlen und eine hundertjährige Tradition. Nur solch eine Sonne, dieser Art, mit dreizehn Strahlen, entspricht gleichzeitig dem Ying und Yang; in einem Symbol sind beide Prinzipien gegenwärtig. Als einziges Symbol enthält es beide Prinzipien, beide Gegensätze in einem. Das kommt in der Geschichte sehr selten vor. In der Shinto Tradition besteht nur ein Gott, nämlich der männliche Gott der Sonne. In der ganzen Geschichte der Menschheit gibt es nur einen weiblichen Gott der Sonne. Das ist sehr selten. Einer ist sumerisch, der andere kommt aus der japanischen Shinto Tradition. So haben wir hier eine ungewöhnliche, intensive Ebene, auf der Ivica Erfolg hatte. Dieses Symbol enthält gleichzeitig ein Korn Ying und Yang, und ein Korn Yang und Ying. Eine perfekte Kombination. Ich verfolgte das auch in anderen Zivilisationen und Traditionen. Ich sehe das klar. Das ist sehr klar.

A. Also, wenn jemand dieses Symbol sieht, oder wenn er die Goldene Sonne als Anhänger trägt, gibt diese Sonne dem Individuum Kraft, und der Mensch sammelt weiter Kraft für die Umwandlung?

D. Dem ist alles gewidmet, dem steht alles zu Diensten.

A. Ja, aber besonders in Bracos Fall ist das Symbol ein mächtiger Verbündeter seiner Arbeit. In gewisser Weise schafft dieses Symbol eine Ganzheit?

D. Die Sonne ist zum Bestandteil der Art und Weise geworden, wie die Menschen Braco erleben, denn das Symbol wird bereits seit 14 Jahren mit ihm in Verbindung gebracht, das ist normal. Irgendwie wurden sie eins, das ist eine große Sache, eine Sache der Autorität auf Reflexebene. Das ist immer miteinander verbunden, aber die Bedeutung selbst geht tiefer als die Persönlichkeit des Individuums. Das Symbol ist einzigartig, ein Symbol von historischer Bedeutung, das diesen Grundsatz auf eine außerordentlich seltene Art und Weise vereint. Ich erwähnte bereits, dass es in der ganzen Geschichte nur in zwei Religionen zu finden ist, und man könnte mindestens 20.000 Religionen auf der Erdkugel aufzählen. Wer das richtig verfolgt, kann die Wurzel zur Erklärung der wahren Bedeutung finden. Das ist außerordentlich komplex, denn es sind beide Typen enthalten. Es besteht ein Grund für alles. Es lässt sich eine Beziehung zu manchen historischen Tatsachen finden, das ist überaus komplex. In Japan steht die Zahl vier für alles Schlechte. Zahlen sind Symbole, und die Dreizehn ist eine spezifische Zahl, sie war jedoch nie Teil der Symbolik wie die Sonne. Das ist äußerst ungewöhnlich.

A. Dieses Symbol und die Art und Weise der Darstellung in allen Publikationen über Braco, war das Bracos Vision?

D. Nein, es war Ivicas Vision. Er war es, der sie aus dem kollektiven Bewusstsein empfangen hat.

A. Ivica hat also das Symbol gewählt, aber hat nicht Braco der Sonne ihre heutige Form gegeben?

D. Das könnte man so sagen. Wissen Sie, es bestehen keine wirklichen Grenzen zwischen den beiden. Als Ivica noch lebte, war Braco bereits aktiv. Man kann nicht alle Details nennen, sie lassen sich nicht wie in einem Geschichtsbuch aneinander reihen. An jenem Tag sah ich dies. An dem Tag ereignete sich dies oder das. So funktioniert das nicht. Hier ist alles ineinander verwoben. Die Geburt des Symbols selbst - es offenbarte sich nach und nach in seiner physischen Form, wie sich das Unterbewusstsein auf einer anderen Ebene manifestiert. Es bestehen parallele Pfade. Es lässt sich kein genaues Datum festlegen. Es war nicht wie die Geburt Amerikas. Das hier ist mehr durchwoben.

A. Verstehen Sie, wie der von Ivica gebrauchte Spiegel funktioniert?

D. Darüber gibt es viele Theorien. Weltweit bestehen viele Verwendungsweisen, auch bei geschichtlicher Betrachtung. Dr. Dee aus Großbritannien beschrieb als erster den Obsidian-Spiegel, in dem man Kontakt zu verschiedenen Entitäten aus parallelen Welten aufnehmen konnte. Er konnte in die Zukunft schauen. Danach, ich glaube, es war im 16. Jahrhundert, wurden neue Techniken, Methoden und Theorien im Zusammenhang mit dem

Spiegel entwickelt. In allen östlichen Traditionen, in den Shinto Tempeln, hat man einen Spiegel vor sich. Dann gibt es diese bekannte Übung, bei der man seine eigenen Augäpfel im Spiegel betrachtet und Gesichter aus der eigenen Vergangenheit sehen kann. In der Geschichte der Menschheit besteht eine Unzahl von Techniken und Methoden zum Gebrauch des Spiegels, auf allen Kontinenten. Demnach muss da eine Verbindung bestehen. Ich glaube nicht, dass Ivica etwas darüber gelesen hat. Er ist spontan darauf gestoßen. Und er konnte im Spiegel sehen. Jetzt gibt es viele weite Dinge. Man kann seine eigene Aura sehen, wenn man im Zimmer Rotlicht einschaltet und sich aus dem Profil im Spiegel betrachtet. Es bestehen zahlreiche Spiegeltechniken. Es ist schwer, Genaues zu sagen. Er sprach nur ungern darüber. Er bot keine Erklärungen.

A. Aber das Sonnensymbol, Braco benutzt es, um das Unterbewusstsein anzuregen, mehr als nur das Urbild aus dem kollektiven Bewusstsein zu reflektieren, nämlich als Spiegel, der eine vergangene Information zurückstrahlt?

D. Richtig, das ist nicht eindimensional. Das Symbol selbst hat mehrere Aspekte. Es geht nicht nur um das Sonnenprinzip, das hauptsächlich ein Yang-Prinzip ist, ein aktives Prinzip, das Prinzip der Helligkeit. Die Zahl 13 enthält ein bedeutendes, finsteres Prinzip, das Mondprinzip, sie ist ein Gemisch, wie wir alle. Wir haben es also mit einem mehrdimensionalen Effekt zu tun, der auf das Bewusstsein der Menschen einwirkt. Man sollte einmal untersuchen, was das eigentlich für die Bevölkerung anderer Zivilisationen und Traditionen bedeutet. Sogar mehr als Psychologie. Diese Symbolik ist sehr schwerverständlich. Denn es ist wohlbekannt, dass ein Symbol immer eine außerordentliche Kraft in sich birgt.

A. Ich würde das Gespräch gerne mit etwas beenden, was Ivica einst gesagt hat. Er prophezeite, dass Braco erst dann nach Amerika kommen wird, nachdem eine Transformation in der Psyche der Amerikaner stattgefunden hat?

D. Er sagte das mehr für neue Länder, oder so ähnlich. In Europa spricht man nicht von Amerika, sondern von dem neuen Land. So ähnlich drückte er sich aus. Dass er in die Neue Welt gehen wird. Er wusste also von Bracos Mission, da gibt es keinen Zweifel. Wissen Sie, er sagte ihm - Wenn ich nicht mehr da bin, werden tausende um dich sein. Er kannte das Ziel dieser Dinge.

A. Dieser gewisse Satz, dass Braco in die Neue Welt gehen würde, nachdem sich ein Gesinnungswandel vollzogen hat? Im Februar war Braco das erste Mal in die Vereinigten Staaten gereist. Jetzt steht ein erneuter Besuch bevor. Braco hat mit seinem gebenden Blick in vielen Ländern Europas eine Riesenwirkung erzielt. Was glauben Sie, was erwartet die Amerikaner und andere Länder der Welt, die Braco in Zukunft besuchen wird? Was schätzen Sie, wie wird Bracos gebendes Talent auf diese neue Länder einwirken?

D. Es bestehen Koinzidenzen, das ist sehr merkwürdig. Er wurde genau zu dem Zeitpunkt in die USA eingeladen, als Obama gewählt wurde. Und jetzt reist er zu den Hawaii-Inseln, und Obama auch, ja. Solcher Koinzidenzen gibt es viele. Darüber diskutiere ich nicht gerne. Das sieht wie eine Marketinggeschichte aus. Es gibt viele Koinzidenzen. Dies sind nur zwei davon. In vielen Fällen kommt es zu solch einem Zusammentreffen zweier Ereignisse. Das wird die Zeit zeigen. Ich denke nicht über die Zukunft nach, was geschehen wird, wie die Wirkung auf die amerikanische Bevölkerung sein wird, in welchem Jahr und wie. Vorhersagen liegen mir nicht. Ich weiß nicht. Vielleicht schafft er etwas Außergewöhnliches. Ich weiß nicht.

A. Ich denke mehr an diese außerordentliche Gelegenheit. Dort spielt sich ein katalytischer Vorgang ab. Deshalb wird Braco öfter die Vereinigten Staaten und andere Länder des englischen Sprachraums und darüber hinaus besuchen. Es geht darum, die Menschen darüber in Kenntnis zu setzen, dass sich eine außergewöhnliche Gelegenheit anbahnt.

D. Das hängt davon ab. Meiner Sichtweise nach wird das geschehen, was geschehen muss. Alle dazu erforderlichen Informationen werden da sein. Es ist, wie wenn man die Zeitung liest - haben Sie das schon bemerkt, ich habe es an mir selbst versucht, ich las einen Artikel, und als ich ihn durchgelesen hatte, begann meine Frau, den selben Artikel zu lesen. Plötzlich gibt sie ihren Kommentar dazu ab, und ich stelle fest, dass ich diesen Teil überhaupt nicht behalten habe, weil er nicht für mich bestimmt war. Solche Dinge geschehen immer wieder. So ist es auch mit Büchern und Gesprächen. Nach einem einstündigen Gespräch mit Freunden beim Kaffee werden Sie sich nicht unbedingt an alles erinnern. Sie werden sich nur merken, was Sie zu dem bestimmten Zeitpunkt brauchen. Also, generell: Wir nehmen uns nur die Information, die wir zum gegebenen Zeitpunkt für unsere Evolution benötigen.

A. Die Rückkehr zum Jetzt, anwesend sein.

D. Das ist das Leichteste. Das ist jetzt da, und damit muss man sich befassen. Was im Kommen ist, wird kommen. Auf jeden Fall steht es nicht in unserer Macht, zu entscheiden. Es besteht etwas Mächtigeres, als das Treffen von Entscheidungen. Man kann Träume haben - manchmal gehen sie in Erfüllung, manchmal nicht. Das hängt davon ab. Das ist das größte Mysterium aller Zeiten. Das Mysterium des Lebens selbst.

A. Drago, ich danke Ihnen vielmals für diese glänzenden Informationen.

Kapitel 3

3. Tag - Mittwoch, 1. Juli 2009

Slowenien - Rogaška Slatina

Ich begann schon eine sehr wichtige Komponente in Bracos Arbeit zu begreifen. Braco war kein Heiler und würde sich auch nie als Heiler bezeichnen. Wenn man jedoch seine Arbeit betrachtet, erkennt man, dass einerseits Menschen genesen, sich teilweise auch von schweren Erkrankungen und Verletzungen erholen, und andererseits eine spürbare Verbesserung in problematischen gesellschaftlichen Lebensbereichen der Menschen eintritt. Bei den Begegnungen mit Bracos gebendem Blick fühlten sich die Besucher besser und kräftiger, was eben der Energie zu verdanken ist. Doch Braco machte nie den Versuch, jemanden zu heilen; er widmete sich von ganzem Herzen dem Geben der über die Sonne geschöpften Energie aus der Quelle, die in der Sprache der Menschen keinen Namen hat, da sie vielleicht auch zu kostbar war, um einen Namen zu tragen. Die Rede ist von einer geistigen Quelle, die wir nur demütig in Verbindung bringen können mit Allem, was ist.

Von ihm geht diese Energie aus, und sie gibt eine Kraft, die entscheiden kann, wann unser Bewusstsein erwachen und sich in unserer Welt ausbreiten wird; die Menschheit kann über solche Dinge nicht entscheiden. Deshalb sollte er statt als Heiler eher als Erwecker jener Menschen bezeichnet werden, die bereit sind, die Gabe der an sie gerichteten wundersamen geistigen Kraft zu empfangen. Unser Schicksal ist unveränderbar, bereits geschrieben, aber diese grenzenlose geistige Kraft ist fähig, alles durch eigenen Willen zu lösen und das Unmögliche möglich zu machen. Die beste Verbindung zu dieser Energie sind nicht unsere Bestrebungen, sondern die Wünsche unseres Herzens. Unsere Bestrebungen werden durch unseren chaotischen Verstand und unser kurzsichtiges Wirklichkeitsverständnis geleitet. Oft stehen unsere Sehnsüchte nicht mit dem geistigen Willen in Einklang, deshalb ist unser Leben voller Leid und Schmerz.

Die Kraft unserer aufrichtigsten Wünsche liegt in der Ehrlichkeit und wahren Rechtschaffenheit. Sie wird uns nur gegeben, wenn die Quelle in uns berührt wird. Ich lernte eine Person kennen, der im Stande ist, dieses tiefe Licht zu übertragen, weil er dem Dienst der höchsten Macht absolut ergeben ist. Deswegen kommt es durch seine Arbeit zu Heilungen. Dennoch sind das, im Grunde genommen, nur Wandlungen innerhalb des Individuums, ausgelöst durch diese Energie, damit die Spiritualität Licht bringen und eine tiefere Verbindung mit der Kraftquelle schaffen kann.

Niemals zuvor, bei keinem der Heiler und geistigen Lehrer, die ich traf, habe ich jemals solch eine Gabe gefühlt, die so viele Menschen in so hohem Maße berühren konnte, wie in diesem Fall. Erst jetzt begann meine wahre Reise zum Verständnis, und erst später, in Makedonien, konnte ich auch selbst von dieser unbeschreiblichen Quelle kosten. Vorerst hatte ich nur einen flüchtigen Eindruck von dem bekommen, was ich noch alles lernen musste, um das große Mysterium Braco ergründen zu können.

An diesem Morgen stand ich wieder nach nur wenigen Stunden Schlaf auf und begriff, dass es sich dabei um eine Prüfung handelte. Um diese Arbeit verrichten zu können, muss man körperliche und geistige Grenzen überschreiten. Man muss in die Tiefe dringen und Kraft aus der Quelle schöpfen, damit man diese anspruchsvolle Arbeit bedenkenlos und widerspruchslos erledigen kann, und damit nichts der Erledigung und Erfüllung im Weg stehen kann. Ebenso ist es wichtig, spontan zu sein, denn auf diese Weise fließt die Energie weiter und öffnet alle Möglichkeiten in dem Moment, wenn etwas unternommen werden muss. Der Spontaneität zu entsagen würde bedeuten, den Fluss der von sanfter Gnädigkeit durchdrungenen Lebensenergie zu blockieren.

Bereits seit eineinhalb Jahren reisen Braco und sein Team an jedem ersten Mittwoch im Monat zu Begegnungen nach Slowenien. Um sechs Uhr kam der Wagen und wartete auf uns vor dem Eingang, um uns in einer 90-minütigen Fahrt nach Rogaška Slatina zu bringen. Dieser einstige Urlaubsort der Elite hatte viele einflussreiche Persönlichkeiten jener Zeit zu Gast, gerade wegen der hervorragenden natürlichen Mineralwasserquellen, die es auch heute noch gibt. Heute ist das eine Stadt voller Hotels, die seit dem Zerfall Jugoslawiens ein breiteres und bescheideneres Gästeprofil anzieht. Die wirtschaftlichen Gegebenheiten haben sich geändert, und damit auch diese ehemaligen elitären Reiseziele.

Vollkommen wach bestaunte ich die Schönheit der Landschaft, durch die wir auf unserem Reiseweg fuhren. Wir kamen an üppigen grünen Tälern und reizenden alten Dörfern vorbei. Wälder bedeckten die Hügel ohne sichtbare Zeichen der Abholzung. Solche Mengen unberührter Natur erstaunten mich. Im Wagen spielte die CD eines der populärsten kroatischen Popstars, der alle Songs auf dem Album Braco gewidmet hat, zum Dank an Braco, dessen Energie ihm im Privatleben geholfen hat. Die Musik war heiter und gefühlvoll. Ich mochte die Songs und werde diese Musik wohl auch auf meinen zukünftigen Reisen hören.

Am Ziel angekommen, wurden wir von einer Reihe sehr schöner Hotels begrüßt, die den Charme vergangener Zeiten ausstrahlten. Alle Gebäude sind gut erhalten, und die Umgebung ist tadellos eingerichtet. Die Fassaden geben den dramatischen Umschwung im Tourismus nicht zu erkennen. Ein langer, von Bäumen eingefasster Weg mit Parkbänken verläuft zwischen den vielen Gebäuden, und wir spazierten diesen Weg entlang und genossen die Umgebung, bevor wir es uns in einem Café im Freien zum Espresso und Frühstück gemütlich machten.

Hier begrüßte uns eine sehr schöne, jugendliche und elegante Frau namens Marjana, die ich auf der Konferenz in Laughlin kennen gelernt hatte. Sie war aus Slowenien in die Vereinigten Staaten gereist, nur um Braco sieben Tage hintereinander sehen zu können. Seit Braco einmal im Monat diese Ortschaft in ihrem Heimatland besucht, nimmt sie regelmäßig and den Begegnungen teil und hilft bei der Organisation. Wir umarmten uns und tauschten einige Worte aus, begeistert, dass wir uns wieder sahen. Auch sie trägt, wie Ljiljana und nun ich, den gleichen Anhänger mit dem Sonnensymbol, den sie von Braco als großzügiges Dankeschön bekommen hat.

Es nahte die Zeit der Begegnung. Wir machten uns auf den Weg zu einem der umliegenden Hotels, wo ein Saal mit einer Bühne wie im Theater auf uns wartete. Es war alles schön geschmückt, frisch und sauber, und ich hatte nur einen leeren Raum mit einem Podium für Braco erwartet. Doch diese Art der Einrichtung war nicht schlecht, denn die Besucher konnten während der Einführung sitzen und dann alle bei der Begegnung mit Bracos Blick aufstehen. Während der Begegnung wird verlangt, dass alle Besucher stehen, mit Ausnahme der Rollstuhlfahrer und Personen mit körperlichen Gebrechen. Ich gehe davon aus, dass ein aufrechtes Rückgrat die Energie besser aufnimmt und weiterleitet, wie es auch, aus demselben Grund, bei allen östlichen Meditationsformen Praxis ist.

Dinko, Rudi, Miki, Branko die übrigen beschäftigten sich mit den Vorbereitungen, während Braco, Marjana und ich auf die Bühne hinter dem großen Theatervorhang stiegen. Im Saal waren zwei große Tische aufgestellt, einer mit vielen Körben voller Obst, Feingebäck, Süßigkeiten und Mineralwasser, der andere mit Stühlen ausgestattet, wo man essen und plaudern konnte. Bei jeder Begegnung mit Braco, an der ich teilgenommen hatte, standen für die Besucher immer Früchte, Süßigkeiten, Snacks und Wasser bereit. Die Veranstalter hatten nicht nur für einen Raum gesorgt, wo Braco allein sein konnte, während er auf die Gruppe wartete, sie hatten den Raum auch liebevoll mit Blumen, Tischtüchern und Speisen auf Tabletts ausgestattet. Zweifellos kann sich Braco überall solch hoher Wertschätzung erfreuen.

Branko kümmerte sich mit wachem Auge um die Sicherheit und den reibungslosen Ablauf, er prüfte alles bis ins kleinste Detail. Sein scharfer Blick schien die Menschen zu durchleuchten, und sicherlich kam das von seiner jahrelangen Arbeit bei der Polizei. In seiner Nähe fühlt man sich immer sicher und beschützt; er strahlt Reife und Autorität aus. Während Miki, Dinko und die anderen DVDs und Bücher auf den Tischen ausstellten, kam der Kameramann Sead, ebenfalls ein Teammitglied, zu uns hinter die Bühne, um einen Happen zu essen und mit uns zu plaudern.

Plötzlich fiel Braco etwas ein. Er liebt es, die Dinge um sich zu verändern und neue Möglichkeiten auszuprobieren. Er schaute mich auf seine immer selbstsichere Art an und teilte mir mit, dass ich ihn hier in Rogaška ankündigen werde. "Wie meinst du das", fragte ich ihn verdutzt, während mein Herz beinahe still stand. Voller Begeisterung erklärte er mir, dass ich helfen werde, die Menschen für die Aufnahme der Energie zu öffnen. Natürlich hatte ich keine Ahnung, was ich sagen sollte, und ich bekundete hartnäckig meinen Mangel an Selbstbewusstsein bezüglich seines Vorschlags. Aber er fuhr fort, einige wesentliche Dinge unklar hervorzuheben, die ich ansprechen sollte, uns schließlich meinte er, ich solle nur erzählen, was ich fühlte. Ich war verängstigt und dachte nur an all jene Momente, als ich schreckerfüllt vor einem Publikum stand. Gewöhnlich musste ich mich monatelang mental für den Auftritt vor einem Publikum vorbereiten, doch diese Möglichkeit wurde mir hier nicht geboten.

Ich tat alles, um abzulehnen, doch Braco hatte seinen Beschluss gefasst, und ich konnte nicht Nein sagen, wegen seiner Großzügigkeit und Aufmerksamkeit als Gastgeber. Und nur der Himmel weiß, dass ich gestern diesen Wunsch hatte, und schon stand er vor der Verwirklichung. Erstarrt willigte ich ein, während Gedanken an das, was mich erwartete, durch meinen Kopf flogen. Das war ganz offensichtlich der Augenblick meiner Initiation, auf eine unerwartete Art, aber Braco wirkte so überzeugt, so sicher, dass ich diese Aufgabe bewältigen konnte. Schließlich bat er Marjana, meine Worte zu übersetzen, da sie sehr gut Englisch und Slowenisch sprach.

Marjana war viel entschlossener als ich und schlug sofort energisch ab. Obwohl ihr Bracos Zureden schmeichelte, da sie Braco liebte und seiner Rolle ganz ergeben war, hielt sie sich für unfähig, so etwas zu tun, und wollte es auch nicht tun. Braco antwortete, er würde die Begegnung absagen, falls sie sich weigert, zu übersetzen. Bei dem Gedanken an diese Möglichkeit verschlug es uns beiden die Sprache, denn er schien es wirklich ernst zu meinen. Dies mag wohl übertrieben erscheinen, aber er wusste, dass dies ein wichtiger Schritt für Marjana ist, und sie gehorchte schließlich, wenn auch widerwillig.

Braco rief seine Mitarbeiter, die ihn gewöhnlich ankündigen, zu sich, um sie von der Planänderung in Kenntnis zu setzen. Dann begleitete man Marjana und mich auf die Bühne, wo sich alles abspielen sollte. Wir bekamen Mikrofone in die Hand gedrückt, die wir ausprobieren sollten, und man sagte uns, wo wir stehen und wann wir beginnen sollten. Zuerst gab man mir fünf bis zehn Minuten für die Rede, dann wurde auf mögliche fünfzehn Minuten verlängert, je nach dem, wie ich mich fühlte. Dann wurde einer Gruppe von 150 Teilnehmern Einlass gewährt; wie sich zeigte, war das die kleinste Gruppe an diesem Tag.

In dem Augenblick begriff ich, was ich bereits vorher bemerkt hatte, dass ich immer stärker, natürlicher und selbstbewusster werde. Ich glaubte jetzt wirklich, diese Verantwortung würdevoll auf mich nehmen zu können, und dann traten Marjana und ich vor die Gruppe. Mein Lampenfieber war trotz Herzklopfen verschwunden, und ich spürte geradezu Freude, die Bühne betreten und mich dieser neuen Herausforderung des Helfens stellen zu können, was mich mit einem Gefühl der Dankbarkeit erfüllte. Marjana machte den Anfang und stellte mich vor, und ich sprach kurz darüber, wie ich Braco zum ersten Mal in den Vereinigten Staaten getroffen habe, über die Teilnahme an den Begegnungen mit Bracos gebendem Blick und über die unglaubliche Energie und Veränderung, die ich in meinem Inneren spürte.

Ich erwähnte das Sonnensymbol und dessen Energie und sprach über Bracos Reise zum Kongress auf Hawaii. Zum Abschluss erklärte ich allen Anwesenden, sie hätten bereits beim Betreten dieses Raums den Entschluss gefasst, die Gabe des Kraftstroms aufzunehmen. Ich betonte, wie wichtig es sei, sich auf die Energie zu konzentrieren und dem Herzen zu erlauben, den Weg zu finden. Im Herzen liegt die uns alle vereinende Verbindung zwischen Hoffnung und Wunsch nach einem besseren Leben, und ich war überzeugt, dass nur das Herz weiß, wie man die Gabe ohne Einschränkungen annimmt, und das ist der Schlüssel. Es war mir wirklich eine Ehre, bei den Begegnungen mit Bracos Blick vor diesem Publikum zu stehen, und ich dankte allen, bevor ich die Bühne verließ.

Es ertönte Applaus, und man sagte mir, dass das Publikum in diesen Regionen nur applaudiert, wenn man ihm wirklich gefallen hat. Ich schloss mich nun dem Publikum an und erwartete die Begegnung mit Braco. Sead hatte unsere erste einleitende Rede aufgezeichnet, und ich wünschte, er hätte das auch bei den späteren Gruppen gemacht, denn wir wurden immer besser. Branko, Dinko und die anderen verfolgten uns aus den hinteren Reihen mit, und obgleich bei ihnen zunächst ein wenig Ungläubigkeit mitspielte, sprachen sie später voller Zustimmung auf Kroatisch mit Braco, und Marjana und ich ernteten viel Lob. Braco lächelte natürlich und sah zufrieden aus. Wir hatten eine neue Ebene bei den einleitenden Vorstellungen eingeführt und den Besuchern geholfen, ihre Herzen und Sinne zu öffnen. Marjana und ich bildeten ein gutes Team und arbeiteten ausgezeichnet zusammen.

Bei der dritten Präsentation fühlte ich mich unbesiegbar, und Marjana strahlte. Wir hatten die Herausforderung gut bewältigt und waren uns dessen bewusst. In den nachfolgenden Tagen fiel es mir leicht, vor die Besuchergruppe zu treten, und ich war gefasst, selbstbewusst und völlig entspannt. Es war aufregend und wurde immer besser, was ich Braco zu verdanken habe. Der Tag ging zur Neige, und nach der Präsentation vor der letzten Gruppe war uns klar, dass wir einen Eindruck hinterlassen haben, denn während wir sprachen, floss auch die eine oder andere Träne. Viele Besucher nickten zustimmend; ich fühlte ihre Dankbarkeit und Achtung, und an diesem Tag verließ ich die Bühne glücklich und zufrieden.

Hinter der Bühne gab mir Braco einige Tipps, wie ich meine Ausführungen noch verbessern konnte, um meinen Höhenflug etwas zu bremsen, und ich bemerkte, dass Daumendrücken und Flexibilität um ihn herum herrschte. Es war offensichtlich, dass seine Unterstützung und sein Vertrauen dazu beigetragen hatten, Marjana und mich zu Bestleistungen zu bringen. An diesem Tag hatte Braco 916 Besucher; ich hatte vor den meisten gesprochen, zuerst nach passenden Worten suchend, bis ich schließlich wusste, dass meine Worte gut ankamen, denn man reagierte ganz offen. Jetzt war ich ein Profi und zu größeren Aktionen bereit. Ich fragte mich innerlich, ob Braco meine Wünsche gefühlt hatte, denn er besaß die geheimnisvolle Fähigkeit, mich mit würdiger Spontaneität vor gewisse Aufgaben zu stellen.

Braco zeigte niemals Müdigkeit; die Energie strömte unaufhörlich aus seinem Blick. Einmal arbeitete er sogar 36 Stunden ohne Unterbrechung, nur um alle Besucher, die gekommen waren, sehen zu können. Er erwartet tadellose Arbeit von seinen Mitarbeitern, ohne Rücksicht auf Mangel an Schlaf, Nahrung und Erholung. Die Bedürfnisse der Besucher stehen immer an erster Stelle, und alle seine Mitarbeiter akzeptieren dies aus vollem Herzen. Um fünf Uhr nachmittags betrat die letzte Besuchergruppe den Saal, und mich überraschte die Geschwindigkeit, mit der Braco und ich zum Wagen begleitet wurden, nur eine Minute nach Beendigung der Begegnung. Die übrigen Teammitglieder blieben noch einige Zeit, um die Ausstattung einzupacken und zu verladen, aber unser Teil der Arbeit war erledigt.

Die Rückfahrt verging wie im Flug, und nach eineinhalb Stunden kamen wir vor Bracos Haus an. Hier sahen wir uns noch stundenlang Hawaii auf DVD an, und ich genoss das ohne Ende, denn ich hatte die Filme selbst noch nicht gesehen. Jetzt konnte ich selbst meine Inseln genießen und Fremdenführer spielen, während Bracos Begeisterung immer mehr wuchs. Vor dem Flug nach Kroatien hatte ich alle Geschäfte durchstöbert und alles gekauft, was ich finden konnte.

4. Tag - Donnerstag, 2. Juli 2009

Deutschland - Kraichtal

Donnerstag ist der Tag, an dem Braco nicht arbeitet, denn Ivica hatte die Vision, dass dieser Tag zur Erholung dient und wie ein Sonntag behandelt werden soll, und Braco setzte diese Tradition fort. Diesen Tag nutzte er gewöhnlich zu Reisezwecken, und so hatte ich die Gelegenheit, mich auszuschlafen und erst um neun Uhr morgens an Bracos Tür zu klopfen. Ich brachte grünen Tee mit, den ich immer auf Reisen dabei habe, aber interessanterweise wusste Braco überhaupt nicht, ob er einen Teekessel hat. Es war sofort klar, dass er keine Ahnung hat, womit seine Küche ausgestattet ist. Das ist nur ein weiterer kleiner Beweis, dass sein selbstaufopferndes Leben doch ein wenig anders ist als das gewöhnlicher Menschen. Ich fragte ihn nicht, ob er kochen kann, denn die Antwort lag auf der Hand.

Ich schaute mich schnell in der Küche um und fand ein passendes Gefäß. Wir machten es uns auf seinem Balkon gemütlich und tranken Tee. Wir genossen den warmen Morgen und die herrliche Aussicht und sprachen über die bevorstehende Begegnung, die uns am morgen in Deutschland erwartete. Auch die Videofilme über Hawaii kamen wieder an die Reihe, die er unbedingt noch einmal ansehen musste, da er noch immer ganz begeistert war. Später fand ich etwas Zeit, meine Koffer zu packen, und gesellte mich um 13 Uhr zum Team. Rudi, das A und O am Srebrnjak 1, war bereits dort. Er ist mir besonders aufgefallen, wegen der außergewöhnlichen Wärme, die er bei seiner Arbeit mit den Gruppen ausstrahlte. Seine völlige Hingabe war offensichtlich. Dennoch spürte ich ein gewisses Maß an Zurückhaltung, wenn er in meiner Gesellschaft war, und ich fragte mich, wie er und die anderen sich wohl gefühlt haben, als Braco ihnen erzählte, dass gerade ich ihn aus Europa, also auch vom Zentrum und von ihnen wegführen würde.

Rudi bot einen Kaffee an, und es machte Spaß, zuzuschauen, wie sich zwei Männer in der Küche drängeln und darauf bestehen, dass gerade einer von ihnen den Job erledigen muss. Ich hörte, wie sie über verschiedene Kaffeesorten diskutierten, und jeder hielt seine Wahl für die beste. Dann hörte man einen Zuckerwürfel auf den Boden fallen. Bald darauf kam Rudi fröhlich mit drei Tassen Türkischen Kaffees zurück. Ich trank lächelnd einen Schluck, während sie mich fragend anschauten. Freundlich nickte ich bestätigend, obwohl mir der Geschmack ungewöhnlich vorkam. Ich fragte mich, ob sie vorher die Kaffeekanne gewaschen hatten, denn der Kaffee schmeckte nach Kaffeesatz. Beide Männer tranken den Kaffee, und Rudi meinte, er sei gut, denn dies sei sowieso alles, was wir haben. Später fand ich heraus, dass diese Kaffeesorte wirklich so schmeckt. Obwohl ich viel Kaffee trank, schaffte ich es nie, die Geschmackssorten zu unterscheiden, so dass ich weitere Versuche mit der Zeit aufgab.

Braco und mich überkam der Hunger, doch wussten wir nicht, ob es im Haus etwas zu essen gab, denn seine Gemahlin war mit dem Sohn im Sommerhaus an der Adria. Braco machte sich beherzt auf die Suche und kam endlich mit zwei Karotten zurück. Daraufhin stieg Rudi die Treppe hoch zu seiner Wohnung, die er an Arbeitstagen nutzt, obwohl er in einer anderen Stadt zu Hause ist und eine Frau hat, die er sehr liebt. Wegen seiner Reise- und Arbeitsverpflichtungen im Zentrum kann er nicht jeden Tag nach Hause fahren, und so verbringt er nur Urlaubs- und arbeitsfreie Tage mit seiner Familie. Dieses Opfer bringen viele Teammitglieder am Srebrnjak 1.

Er kam schnell mit einem halben Laib Brot und etwas Käse in einer Sichtfolie zurück, und wir verspeisten alles, was wir hatten. Das war genug und stellte uns fast ebenso zufrieden wie Rudi mit seinem Türkischen Kaffee. Um 15:30 Uhr erreichten wir den Flughafen und waren zum Flug nach Deutschland bereit. Unser Kameramann Sead, Branko und die anderen aus dem Zentrum waren schon da. Wir gaben unser Gepäck ab und tranken noch einen Kaffee und Espresso (für mich), und dann flogen wir ab.

Vor dem Flughafen wartete Tedo mit einem Kombi auf uns, ein Kroate, der seit 20 Jahren in Deutschland lebt. Er war hoch und hatte kurzes blondes Haar; er sah einem Deutschen sehr ähnlich, obwohl er kein Deutscher war. Ich begann seine Manieren und seine Hingabe bei der Arbeit mit Braco sehr zu schätzen. Vor sechs Jahren hatten er und seine Familie ein nettes Hotel mit Restaurant, eingerichtet im traditionellen Stil, in der Kleinstadt Kraichtal gepachtet. Hier werden zweimal im Monat Begegnungen mit Bracos Blick veranstaltet, freitags und samstags. Dieser von dichtem Grün umgebene alte Ort war einst ein gut besuchtes Urlaubsziel. Jetzt wimmelt es hier nur noch von Gästen, wenn Braco kommt, der jedes Mal tausende von Besuchern anzieht.

Wir kamen um neun Uhr abends im Hotel an. Es war gut beleuchtet, glänzend und sauber, und unsere Zimmer waren geräumig und komfortabel. Es freute mich, einen Schreibtisch im Zimmer und drahtlosen Internetzugang im Erdgeschoss zu haben. Nachdem wir unser Gepäck auf die Zimmer gebracht hatten, stellte man mir in der Lobby Ida vor, eine Schönheit und gebürtige Russin, die, wie sich später herausstellte, ein wahrer Energie- und Enthusiasmusgenerator ist. Wir empfanden recht schnell gegenseitige Sympathie, und ich war beeindruckt von der Qualität und Liebenswürdigkeit der Menschen, mit denen sich Braco umgab.

Ida reist bereits seit elf Monaten jedes Wochenende an, um Braco zu sehen. In Russland geboren, würde sie Braco gerne nach Russland bringen, doch vorerst organisierte sie eine Begegnung in Stuttgart in Deutschland, unserem nächsten Zielort. Das wird die zweite von ihr veranstaltete Begegnung sein; bei der ersten kamen täglich 1300 Teilnehmer. Jetzt hofft sie, dass es 2000 werden. Sie ist langjährige Vegetarierin, wie ich, und spricht hervorragend Englisch und einige andere Sprachen. Ihr geistiges Streben nach etwas Höherem trieb sie dazu, ihre bisherige Arbeit aufzugeben und sich ausschließlich der Veranstaltung von Begegnungen zu widmen. Denn sie fand, wie viele andere auch, etwas so Besonderes in der Energie, die Braco besitzt und gibt, dass sie auch selbst den Wunsch verspürte, sie vielen Mitmenschen zukommen zu lassen.

Wir setzten uns alle zu einem späten Abendessen an den Tisch auf der Hotelterrasse. Braco wollte nun, dass ich die Rolle spiele, die er mir noch bei unserem ersten Telefongespräch zugedacht hatte, als er mich nach Kroatien einlud. Ich sollte diesen loyalen und liebenswerten Menschen, die Braco so rückhaltlos unterstützten, erklären, dass Braco in nicht allzu ferner Zukunft Europa verlassen wird. Die von mir veranstaltete Begegnung wird der Eintritt in neue Länder und für ein neues Publikum sein. Braco hat auch eine Einladung zu einem Kongress in Australien im kommenden März, und wir haben bereits einen Plan ausgearbeitet; ich muss nur noch mit einigen lieben Freunden in Japan Kontakt aufnehmen. Und so fiel mir die Aufgabe zu, alle Anwesenden über die neuen Horizonte zu informieren. Ich bemühte mich, sie mit Begeisterung und Freude von der Bedeutung der neuen Gelegenheiten, die sich boten, zu überzeugen.

Natürlich bemerkte ich die traurigen Gesichter seiner Mitarbeiter und Anhänger, denn sie hatten begriffen, dass sie Braco in ihrer Welt verlieren werden. Und dennoch standen sie offen zu ihm und freuten sich für ihn, denn sie wussten sowieso, dass dieser Tag einmal kommen wird. Nachdem ich meine Aufgabe erfüllt hatte, und zwar überzeugend und voller Selbstvertrauen, was sicherlich dazu beigetragen hatte, alle Anwesenden zu überzeugen, hoben wir unsere Weingläser und stießen auf meinen Kongress auf Hawaii an. Und ich wusste, es war gut gelaufen. Nachdem ein Toast ausgebracht war, nahm Braco entschlossen einen kleinen Schluck Wein, als ob er ein Glas Whiskey kippt. Ich sah, dass Tedo große Augen machte und dabei blass wurde, während Branko schnell aufsprang und Braco das Glas aus der Hand riss.

Man teilte mir mit, dass Braco bisher keinen einzigen Schluck Alkohol getrunken hat, nicht einmal Wein. Braco bestätigte das, während einige Anwesende ungläubig den Kopf schüttelten. Alle erklärten, sie seien überzeugt, dass Braco nicht übertreiben würde, da er weiß, dass er allen ein Beispiel ist, aber Braco lässt sich so nicht definieren - er hatte einfach Grenzen verschoben. Die Anwesenden fragten – wieso, aber er lächelte nur - er hatte einfach den Wunsch verspürt, das zu tun. Der Grund, weshalb er das nicht schon früher getan hat, ist derselbe: er hatte den Wunsch nicht verspürt. Ich dachte, dass der Grund zum Teil auch auf meinen Einfluss zurückzuführen ist, aber Braco hatte bereits am ersten Tag gesagt, dass er immer das Gleiche essen wird wie ich, und möglicherweise hat er sein Versprechen gerade auf diese Weise bis zur letzten Konsequenz eingehalten.

Ich machte mich über ihn lustig und sagte, er habe den Wein so schnell geschluckt, dass er ihn überhaupt nicht schmecken konnte, doch er gab klar zu verstehen, dass er keine andere Wahl hatte, wenn man bedenkt wie blitzschnell Branko reagiert. Branko wird Braco immer mit allen Mitteln beschützen. Dann war es Zeit für das Abendessen. Serviert wurde eine hervorragende Pasta mit Pilzen, von Tedo persönlich zubereitet. Obwohl das ein Leckebissen war, verspürte ich auch diesmal keinen Hunger und verspeiste nur eine kleine Portion. Da ich wusste, wie viel Mühe Tedo in die Zubereitung gesteckt hatte, wollte ich nicht unhöflich sein. Ich wartete den richtigen Moment ab, bis Braco seinen Teller gefüllt hatte und gab dann schnell noch die unberührte Hälfte meiner Portion hinzu.

Braco begann mit den Fingern zu essen, wie wir das schon mehrmals verspielt am Srebrnjak 1 getan hatten, und er fragte mich, ob ich mitmachen möchte. Ich willigte ein, und er freute sich, dieses Ritual mit mir teilen zu können. Während wir mit den Fingern über diese elegante Pasta herfielen, kam in mir auf eine kindliche Weise der Rebell zum Vorschein. Ich forderte ihn zum Duell. Er schlug vor, wir sollten zeigen, wer in fünf Minuten mehr verschlingen kann, und ich verkürzte auf drei Minuten, damit ich nicht so viel essen musste. Mit den Händen über den Tellern warteten wir darauf, dass jemand das Startzeichen zum Wettkampf gab. Tedo übernahm die Rolle des Schiedsrichters und gab das Zeichen zum Start.

Braco aß mit beiden Händen, und nichts konnte ihn im Eifer des Gefechts aufhalten. Ich beschloss, nur eine Hand zu gebrauchen, aber ich konnte mithalten. Wir verdrückten solche Mengen, dass ich kaum noch schlucken konnte, aber ich gab mein Bestes. Sead war außer sich, weil er die Kamera nicht dabei hatte, aber Tedo zückte sein Handy und konnte uns damit filmen. Nach drei Minuten wurde Braco mit Soße im Gesicht und Gnocchi im Haar zum Sieger erklärt. Sein Resultat war spektakulär, und meins - nur ein guter Versuch.

Ich streckte meine zweite, saubere Hand aus und drückte Bracos verschmierte Hand, und dann gab ich meinen Kommentar zum Match ab, den Sead mit der Kamera filmte, die er inzwischen geholt hatte. Mit ernster Mine beschrieb ich das miserable Resultat, das ich für mein Land erzielt hatte. Nachdem wir in der Toilette unsere Hände gewaschen hatten, waren wir mehr als satt, aber guter Laune, wegen unseres spontanen Spiels. Glücklicherweise war es Zeit für die zweite Aktivität, an der sich immer alle beteiligen, die mit Braco unterwegs sind: für einen langen Spaziergang durch die Dorfwege nach dem Abendessen.

Bei der warmen Abendluft war das ein angenehmer und entspannender Spaziergang. Ida und ich spazierten nebeneinander, da wir natürlich den schnellsten Schritt hatten. Nebenbei plauderten wir noch und sprachen viele gemeinsame Interessen an. Tedo, Branko und Braco folgten uns. Mir gefiel diese Frau, die mit ihrer würdevollen Haltung Sicherheit ausstrahlte. Wir sprachen über ihr Heim in Russland und über meins in den Vereinigten Staaten sowie über Dinge, die wir im Leben schätzen. Es vergingen noch eineinhalb Stunden, bevor wir ins Dorf zurückkehrten und auf unsere Zimmer gingen. Alle mussten neue Kraft schöpfen für den großen Tag, der sie morgen erwartete.

Kapitel 4

5. Tag - Freitag, 3. Juli 2009

Deutschland - Kraichtal

Am Morgen stieg ich die Treppe hinunter, zur Begegnung mit Bracos Blick, die um neun Uhr beginnen sollte. Unser Raum für Vorbereitungen und Entspannung war in der für Besucher geschlossenen Bar eingerichtet. Von hier aus hatten wir Zutritt zum großen und eleganten Bankettsaal, den wir für die heutige Begegnung nutzen würden. Der Saal war reich mit Blumen geschmückt und mit einem Podium für Braco ausgestattet. Die Besucher versammelten sich in dem im Freien aufgestellten Festzelt, wo sie sich je nach gewünschter Sprache anmeldeten, um dann in Gruppen eingeteilt wurden, wo sie warteten, bis sie an der Reihe waren. Sie mussten auch einen Unkostenbeitrag von vier Euro zahlen, den Höchstbetrag, den Braco seinen Veranstaltern bewilligte, damit sie ihre Kosten für Unterkunft, Organisation, Blumen und Sonstiges decken konnten. Braco behielt nichts davon für sich zurück.

Braco, Tedo, Ida und die anderen grüßten mich herzlich, und ich war bereit, mich den Herausforderungen des Tages zu stellen. In Slowenien kommen 1000 Besucher am Tag; hier würde ich die gleiche Besucherzahl in zwei Tagen erleben, was man an den zahlreichen, unaufhörlich ankommenden Autos und Bussen abschätzen konnte. Alle waren blendender Laune und wussten genau, was sie zu tun hatten, nur Braco, der immer wieder spontan neue Ideen und Vorschläge einbringt, hatte an diesem Morgen entschlossen, dass ich ihn diesmal mit zwei Übersetzern vorstellen sollte. Das frühmorgendliche Publikum war eine Mischung aus Deutschen und Kroaten, so dass ich in den Pausen zur Übersetzung meiner Rede ins Deutsche und Kroatische genügend Zeit haben werde, über meine Worte nachzudenken.

Ich dachte, das würde eine schwierige Aufgabe für mich sein, aber als ich vor der ersten Gruppe stand, öffnete sich mein Herz und die Energie gab mir Auftrieb, und so fiel es mir leicht konzentriert zu bleiben. Ich begriff, dass ich problemlos Pausen in meiner Rede machen konnte und trotzdem nicht den Faden verlor. Mein Lampenfieber war völlig verschwunden, und ich konnte es genießen, meine persönlichen Erfahrungen zu vermitteln, die beim Publikum, das mich warm empfangen hatte, offensichtlich gut ankamen, besonders als ich sagte, dass meine Mutter aus ihrem Land stammte und dies mein erster Deutschlandbesuch war, unter - für mich - freudigen Umständen.

Dann setzte ich meine gestrige Aufgabe fort und teilte den Anwesenden mit, dass Braco andere Länder besuchen würde, und man nahm diese Nachricht mit aufrichtigen und besten Wünschen für den lieben Freund entgegen. Viele erachteten Braco als Teil ihrer Familie, da er so viele Leben tief berührt hatte, und so war er ihnen wie ein Sohn, dem sich eine Aufstiegschance bot. Aber ihre Gefühle vermischten sich doch mit Trauer, da er so weit in die Ferne zog. Und wieder rollten Tränen über viele Wangen, während ich sprach, und manche waren so gerührt, dass sie zum Abschied winkten. Ich hatte mich so in meine Aufgabe eingelebt, dass ich strahlte und im Stande war, unendlich lange weiter zu machen.

Musik ertönte, und als Braco auf die Bühne trat, begann die Energie zu strömen, diese wunderbare, unerklärliche Energie. Manche Besucher kamen ins Wanken, viele weinten. Wie immer konnte es auch jetzt jemand nicht mehr aushalten, und die schnelle Assistenz des kräftigen Personals war gefordert, dass immer bereit ist, Hilfe zu leisten. Fast ein Drittel der Besucher hatte Fotos seiner Liebsten dabei, die ans Herz gedrückt wurden, um den Kraftstrom ebenfalls aufzunehmen. Nach dem Bracos Blick aufgehört hatte, durch den Raum zu strömen, entspannten sich die Körper, die von Last und Sorgen befreit schienen.

Als die Musik zu Ende war, verließ Braco langsam die Bühne, während Stille im Raum herrschte. Wie ich wollten auch die Besucher noch einige Minuten in dieser Stille verharren, um dieses innere Gefühl, das der Kraftstrom bei der Mehrheit auslöst, beizubehalten. Ich fragte mich, wie viel von ihnen ohne besonderen Grund angereist waren, nur um diese Energie zu spüren und erfüllt nach Hause zu fahren. Aus meinen Gesprächen mit den heutigen Besuchern ging hervor, dass viele eben aus diesem Grund eine weite Strecke zurückgelegt hatten. Nachdem Braco gegangen war, begleitete einer der Mitarbeiter die Gruppe heraus, und ich sprach mit den Besuchern über ihre Erfahrungen. Danach begab ich mich in den Pausenraum und gesellte mich zu Braco.

Es interessierte ihn, wie die zweisprachige Übersetzung verlaufen war, und ich sagte ihm, es sei alles gut gelaufen, was später auch meine Übersetzer bestätigten. Der Erfolg seiner neuen Ideen sorgte für Zufriedenheit; Braco leistete mir beim Espressotrinken Gesellschaft und nahm sich etwas Obst vom Tisch, der auch Kuchen und viele von Tedo servierte Leckerbissen bot. Ich ließ ihn wissen, wie glücklich und stark ich mich fühle, und das erfreute ihn ebenfalls. Er hat gerne Mitarbeiter um sich, die ihr Bestes geben, und er tut alles, um sie zu ermutigen. Wenn etwas nicht stimmt, wird er das geradlinig und offen sagen, aber niemals in scharfem Ton. Er sieht nur gerne, dass alles auf beste Art und Weise erledigt wurde, dass den hilfesuchenden Menschen besondere Aufmerksamkeit geschenkt wurde. Jeder Besucher verdient die gleiche Behandlung, das Beste von uns, ohne Ausnahme.

Bei der nächsten Begegnung kam ich nach meiner Präsentation zu Ida, um zusammen mit der Gruppe vor Bracos Blick zu stehen. Sie wies mich freundlich darauf hin, dass ich mich von Braco abwenden und den Besuchern zugewandt sein muss, da ich meine Energie bereits bei der ersten Begegnung aufgenommen habe. Sie konnte nicht wissen, was ich mit Braco abgemacht hatte, und als ich ihr sagte, dass ich bei allen Begegnungen vor Braco stehe, war sie sichtlich überrascht, akzeptierte dies aber freundlich und positionierte sich dann in etwas größerer Entfernung von mir. Ich spürte einen Alarm meiner Gefühlssensoren, und das beunruhigte mich. Aber der Kraftstrom dieses Tages half mir, meine Überempfindlichkeit zu überwinden. Ich konnte auch weiter mit den Besuchern mitfühlen und fand noch die Kraft, das eigene Gleichgewicht zu bewahren. Das war für mich ein Wendepunkt, und mein Einfühlungsvermögen war nicht mehr mein Todeszug, sondern mein zuverlässiger Verbündeter.

Braco und ich nahmen meine wachsende Kaffeeabhängigkeit aufs Korn, aber mein Körper hatte so viel Kraft bekommen, dass er die großen Kaffeemengen ertragen und ein neues Gleichgewicht herstellen konnte. Wie bei jeder Pause trafen wir uns wieder und plauderten. Bei einem dieser Gespräche wurde mir klar, dass nicht Braco die Kraft - sondern die Kraft ihn hat. Das war ein wesentlicher Punkt zum Verständnis der Energie und Bracos Gabe. Es ist die Kraft, die das Sagen hat, nicht umgekehrt. Braco widmete sein Leben dem Geben von Energie und gelobte, den Menschen zu helfen, solange sie den Wunsch verspüren, zu ihm zu kommen. Braco hat sich der Energie hingegeben – und gibt allen Menschen gleich viel, was auch seine Familie und Freunde einschließt.

Bis vor kurzem hatte Braco während der Begegnungen ein besonderes Gefühl, aber auch er hat sich gewandelt. Mit der Zeit entwickelte er die Fähigkeit, dasselbe Gefühl während der Begegnungen und im Alltagsleben beizubehalten. Das kam auf natürliche Weise. Der Stille kommt nun in seinem Leben eine viel größere Bedeutung zu, während fernsehen, Zeitung lesen und ähnliche Gewohnheiten ihre Attraktivität verloren haben. Er verlor auch das Interesse an Gesprächen, die er häufig als Gefühlstötung beschreibt, da er der Ansicht ist, dass Gefühle unmöglich nur mit Worten ausgedrückt werden können. Worte können nur materielle Dinge beschreiben; das Gefühl ist etwas zu Großes, um in Worte gefasst zu werden. Die geistige Kraft sind die Gefühle von Geist und Körper, und sie sind am wichtigsten.

Natur und Stille spielten von jeher eine große Rolle in Bracos Leben. Er war sich darüber bewusst, dass er kein normales Leben führen konnte, und hat es auch nicht getan. Hätte er so gelebt, würde er nicht diese enorme Kraft im Blick haben. In seinem Inneren fühlte er, dass das Problem der Zivilisation in einer übertrieben großen Zahl an Informationen liegt, die sich erdrückend auf die menschliche Gefühlswelt auswirken. Im Grunde genommen erschreckt uns die

Informationsflut; wir werden ständig von Nachrichten voller Konflikte, Chaos und Katastrophen bombardiert, was unseren allgemeinen Gemütszustand noch verschlimmert. Der größte Feind des Menschen ist Furcht und Schrecken. Für Braco ist das schlimmer als Armut, Krieg und Waffengebrauch.

Am späten Morgen war es schon einfacher, die Besuchergruppen nach Sprachen einzuteilen, und so fiel mir die Arbeit mit nur einem Übersetzer leichter. Der Menschenstrom riss nicht ab, aber die Besucher hielten sich im Freien auf, was eine gleichmäßige Auslastung des Saals ermöglichte. Die letzte Gruppe wurde um neun Uhr abends eingelassen, und ich hatte meine Präsentation vor allen Gruppen gehalten, außer vor den letzten zwei, als mir eine Pause gewährt wurde. Ich hatte immer größeren Respekt vor Rudi und Dinko, die an solchen pausenlos arbeiteten und die einleitende und abschließende Präsentation ohne den Luxus einer Verschnaufpause über die Bühne brachten. Der Arbeitstag dauerte manchmal mehr als zwölf Stunden. Ich hatte nur eine leichtere Version ihrer Erfahrung kennen gelernt.

Zum Abendessen gesellte sich ein Gast aus der Schweiz zu uns, Professor Alex Schneider, Ingenieur, Physiker, Parapsychologe und Präsident der Schweizer Parapsychologischen Gesellschaft. Als Gründer der Basler Psi-Tage, des Internationalen Kongresses für Grenzgebiete der Wissenschaften, hatte er Braco im November 2006 zur Teilnahme eingeladen, nachdem er zwei DVDs gesehen hatte, die eine Wirkung auf ihn persönlich ausübten. Danach untersuchte er Bracos Kraft weiter, und sie schlossen Freundschaft. Da ich bereits vorher diesen Gedanken gehabt hatte, dem sich Braco sofort anschloss, sollte ich mit dem Professor ein Gespräch vor laufender Kamera führen. Das reizte mich und machte mich neugierig. Alex ist ein vitaler Mann im 82. Lebensjahr, der viel Wärme ausstrahlt. Das Gespräch über geistige Themen und darüber, wie Bracos Gabe die Welt verändern könnte, war absolut elektrisierend. Es war mir eine große Ehre, solch einen intelligenten, großzügigen und empfindsamen Mann kennenlernen zu können. Solch eine Kombination trifft man selten, und ich fand das überaus inspirierend.

Nach der Idee mit dem Interview, die sich mehr zu einem Gedankenaustausch entwickelte, verschlug mir Bracos neuer Gedanke die Sprache. Er wollte nicht nur, dass ich das Interview in meiner Kolumne veröffentliche, er erwartete viel mehr. Er hatte diese überragende Fähigkeit, Gelegenheiten zu erkennen, die unsichtbar in der Luft lagen, und von dieser war er besonders angetan. Er schlug vor, ich sollte ein Buch über meine Erfahrung mit ihm schreiben, und er hatte hielt einen Titel bereit - 21 Tage mit Braco. Edelmütig fand er ermutigende Worte; er war überzeugt, dass ich in der Lage wäre, ein Buch für das amerikanische Publikum und sogar darüber hinaus zu schreiben. Wieder schenkte er mir ganz unschuldig einen meiner verborgensten, unerfüllten Träume und verlieh ihm den Geschmack der Wirklichkeit.

Jahrelang hatten mir meine guten Freunde großherzig Mut gemacht, ein Buch zu schreiben. Auch mein Lebensgefährte war überzeugt, dass ich die Kroatienreise und die Tage mit Braco als Grundlage für mein Manuskript nutzen sollte. Er hatte mir sogar ein Diktiergerät gekauft für dieses Projekt gekauft. Und doch reichte kein Anstoß und keine offene Ermunterung aus, meine persönlichen Bedenken aus dem Weg zu räumen und mich zum Schreiben zu bringen. Das konnte nur Braco, und so geschah es auch, wie durch Zauberei. Seine überreiche Energie bereitete allen meinen gesellschaftlich programmierten Überzeugungen und in der Familie genährten Meinungen, Künstler würden unweigerlich Hunger leiden, sowie verschiedenen anderen im Laufe der Jahre geschaffenen Vorurteilen schlagartig ein Ende.

Nur die Quelle der Energie konnte wieder einmal meine verborgensten Neigungen und Wünsche aktivieren, sie über meine Hemmungen hinaus wachsen lassen, die trotz meiner eigenen Wünsche und positiven Bestrebungen in meinem Unterbewusstsein verankert waren. Ich fühlte mich, als sei meine ursprünglichste Spiritualität von allem Negativen gesäubert worden. Und genau das war auch der Grund, weshalb viele Menschen durch Bracos gebenden Blick geheilt wurden und eine Wandlung erlebten. Ich fand fast keine Worte, während ich mich still mit diesem Gedanken anfreundete, während ich gleichzeitig vor Freude strahlte. Jetzt ist der Traum endlich Wirklichkeit geworden, und nichts konnte mich mehr aufhalten. Es wurde beschlossen, dass wir am nächsten Tag alle vergangenen Ereignisse durchkämmen würden, und ich machte mich an die Arbeit.

Unser Tag endete mit dem langen, rituellen Spaziergang, der eine Erfrischung nach dem anstrengenden, aber erfolgreichen Tag brachte. Wir spazierten wieder den Dorfweg hinunter, und als ich eine Grasfläche am Wegrand erblickte, zog ich sofort meine Schuhe aus und lief mit bloßen Füßen über das Gras. Zu Hause gehe ich oft barfuss, und so war dieses kalte Gras jetzt eine wahre Wohltat. Sobald mich Braco sah, zog er auch selbst seine Schuhe aus und folgte meinem Beispiel. Wir liefen sorglos über das Gras, wie Kinder, und als die Grasfläche endete, liefen wir barfuss über den Weg, durch Staub, Schmutz und auf Kopfsteinpflaster. All dies tat sowohl unseren Füßen als auch unserer Seele wohl. Auf unserem Weg kamen wir an einem Kirschbaumgarten vorbei und kosteten frisches Saisonobst. Selbst Branko, der Professor, Tedo und das ganze Team vom Srebrnjak 1 - wir alle pflückten die süßen, frischen Kirschen. Sie bildeten die perfekte Nachspeise für den Abschluss unseres Tages.

Gespräch mit Prof. Mr. Sc. Alex Schneider,

Ingenieur, Physiker, Parapsychologe (Schweiz)

3. Juli 2009

Legende: *A* - Angelika, **D** - Dr. Schneider

A. Ich grüße Sie, Professor Schneider. Bitte sagen Sie uns zu Beginn etwas über Ihre Person, Ihre Arbeit und den Beginn der Zusammenarbeit mit Braco.

D. Ich bin Wissenschaftler. Ich befasse mich mit Naturwissenschaften und bin sehr skeptisch, wenn übernatürliche Erscheinungen im Spiel sind, aber ich erforschte sie und akzeptiere sie nun. So veranstalten wir in Basel, in der Schweiz, bereits seit Jahren einen Kongress für Grenzgebiete der Wissenschaften, den wir als "Basel PSI Days" bezeichnen. An diesem Kongress der spirituellen Heilung haben sich viele glänzende Heiler beteiligt. Eines Tages trat ein Mann aus Kroatien an mich heran und bat mich, eine DVD über Braco anzusehen, die er mitgebracht hatte. Er sagte, Braco sei eine Person, die sich nicht mit anderen Heilern vergleichen lässt. Er war ein sympathischer junger Mann und gefiel mir sofort. Deshalb schaute ich mir, als ich nach Hause gekommen war, diese DVD an und... spürte wirklich etwas! Ich, der Wissenschaftler, habe etwas gespürt, unglaublich! Obwohl ich Filme nicht mag, sah ich mir diesmal zwei DVDs an, und danach waren meine Rückenschmerzen verschwunden!

A. Nur durch Ansehen der DVDs?

D. Ja. Ich hatte wegen der Rückenschmerzen fünf Tage im Heilbad verbracht, aber erfolglos, und dann half mir das Anschauen eines Films. Unglaublich! Danach machten meine Mitarbeiterin und ich eine Reise nach Zagreb. Sie organisierte dreitägige Begegnungen der Alternative in Zürich. Wir sagten uns - schauen wir uns diesen Mann an, vielleicht könnten wir ihn zu unserem Kongress einladen. Und in der Tat! Braco erzielte in Basel großen Erfolg. Viele, viele Wissenschaftler erklärten, das Treffen mit ihm sei ein toller Erfolg gewesen.

A. Gab es bei diesem Kongress in Basel Ärzte oder Wissenschaftler, die bestätigten, dass er tatsächlich ein Phänomen ist?

D. Ja, ja, ja.

A. Haben Sie irgendwelche Untersuchungen durchgeführt über die Veränderungen, die Bracos gebender Blick verursacht?

D. Nein, das habe ich nicht. So viele Heilungen zu bewerten, das wäre eine Riesenaufgabe. Aber ich bin ohnehin überzeugt davon, dass es zu Heilungen,

Verbesserungen der körperlichen Verfassung und insbesondere der sozialen Beziehungen kommt. Das finde ich sehr interessant. Viele Personen erzählten mir, dass sie gewisse Probleme hatten, aber als sie nach Hause kamen, war alles in Ordnung. Das ist unglaublich.

A. Nach der Begegnung mit Braco wurden die Beziehungen harmonischer?

D. Ja, ja. Ich höre oft, dass eine Wendung zum Besseren eintrat, doch das lässt sich nicht erklären. Viele sagten mir auch: "Am nächsten Tag, als ich nach der Begegnung mit Bracos Blick ins Büro kam, waren alle freundlicher zu mir." Das ist wahrlich ein Phänomen. Sein Einfluss ist auch in gesellschaftlichen Beziehungen spürbar.

A. Ich spürte auch selbst etwas Faszinierendes. Obwohl ich einiges über körperliche Genesungen gehört hatte, kam ich gesund zu Braco und erlebte dennoch eine unglaubliche Wandlung in allen meinen Lebensbereichen. Auf emotioneller und geistiger Ebene, und in den Beziehungen zu meinen Mitmenschen . Können Sie das erklären?

D. Ja, dafür habe ich eine Erklärung. Ich bin sehr an moderner Physik und natürlich an modernen Theorien über die Erscheinungen auf unserer Welt interessiert, aber wir können nicht alles erklären, was im konkreten Fall vorgeht, weder mit Naturwissenschaften noch mit Technologien dieses Jahrhunderts. Dies erfordert eine moderne, eine breitere Wissenschaft. Realität ist nicht das, was wir hier erleben. Realität ist etwas Unsichtbares. Wir müssen noch einen langen Weg gehen, bis wir die Realität sehen können, deswegen müssen solche Erscheinungen untersucht werden. Es bestehen auch andere Realitäten. Eben wegen dieser Realitäten können wir nur einen Teil unserer Wirklichkeit sehen. Das ist schwer zu erklären, besonders, weil ich auch noch Englisch sprechen muss. Ich versuche es einmal so zu formulieren: Hier geht etwas vor, was nicht sein kann. Das ist die erste Behauptung. Sie kann mit der Wissenschaft dieses Jahrhunderts nicht erklärt werden. Das ist klar. Und die verschiedenen Erklärungen sind sehr interessant. Und deswegen kompliziert sich die Sache.

A. Können Sie versuchen, uns Ihre philosophische Erklärung darzulegen, wie Sie die Sache sehen?

D. Ganz einfach, es gibt diese alte Geschichte von Platon, aus dem klassischen Altertum, vielleicht ist sie Ihnen geläufig? Die Menschen lebten in der Höhle und sahen, wie sich Schatten auf der Felswand vor ihnen bewegten. Sie sahen nur diese Schatten und dachten, das wäre die Wirklichkeit. Hätten sie sich umgedreht, würden sie erkannt haben, das andere Menschen hinter ihrem Rücken vorbeigehen. So sehen auch wir Schatten, wenn wir Betrachtungen nur vom Standpunkt der modernen Wissenschaften anstellen. Manchmal müssten wir uns die Schatten von verschiedenen Seiten aus ansehen. Wenn wir alle Schatten zusammen nehmen würden, könnten wir vielleicht hinter das Geheimnis der Realität kommen, und es ist gerade Braco, der uns zu dieser Realität führt. Wir müssen uns von der Last der Dummheit befreien. Dummheit, sage ich. Denn Sie sagten ja selbst, dass sie eine Wandlung spürten.

A. Ja ,das erkannte ich auf einen Schlag...

D. Ja, das ist es. Und die Bedeutung liegt gerade darin, dass sich das jetzt abspielt, sonst ist es vorbei mit der Menschheit.

A. Man stellt mir die Frage, weshalb man das nicht lernen kann. Meines Erachtens ist das eine besondere Gabe. Fast würde ich sagen, sie kommt aus dem kollektiven Unterbewusstsein. Es ist, also dieses Bedürfnis artikuliert worden wäre, und eine Person hob sich über die anderen heraus, um diese Gabe zu bringen, um dieses Bedürfnis zu stillen.

D. Ja, das ist es. Das ist es.

A. Ich halte es für sehr wichtig, dass die Menschen begreifen, dass das Beste, was sie lernen können, ist, sich dieses Geschenk geben zu lassen.

D. Ich habe ebenfalls versucht, diese Dinge in Worte zu fassen, sie auf vernunftmäßige Gründe zurückzuführen und so weiter. Aber das Wesentliche liegt genau in dem, was Sie sagten.

A. Ich weiß, dass man das nicht wissenschaftlich erklären kann, aber ich stelle Sie vor diese Herausforderung. Gibt es eine Art und Weise, wie Sie dieses Phänomen wissenschaftlich, mittels der Physik und Quantenphysik erklären, eine Unterbewusstseinsstudie durchführen könnten, um den Menschen zu helfen, besser zu verstehen, was vorgeht?

D. Der erste Schritt wäre, dass wir uns einig sein müssen, dass ich Sie mit beiden Augen sehe, Sie sind eine schöne Frau. So sehe ich Sie, aber das sind nicht Sie. Das ist die äußere Hülle. Leider bestehen keine Sensoren, die und sehen lassen würden, wer Sie eigentlich sind. Braco führt uns genau in diese Richtung; zu fühlen, wie wir wirklich sind, und dann könnten wir mit Hilfe der Wissenschaft zumindest ein wenig der Erkenntnis näher kommen, dass der Mensch nicht nur Körper ist. Ja, der Mensch hat Verstand, doch in den Augen der Wissenschaft ist Verstand ein Teil des Körpers. Nein, der Verstand ist kein Körperteil, das ist etwas Separates. Aber es besteht auch etwas Höheres, das über den Verstand hinaus geht.

Wir bezeichnen es als Geistigkeit, aber wir wissen nicht, was Geistigkeit ist. Wir haben also zwei Ansatzpunkte, den Ihrigen, die Geistigkeit zu fühlen, oder den anderen, von verschiedenen Seiten, man könnte sagen, wissenschaftlich, nachzuweisen, dass der Mensch nicht nur äußerer Körper ist. ...

A. Ich weiß, dass die Wissenschaft sich ungern an der Erfahrung beteiligt, sondern lieber betrachtet. Doch die Quantenphysik zeigt schon, dass wir durch Betrachtung bereits zu Beteiligten der Erfahrung werden.

D. Das ist einer der Schritte auf dem Weg zum Ziel. Es ist aber nur ein Schritt.

A. Haben sich auf dem Kongress in Basel auch andere Wissenschaftler und Forscher gemeldet und bestätigt, dass etwas vorgeht?

D. Das kann man nicht unbedingt sagen. Mehr in persönlichen Gesprächen, später. Leider fehlte die Gelegenheit dazu. Aber viele traten an mich heran und sagten, "O, ja", und schilderten ihre Erfahrung.

A. Ich hörte eine Erklärung von Drago Plečko. Da unser Körper überwiegend aus Wasser besteht, wies Dr. Emoto nach, dass wir mit unseren Gedanken Wasser bewegen können. Glauben Sie, dass ein Zusammenhang besteht mit der Art und Weise, wie Braco auf das Individuum? Weshalb ist das möglich?

D. Wie ich bereits sagte, das ist nur ein Schatten der Wirklichkeit, der möglicherweise wahr ist. Ebenso wahr ist die Energie, die von Braco auf uns übergeht. Aber das ist nur eine Sichtweise. Die andere ist, dass wir eins mit Braco sind. Wenn Braco vor uns steht, sind wir eins. Es gibt keinen Raum. es gibt keine Strömung. Wir verändern uns nur auf eine Art und Weise, die Braco bereits eigen ist. Und so gibt es verschiedene Sichtweisen. Und das ist auch wieder ein Schritt, wenn wir sagen, dass Braco auf das wasser in unserem Körper einwirkt und so Veränderungen auslöst... das sind kleine Schritte zu unserem Gesamtziel. Nehmen wir zum Beispiel die Videoaufnahmen von Bracos Arbeit. Darin wird eine Information vermittelt, die wir nicht in Worte fassen können. Sie sehen die Bilder, Sie sehen die Heilung, "O, welch wundersame Genesung", aber diese Videoaufnahmen enthalten etwas, das auch Sie heilen kann. Alle haben von Homöopathie gehört, da gibt es kein Wunder, denn es setzt sich aus Informationen zusammen. So auch in diesen Videoaufnahmen; seine Heilung ist ein Informationsabgleich.

A. Viele von Bracos Besuchern kaufen diese Videos und Bücher. Sie gebrauchen dieses Material als Unterstützung im Heilungsprozess, der mit dem Besuch der Begegnungen angestoßen wurde.

D. Genau wie bei der Homöopathie.

A. Nun erfuhr ich, dass die Menschen in Gruppen kommen, um Bracos aufgezeichnete Stimme zu hören. Braco ist nicht einmal anwesend. Nur durch das Hören seiner Stimme kommen sie zu der gleichen Heilungsebene?

D. Manchmal. Je mehr Ebenen man berührt, desto besser. Das ist dasselbe wie die bereits bekannte Fernheilung. Viele Heiler legen Ihnen die Hand auf, berühren Ihre Schulter und Ähnliches. Es gibt auch die Fernheilung. Der schaut nur ein Foto an und kann wirken. Das ist in Ordnung, falls man keine andere Wahl hat. Ich stehe lieber vor Braco, höre ihm lieber zu, verbringe einige Zeit in seiner Gesellschaft. Natürlich, wer diese Gelegenheit nicht hat, kann sich auch ein Video ansehen.

A. Es muss eine große Herausforderung für unseren Verstand sein, zu verstehen, wie Braco das macht, was er bei solchen Fernbegegnungen vollbringt; er sieht keine Fotos, keine Menschen an, er ist nicht einmal anwesend. Die Wirkungsweise des Heilers, der auf das Foto schaut und heilt, unterscheidet sich von dem Phänomen Braco, der das nicht macht und doch Ergebnisse erzielt.

D. Sehen Sie, in der Theorie sendet er einen Kraftstrom aus, aber gestatten Sie mir, New York als Beispiel zu nehmen - so lässt sich das erklären, obgleich nicht auf beste Weise. Wenn sich dort die Menschen ein Video ansehen, stehen sie gewissermaßen ebenfalls mit Braco in Kontakt.

A. Ich glaube, Braco ist eine Herausforderung für die Zivilisation, da weltweit die Meinung vorherrscht, die Dinge müssten allmählich verändert werden. Das lässt sicht nur schwer ändern. Was aber Braco in unser Leben bringt, ist ein Geschenk, das uns auf einen Schlag verändert, wir müssen nur offen sein, um es empfangen zu können. So einfach ist das.

D. Das ist eine Folge der falschen Auffassung von Ursachen und Folgen; das ist die alte Denkweise, dass es für alles eine Ursache geben muss. Nein, nein, nein, das gilt nur für die Naturwissenschaften, wenn es um Dampfmaschinen und Elektronik geht, aber es gilt nicht für unser persönliches Leben. Auf unserer menschlichen Ebene können sich die Dinge schlagartig verändern.

A. Ja, es ist, als ob man etwas aus der Gleichung nimmt; die lineare Denkweise wird aus der Gleichung genommen, und nun ist alles in einem spontanen Augenblick möglich.

D. Ja, aber man muss einräumen, dass vor allem während der Begegnung etwas in einem vorgeht, man jedoch nicht fühlt, was vorgeht. Wenn man dann nach Hause kommt, dringt dieses Etwas langsam in den Körper ein und heilt ihn. Manchmal braucht es für die Heilung etwas Zeit, manchmal nicht.

A. Aus eigener Erfahrung gesprochen, ich fühlte, dass sich meine Problemsituationen nach der Begegnung mit Braco über Tage, Wochen, sogar Monate hinweg auflösten. Ich kam mit Dingen ins Reine, die mir völlig unklar und verworren erschienen; schlechte Beziehungen besserten sich, vieles wurde mir klarer. Etwas schien in mir aufgeflammt zu sein, was mir Antworten gab, die mir bisher versagt waren. Ich glaube, was Braco in uns weckt, ist ein absolut faszinierendes Phänomen - er weckt den Heiler in uns selbst.

D. Ja, ich sehe das auch so.

A. Was meinen Sie, was könnte dies alles für die Welt bedeuten? Im weiteren Sinne ist das eine Gelegenheit, die sich uns bietet.

D. Ja, noch ein kleiner Schritt in der kommenden Phase, und alles wird zusammenpassen. Das könnte bedeuten, dass die Gruppen noch viel größer werden. Braco betont immer, man solle Fotos mitbringen, von Großeltern und anderen Angehörigen, und so vergrößert sich die Zahl der Menschen ebenfalls.

A. Ja, wer sein Leben besser lebt, beeinflusst auch seine Mitmenschen positiv.

D. Ja, so kann gewissermaßen die ganze Nation verändert werden, eigentlich auf die einzige heutzutage mögliche Weise. Andernfalls ist es, wie ich schon sagte, vorbei mit der Menschheit.

A. Faszinierend ist, wie viele Menschen sagen, dass wir etwas brauchen, was die Welt verändern wird. Und das brauchen wir schnell, um unser Weltbild zu ändern und unser Bewusstsein, das eine Harmonie mit allem geschaffen werden kann, besonders mit der Natur.

D. Ja, besonders mit der Natur.

A. Und dann hört man plötzlich von einem Heiler aus Kroatien, der durch Europa reist und etwas gibt, ein Geschenk der spontanen Genesung und des Wandels.

D. Ja, ja.

A. Und was kommt danach? Was ist mit Braco alles möglich?

D. Schlecht daran ist, dass sich der Bewusstseinsgrad der Gesellschaft zur Frage "Wie ist so ein Ereignis möglich?" nicht verändert. "Ich stehe jetzt vor Braco, und am nächsten Morgen werde ich von allen meinen Mitmenschen anders behandelt. Das ist Unsinn". Genesung, ja. Das kann man verstehen, denn heutzutage hört man viel über die Alternative, und das ist auf gesellschaftlicher Ebene besser verständlich. Und doch, für das, was bei Braco geschieht, ist eine modernere Weltanschauung vonnöten. Sie sagten selbst, dass Raum und Zeit eine Realität ist, solange ich hier arbeite, esse, spazieren gehe und so weiter, aber das ist nicht die wahre Realität, in der wir uns befinden. Als menschliches Wesen lebe ich nicht mit meinem inneren Ich in der Welt des Raums und der Zeit, oder so ähnlich. Das müssen wir endlich begreifen; dann wird sich auch die ganze Welt verändern lassen.

A. Ich glaube, dass wir Menschen, wo immer wir auch leben, gelernt haben, unsere Gefühle zu prüfen. Wir haben gelernt, sie zu analysieren, sie mit dem Verstand zu erfassen und sie in unser Leben einzupassen. Aber bei der Begegnung mit Braco muss man scheinbar offen sein, um das Gefühlte zu akzeptieren...

D. Ja, so wäre es richtig.

A.... zu akzeptieren, was man entgegennimmt. Glauben Sie, dass dies in Zukunft einen Einfluss auf die Wissenschaft haben wird?

D. Ja, vielleicht wird es die Wissenschaft inspirieren. Sehen Sie, diese gesellschaftlichen Veränderungen, von denen die Menschen sprechen, sie treten auch wirklich ein. Deshalb könnten Wissenschaftler sagen - Ach ja, hier haben wir eine Erfahrung für unsere neuen Ideen. Die moderne Wissenschaft ist sehr kompliziert. Ich bin Ingenieur, aber in der Physik, ich kann moderne Wissenschaft nicht durchschauen, weil sie so verworren ist. Und viele andere können es auch nicht. Vielleicht können Sie gewisse Resultate der modernen Wissenschaft begreifen und sie miteinander verbinden.

A. Was haben Sie bei Ihrer Arbeit mit Braco in den letzten drei Jahren herausgefunden?

D. Ich wusste wirklich nicht viel über ihn, als ich ihn zum ersten Mal traf. Er ist ein sehr liebenswerter Mensch, und man muss ihn einfach gern haben. Das ist für mich immer ein Zeichen, dass es sich um einen besonderen Menschen handelt. Ich habe viele Heiler kennen gelernt, die gute Ergebnisse erzielten. Obwohl ich sie bewundere, muss ich zugeben, dass sie manchmal unangenehm sein können. Diese Heiler, die Gesundungen wirklich angegriffener Körper herbeiführen; dennoch würde ich betonen, dass dies einer der möglichen Wege ist. Ich möchte nicht sagen, dass der Heiler nicht so gut ist. Der Arzt ist die erste Ebene. Dann kommt der Heiler. Beide beheben gewisse Dinge, aber das Wahre wäre, wenn man die Menschen auf so eine Stufe bringen könnte, auf der Krankheiten und andere Probleme nicht mehr existieren. Es gibt sie einfach nicht. Das ist wie ein Zimmer oder Raum, und wie Sie selbst sagten, die Zeit existiert nicht auf höherer Ebene. Demnach gibt es dort auch keine Krankheit. Ebenso gibt es dort auch keine Tasse Kaffee. Sie existiert einfach nicht.

A. Ich hörte, dass Braco sagt, er könne seine Gabe nicht erklären.

D. Ich weiß. Und er muss es auch nicht, wenn er sie hat... wer sie hat!

A. Er akzeptiert einfach, das etwas Großes geschieht und nimmt diese Rolle einfach an?

D. Ja, ja. Wenn man diese höhere Ebene akzeptiert, dann geht alles in Ordnung.

A. Ja, das ist wahr. Ich bemerkte das in seiner Natur und Energie.

D. Ja, das ist der Nachweis seiner Ebene... es ist nicht die Ebene des Essens, obwohl man essen muss. Auch nicht die Ebene des Nachdenkens, obwohl man natürlich denken muss. Es ist aber auch nicht die Ebene der Gefühle; obwohl Gefühle natürlich existieren. Aber über all dem gibt es noch die Stille, die

Harmonie und so weiter. Und ich würde sagen, Braco ist dort. Das glaube ich. Ich habe diese Gedanken noch nie mit jemandem geteilt - außer mit Ihnen.

A. Danke schön. Danke. Ich glaube, ein weiterer Aspekt seiner Kraft ist auch noch interessant. Er hielt Begegnungen ununterbrochen aufrecht, volle 36 Stunden. Er kann unendlich lange mit seinem gebenden Blick vor dem Publikum stehen. Wie ist das möglich?

D. Gerade deshalb, weil er sich auf einer höheren Ebene befindet.

A. Die meisten Heiler brennen nach einer großen Zahl von Begegnungen aus, weil die Energie in ihrem Körper aufgebraucht ist und sie sich erholen müssen. Aber bei Braco habe ich niemals gesehen, dass er sich erholen müsste.

D. Gewöhnlich wirkt der Heiler mit seinen Gedanken und eigenen Gefühlen. Natürlich, vielleicht steht auch er unter dem Einfluss geistiger Energie, aber an einem Punkt ist auch seine Energie erschöpft. Aber, wenn man dann am richtigen Ort ist ...

A. Es scheint fast so, als habe Braco seine eigene Persönlichkeit oder sein Ego aus der Gleichung genommen, um diese Ebene zu erreichen, die mehr ist als er selbst. Ich weiß, dass das nicht völlig erklärt, warum er im Stande ist, 36 Stunden zu stehen und auch weiter voller Kraft ist und weiter machen kann.

D. Wir müssen all diese kleineren Elemente zusammensetzen, und dann begreifen wir vielleicht mit der Zeit, was wirklich vorgeht. Wenn man nur ein Elment erwähnt, wie etwa, dass eine Person von Krebs geheilt wurde, dann werden viele sagen – O ja, das ist möglich, aber da gibt es noch einen Heiler, der das kann. Mann muss all diese Erkenntnisse zusammenfügen, und dann wird man es wissen.

A. Ja, das ist es. Viele Heiler arbeiten auf dieser Ebene, dass jemand schlagartig von einer Krankheit, Krebs und Ähnliches, geheilt ist. Aber auf der Skala, was zwischen den Menschen vorgeht, scheint es nichts Vergleichbares zu geben?

D. Ja, aber bei Braco zählt man nicht nur Fälle körperlicher Gesundung, da existiert etwas noch Höheres. Das letzte Mal meldeten sich Teilnehmer der Begegnungen mit Braco bei mir und sagten alle: "Ich fühle mich besser." Ich paraphrasiere, alle fühlten sich besser.

A, Und das ist der Begegnung zuzuschreiben?

D. Ja, ja.

A. Ich kann aus eigener Erfahrung sagen, dass ich spüre, buchstäblich mehr Licht in mir zu haben, und ich denke darüber nach, wie es wohl Braco geht, den nur im letzten Jahr über 200.000 Menschen besuchten. Sie alle spüren, dass sie mehr Energie, mehr Güte, mehr Heiterkeit haben, wie immer man dieses innere Gefühl auch beschreiben mag. Wird das vielleicht exponentiell ansteigen und sich auf verschiedene Länder auswirken, und dann vielleicht auf die ganze Welt?

D. Ja.

A. Gibt es Forscher, die das verfolgen und beobachten, um das Phänomen besser zu verstehen, oder ist das noch immer etwas, was die wissenschaftliche Gemeinschaft nur vorübergehend akzeptiert?

D. Noch einmal, für akzeptierte Heilungen bestehen wissenschaftliche Methoden; man sammelt Informationen und versucht zu beweisen, dass es zu Fernheilungen oder zu Heilungen durch Berührung gekommen ist. In vielen Fällen sagten die Ärzte: "Mit Ihnen ist es aus, Sie werden in 14 Tagen sterben, es gibt keine Rettung für Sie." Es gibt wissenschaftliche Ansätze, ja. Die aber nicht zu einem Verständnis führen, was hier wirklich vorgeht, denn Wissenschaftler arbeiten gewöhnlich im Rahmen der alten Naturwissenschaften, und auf diese Weise lässt sich das hier nicht verstehen. Sie können nicht die Medizin heranziehen, um zu erklären, warum ein Krebskranker auf diese Art geheilt wurde. Deswegen geben Mediziner vorerst nur zu, dass es sich hier um interessante Fälle handelt, die sie nicht verstehen. Ihr Standpunkt ist - Lassen wir diese Heiler nur machen, wenn sie uns großen Medizinern helfen können.

A. Es gibt viele DVDs und Filme über Braco und seine Arbeit. Darin erzählen uns viele Menschen, wie sie lange in ärztlicher Behandlung waren und dann, nach der Begegnung mit Bracos Blick, auf wundersame Weise gesund wurden. Das bestätigten auch ihre Ärzte. Wer mehr über Braco erfahren will, sollte sich deshalb am besten die DVDs mit wahren Berichten und Erfahrungen anschauen, die für sich selbst sprechen - damit sie das direkt von den betroffenen Menschen hören.

D. Es war eine gute Idee, diese Geschichten auf Video zu bannen, denn sie sagen mehr über den Heileffekt aus als langweilige statistische Angaben. Wenn die Person aus tiefster Seele sagt: "Ich war schon abgeschrieben, und jetzt geht es mir gut", dann ist das gut. Aber als Mann der Wissenschaft würde ich natürlich sagen, es wäre am besten, wenn Wissenschaftler nach Zagreb kommen und all diese Berichte sammeln würden, die es in großer Zahl gibt… und sie dann klassifizieren und nach einer Prüfung ein dickes Buch darüber schreiben. Doch das wäre eine Riesenaufgabe. Und man würde nur feststellen, dass es tatsächlich zu den Heilungen gekommen ist. Deswegen bin ich daran nicht sonderlich interessiert. Ich möchte wissen, wie und warum das geschieht. Dafür brauche ich keine 10.000 Fälle, obwohl das interessant wäre.

A. Es wäre interessant, doch der springende Punkt ist, dass der Mensch aufgeschlossen sein muss, um das Phänomen zu erleben. Das ist das Wesentliche. Manche Personen wurden ohne Rücksicht darauf geheilt. Sogar manche Personen, die daran zweifelten und dachten: "Das bringt mir nichts, was mache ich überhaupt hier?" Gerade von solchen Skeptikern hörte ich, sie hätten die unglaublichste Heilung erlebt! Erst später fanden sie heraus, dass ihnen etwas sehr Bestimmtes widerfahren war, trotz ihrer Ungläubigkeit.

D. Ja, ich weiß eine Geschichte aus den Vereinigten Staaten, über einen Mann, der versehentlich den falschen Saal betrat, nicht bei Braco, bei einem anderen Heiler. Eigentlich wollte er sich bei einer Wahlveranstaltung beteiligen, aber er wählte den falschen Saal, weil er taub war. Genau in dem Augenblick sagte der Heiler, dass alle Gehörlosen geheilt sein werden. Und er hörte.

A. Unglaublich.

D. Ja, und dabei hatte er den Saal verfehlt. Vielleicht war es doch die richtige Wahl. Das kann auch hier passieren. Ein Mann tritt ein, "Das ist Unsinn, meine Freundin wollte unbedingt, das ich komme, sie hat mich dazu überredet". Und dann wird er gesund.

A. Diese vielen verschiedenen Fälle scheinen darauf hinzuweisen, dass wir die Dinge im Grunde genommen nicht in der Hand haben. Wir kommen zur richtigen Zeit zum richtigen Ort, aber erst, wenn wir bereit sind. Und dann geschieht tatsächlich etwas Unwirkliches.

D. Ja, so ist es.

A. Ungeachtet dessen, ob wir daran glauben oder nicht, es passiert doch.

D. Was wir aber gerne möchten, ist, dass sich die Menschen öffnen, aber vielleicht haben Sie Recht, vielleicht ist das nicht notwendig.

A. Zu Beginn reicht womöglich eine Kostprobe von dem, was geboten wird. Ich bin sicher, dass die Menschen dann wieder kommen. Begegnung nach Begegnung, wann immer Braco da ist, denn sie spüren, dass er ihnen immer mehr gibt.

D. Mit den wiederholten Besuchen beginnen sie ihre Gedanken und Gefühle immer mehr zu kontrollieren und erreichen schließlich einen offenen Geisteszustand. Das ist es, wovon man spricht.

A. Vielleicht bekommt der Mensch gerade so viel, zu wie viel er zu einem bestimmten Zeitpunkt bereit ist. Wie viel er ertragen kann, wegen den Veränderungen, zu denen es kommt.

D. Ja. Das hörte ich oft von guten Heilern... "Ich muss aufpassen, wenn ich jemandem zu viel gebe, wird er verrückt. Manche Menschen kommen mit zu viel Offenheit und zu vielen Begegnungen nicht zurecht". Und manche fühlen sich vielleicht nach jedem Besuch ein wenig besser, und so weiter. Und dann, nach zwei Jahren...

A. Das weiß ich aus eigener Erfahrung. Ich spürte, dass meine Träume und Hoffnungen wiederkamen, die ich vor langer Zeit aufgegeben hatte. Sie sind wieder ein Teil von mir. Aber ebenso wurde mir klar, dass ich stärker werden musste, um alles Negative, das ich angehäuft hatte, abzuwerfen, denn ich dachte, diese Dinge seien mir. Und da ich dieses Geschenk endlich bekommen habe, muss ich jetzt die Kraft finden - was ich der Energie zu verdanken habe - alles zu akzeptieren, was erforderlich ist, damit sich mein Leben verändert, denn erst dann wird dieses Geschenk seine volle Wirkung entfalten. Es führt zu einem Wandel, und ich weiß, dass es geschehen kann, sehr schön und sehr leicht, was mich betrifft. Die Kraft wird mit dem Akzeptieren stärker, und wir können viel mehr, als wir denken.

D. Ich muss sagen, Sie zeugen auf hervorragende Weise von dem, was bei Braco vor sich geht. Ich hörte mir einige Zeugnisse auf DVD an, habe aber noch nie eine so gut formulierte Bekundung gehört, wie von Ihnen.

A. Danke schön. Ich wollte Sie noch fragen, was Sie von Bracos Sonnensymbol halten, das auch von Ivica, Bracos Mentor, benutzt wurde. Wissen Sie etwas über dieses Symbol, und in welchem Zusammenhang steht es mit diesem Phänomen?

D. Leider erlebe ich solche Dinge nicht gerade leicht, deshalb habe ich keine persönlichen Erfahrungen mit dem Sonnensymbol, aber wie ich bereits im Zusammenhang mit der Homöopathie sagte, darin steckt Information... eine sehr mächtige Information. Und es ist klar, wenn jemand solchen Informationen gegenüber offen ist, sollte er das Symbol haben.

A. Ich hörte Menschen berichten, sie hätten diesen goldenen Sonnenanhänger ihren Liebsten mitgebracht, die krank waren, nur damit sie das Symbol bei sich tragen.

D. Ja, denn die Information darin ist dieser Person zugedacht. Bei einer anderen Person würde es vielleicht keine Wirkung zeigen. In vergangenen Zeiten hatte wir Amulette... weise Frauen gaben Menschen Amulette. Sogar die Kirche, das tut auch die Katholische Kirche. Die Jungfrau Maria ist auf dem Amulett, man trägt sie als Anhänger - wieso nicht auch die Sonne?

A. Das ist also generell nur eine Verstärkung dessen, was in den Menschen vorgeht?

D. Ja. Zweifellos geht etwas vor, wenn jemand jemandem den Sonnenanhänger schenkt, aber ich verstehe nicht, wie diese Information durch die Sonne vermittelt werden kann... über das Sonnensymbol zum Kranken?

A. Da haben wir also noch ein Mysterium, zusätzlich zu dem Alles-Mysterium.

D. So ist es; wir sehen nicht die Realität, sondern nur Schatten.

A. Sind wir auf etwas gestoßen, was wir zum jetzigen Zeitpunkt nicht verstehen können?

D. Es ist schon einigermaßen verständlich... Nehmen wir, zum Beispiel, ein Gebäude und zeichnen wir dessen Schatten. Wenn man es von verschiedenen Seiten zeichnet, muss das Gebäude schließlich so aussehen. Jemand kann ein Rechteck bekommen und fragt sich, was das wohl ist. Man sieht Schatten, verschiedene Schatten, das ist alles. Das ist die wissenschaftliche Denkweise.

A. Sie haben Braco in andere Länder eingeführt?

D. Ja, langsam, nach und nach.

A. Wenn Braco seine Arbeit über die Grenzen Europas hinaus ausweitet, was glauben Sie, wohin wird das führen? Und welche Rolle spielen Sie dabei?

D. Das war nie meine Denkweise, ich bemühe mich nur, in meiner gegenwärtigen Stellung mein Bestes zu geben.

A. Wir tragen also alle unseren Teil bei.

D. Ja, ich finde es sehr wichtig, dass er sich mit guten Menschen umgibt, die eine gute Philosophie haben - wie Sie. Ich bin überzeugt, dass Sie viele Menschen anziehen und Braco in einer guten Philosophie vorstellen werden, nicht nur als Heiler. Natürlich suchen alle in ihm zunächst den Heiler - " Ich gehe zu Braco, er wird mich heilen." Das ist der erste Gedanke.

A. Ich finde es wirklich unglaublich, dass Braco auf seiner ersten USA-Reise gerade Las Vegas in Nevada gewählt hat. Das ist der am wenigsten geistige Ort in den Staaten, den man sich vorstellen kann. Es scheint, als ob sich das Universum einen Scherz erlaubt und ihn vor eine Prüfung gestellt hat. Und doch hatte er großen Erfolg, und die Menschen kamen, um Braco zu sehen, obwohl dort auch ein Kasino war. Während den Begegnungen mit Bracos Blick hörte man aus dem Nebenraum das Rattern der Geldspielautomaten. Trotzdem leistete Braco gute Arbeit, und später erzählten die Besucher ihren Freunden, welch unglaubliches Erlebnis sie gehabt hatten. Das ist wirklich ein Phänomen.

D. Es ist so, dass Braco keine Mühen scheut, auch nicht die Arbeit in einem Kasino. Andere Heiler würden sagen, "O nein, in so schlechten Schwingungen von Las Vegas könnte ich nie arbeiten. Die Geister und die heiligen Geister, würden einen großen Bogen um Las Vegas machen." Aber Braco scheute nicht davor zurück. In der Bibel steht geschrieben, dass Jesus sich dorthin begab, wo es notwendig war.

A. Lassen Sie uns das Gespräch mit diesen Worten beenden. Ich möchte Ihnen wirklich Danken, Dr. Schneider, für die Zeit, die Sie heute für mich übrig hatten. Es war mir ein wahres Vergnügen. Vielen Dank.

Kapitel 5

6. Tag - Samstag, 4. Juli 2009

Deutschland - Kraichtal

Braco begrüßte mich herzlich an diesem Morgen, und wir tranken zusammen einen Espresso, während die anderen noch schnell Vorbereitungen für die bevorstehenden Ereignisse trafen. Es faszinierte mich immer wieder, wie er sich um die kleinsten Einzelheiten in der Organisation der Begegnungen kümmerte. Er wusste den ganzen Tagesplan auswendig und war zu jeder Zeit über jedes Detail im Bilde. Sein Geist ist rein, und so kann er schnelle Entscheidungen treffen, die sich immer als richtig herausstellen. Er wird von allen Teammitgliedern als tonangebende Person erachtet und trägt diese Rolle mit Würde. Doch er schätzt Personen sehr, die eigenständig denken und bei Bedarf die Initiative übernehmen. Solche Eigenschaften sind bei den Veranstaltern von Begegnungen an den neuen Zielorten wünschenswert.

Während wir darauf warteten, dass sich die Gruppen bilden, sprach ich mit Detlev und Jelena, meinen Deutschübersetzern. Detlev ist gebürtiger Deutscher, der Braco über ein Jahr lang auf seinen Reisen begleitete und ihn den Gruppen vorstellte. Ihn hatte eigentlich die Gemahlin dazu überredet, an einer Begegnung dabei zu sein, und danach schloss er sich dem Team an. Jetzt arbeitet er als Leiter in einem internationalen Unternehmen. Dennoch setzte er seine Zusammenarbeit an den Webseiten fort und schließt sich Braco an, wann immer es seine Verpflichtungen zulassen. Detlev war sehr freundlich und ein guter Gesprächspartner. Seine hervorragenden Englischkenntnisse halfen mir sehr bei der Verständigung mit meiner Umwelt.

Jelena, die als Gerichtsdolmetscherin tätig ist, kam einige Zeit lang regelmäßig zu Bracos Begegnungen, dann kam es zur Zusammenarbeit und schließlich zur Freundschaft mit Braco. Ihre Haltung verriet eine deutsche Zurückhaltung, die sich jedoch auflöste, nachdem sie Braco am Tag zuvor gebeten hatte, meine Übersetzerin zu sein. Das hatte sie noch nie in einer ähnlichen Situation gemacht. Sie willigte freundlich, wenn auch etwas ungläubig, ein und betrat die Bühne mit einem Schulterzucken, als ich ihr versprach, klar und in kurzen Sätzen zu sprechen. Jelena war die Verkörperung deutscher Entschlossenheit, besaß aber auch eine Wärme und Einfühlungsvermögen – Eigenschaften, die ihre Persönlichkeit ins Gleichgewicht brachten, wie man es von einer Person verlangt, die in Zukunft eine bedeutende Rolle mit Braco spielen kann.

Ich spürte ihre leichte Nervosität, die sie sich aber nicht anmerken ließ. Ich war ihr dankbar und hatte das Gefühl, dass dies eine wertvolle Erfahrung für uns beide sein wird. Gestern musste sie überraschend für eine Gruppe übersetzen und war unvorbereitet, doch heute hatte sie sich besonders schick gemacht, mit einer weißen Faltenbluse und auffallenden blauen Ohrhängern. Wir sprachen schon wie langjährige Freundinnen miteinander; sie strahlte eine besondere, aus der Energie der neuen Erfahrung hervorgehende Herzlichkeit aus. Sie freute sich mehr und strahlte buchstäblich nach Abschluss der Begegnung.

Professor Alex Schneider hielt ebenfalls eine Präsentation über wissenschaftliche Gesichtspunkte und spirituelle Implikationen der Begegnung. So trugen wir beide unseren Teil dazu bei, dass sich die Besucher für Bracos gebenden Blick öffnen, bevor er selbst vor sie trat. Wir arbeiteten perfekt als Team zusammen und halfen mit, Herzen zu öffnen, als beste Vorbereitung für Bracos Blick. Ich spürte nochmals eine tiefe Verbundenheit mit der deutschen Gruppe und war überrascht von dem warmen Gesichtsausdruck der Besucher, was für diese Nation recht ungewöhnlich ist. Die Gesichter der Besucher in ihren Zwanzigern freuten mich besonders; sie waren offensichtlich stark von der Energie beeindruckt.

Ich nahm mein Laptop nach unten, um mir die bisherigen Ereignisse zu notieren und so mit dem Abenteuer der Stoffsammlung für mein Buch zu beginnen, das bei Braco ebenfalls eine freudige Erwartung auslöste. Ich freute mich auch, fühlte mich aber irgendwie klein im Vergleich zu der Größe der mir bevorstehenden Aufgabe. Braco saß mir gegenüber, während ich tippte. Obwohl er wollte, dass ich schreibe, verwickelte er mich gleichzeitig in ein Gespräch. Meine Fähigkeit, zu sprechen und gleichzeitig zu tippen, beeindruckte ihn, und ich hob jedes Mal den Kopf, wenn wir ein neues Thema ansprachen. Leider erwies sich der Rechner als unzweckmäßig für die gemeinsame Zusammenfassung der Tagesereignisse, und so zückte ich ein rotes Notizbuch, das mir als Erinnerungsstütze dienen sollte, aber später nahm ich es als Ersatz für das Laptop und notierte mir darin sämtliche Ereignisse während meines gesamten Aufenthaltes. Dieses Notizbuch wurde mein ständiger und treuer Begleiter; ich benutzte es, wann immer ein Ereignis, eine Geschichte der Besucher oder Teile des Gesprächs mit ihnen zu notieren waren.

Tief in meinem Herzen begann ich Braco in einem anderen Licht zu sehen: Ich hoffte so sehr, dass er auf die ganze Welt einwirken würde, und war unter dem Einfluss dieser Vision voller Ehrfurcht. Das Gespräch mit Dr. Schneider hatte mir diese neue Perspektive eröffnet. Jetzt sah ich einen Menschen, der so natürlich, ruhig, geistreich und spontan; ich empfand neuen Respekt für diesen hohen Preis der Berufung, die vielen Menschen zum Leuchtfeuer wurde. Das ist eine ungeheuer große Verantwortung, vor der die meisten zurückschrecken oder sie als zu große Last empfinden würden, aber Braco hat ein perfektes

Gleichgewicht zwischen dem Erdendasein und etwas weit Höherem geschaffen. Braco gibt ein Beispiel; er ist wie die Kinder dieser Erde, die am reinsten sind, weil sie aufrichtig fühlen können. Wie sie hat auch Braco dem Leben nicht den Rücken gekehrt und quält sich nicht mit Entschuldigungen und Gründen für die eigene Beschränkung, stattdessen hat er dem natürlichen Lauf des Lebens Grenzen auferlegt.

Während wir uns an die Ereignisse der vergangenen Tage zurückerinnerten und ich fleißig Notizen machte, half mir Braco mit den Städte- und Personennamen. Inmitten einer Begegnung hatte mir eine Frau eine duftende, elegant eingewickelte weiße Rose überreicht. Es handelte sich um eine Frau aus Kroatien, aus einer Gruppe, vor der eine einleitende Rede gehalten hatte. Sichtlich erfreut erklärte mir Braco, Weiß sei ein Symbol der Reinheit, und die Kroatin habe mir damit ihre Achtung erwiesen. Am folgenden Tag, trug ich diese Rose an meinem Kleid, als Zeichen der Dankbarkeit. Das war ein weiteres Zeichen, dass ich eine Beziehung zu den Besuchern aufgebaut hatte, und dafür war ich dankbar.

Nach einer der Begegnungen kam Rudi zu mir und sagte, er habe mit einer Frau gesprochen, die ebenfalls auf den Hawaii-Inseln lebt. Überrascht fragte ich, ob sie noch da sei, und so suchten wir sie und fanden sie auf der Restaurantterrasse. Ihr Name war Margrit; sie war Psychiaterin, die ein halbes Jahr in der Schweiz lebte und die andere Jahreshälfte auf der Großen Insel, in der Stadt Oahoa verbrachte. Sie freute sich, mich kennen zu lernen, und teilte mit mir den Traum von Bracos Hawaii-Reise, wo er seine gute Energie ausstrahlen könnte. Auf Hawaii arbeitete sie mit Veteranen und armen Eingeborenen, und wir schmiedeten sofort Pläne über Begegnungen mit Bracos Blick auf einem speziell für diese zwei Gruppen veranstalteten Kongress, denn sie brauchten ebenfalls viel Hilfe in ihrem Leben. Auf meinen Reisen machte ich viele Bekanntschaften, was der synchron wirkenden geistigen Symmetrie zu verdanken ist.

Konventioneller- und traditionellerweise sucht die Mehrheit der Besucher Bracos, hier wie auch in anderen Ländern, nicht unbedingt nach Geistigkeit. Ihnen ist die Erfahrungswelt der hinduistischen Philosophie, der Vipassana-Meditation und des Tai Chi fremd. Nur wenige befassen sich mit Meditation und Yoga; und dennoch sind Doktoren der Medizin, Psychologen, Zahnärzte, Popsänger, Anwälte und Wissenschaftler aus verschiedenen Gebieten unter den Besuchern, um mit der Masse zu verschmelzen und die Energie des Blicks zu spüren und aufzunehmen. Mehrmals am Tag treten Einzelpersonen vor die Gruppe und wollen die Geschichte ihrer Heilung mit ihr teilen. Braco hat seinen Besuchern niemals geraten, die ärztliche Behandlung aufzugeben oder ihren

Arzt zu verlassen. Eben deswegen existieren so zahlreiche gut dokumentierte Fälle, die von Experten wie Professor Schneider oder Drago Plečko untersucht werden könnten.

Ich sprach mit vielen Personen, die sich verschiedener Probleme mit dem Rückgrat entledigen konnten. Mehrere Mütter erzählten mir, ihren Töchtern sei medizinisch festgestellt worden, dass sie niemals Kinder haben können, doch nach einer oder nach mehreren Begegnungen mit Bracos Blick hätten sie gesunde Kinder zur Welt gebracht. Depressionen sind ebenfalls weit verbreitet, die durch Bracos Kraftstrom verfliegen; es wird nicht nur auf mysteriöse Weise die körperliche Chemie ins Gleichgewicht gebracht, der Körper wird auch von einer Kraft und Entschlossenheit durchströmt, die emotionale Stabilität schafft. Es gab auch Fälle, dass Behinderte aus ihren Rollstühlen stiegen und gehen konnten, oder wieder sehen konnten, oder ihre finanziellen Schwierigkeiten wieder in den Griff bekamen. Die Geschichten haben wahrlich kein Ende und reichen von geheilten Alkoholikern bis zu geretteten Ehen.

Am See

Wir beendeten den Arbeitstag um fünf Uhr nachmittags und stürmten alle sofort auf unsere Zimmer, wo wir unsere Badehosen und Badekostüme anzogen. Da ich vorher schon erwähnt hatte, baden gehen zu wollen, sagte man mir, dass es einen See in der Nähe gibt. Sofort wurde ein Ausflug geplant, und wir waren jetzt schon auf dem Weg dahin. Ich hatte Braco und die anderen oft aufgezogen, dass ich sie auf Hawaii zum Schwimmen mit Delphinen, Walen, Haien und Schildkröten mitnehmen werde. So wussten alle, dass ich eine erfahrene Schwimmerin bin, die das Meer kennt. Bei der Erwähnung von "Braco" und "im Meer Schwimmen" blickten Branko und Miki etwas besorgt und baten mich inständig, auf ihn aufzupassen. Ich schwor, dass ich ihr kostbares Idol unter meine größtmögliche Obhut nehmen werde.

Der ländliche, nur über ein Feld erreichbare See begeisterte mich nicht sonderlich, als wir am Parkplatz ausstiegen. Hier erwartete uns ein schön eingerichteter Strand, auf dem es von Badegästen nur so wimmelte. Der Park am See bot eine Unzahl von Erfrischungsständen mit Kaffee und lokalen Spezialitäten. Jemand aus unserer Gruppe besorgte die Eintrittskarten, und wir gingen am Sandstrand und an zahlreichen hölzernen Sprungbrettern vorbei. Überall auf dem umzäunten Strand lagen hunderte von Badegästen, die wir umgehen mussten auf der Suche nach einem geeigneten Platz, wo es Kaffee gab, den Branko in Ruhe trinken würde, da er nicht die Absicht hatte, ins Wasser zu gehen und mit uns zu schwimmen. Nur er und Sead verzichteten auf die Badefreuden, während Braco, Professor Alex, Detlev, Rudi und ich froh waren, ins kühle Nass zu springen und das Wasser zu genießen.

Nachdem wir unsere Sachen verstaut hatten, waren Braco und ich die ersten im See. Wegen Brankos und Mikis Beklommenheit wusste ich nicht so genau, ob ich wirklich auf Braco aufpassen musste, oder nicht. Ich sagte ihm dann doch, dass ich im See auf ihn Acht geben werde, doch das zeigte sich recht bald als unnötig, weil er sich als ausgezeichneter Schwimmer erwies. Später begriff ich, dass er unter guten Schwimmern am Meer aufgewachsen war und viel Zeit im Wasser verbracht hatte, und es freute mich, eine verwandte Seele für die Freude des Schwimmens, meines Lieblingsvergnügens, gefunden zu haben. Er hielt ein gutes Tempo im Freistil, und ab und zu drehten wir uns auf den Rücken und plauderten ein wenig, bevor wir weiterschwammen. Wir verbrachten fast den ganzen Tag Schulter an Schulter durch den See schwimmend, und danach fühlte ich mich gebadet und frisch, und Braco sah zufrieden aus.

Am Ufer angelangt, begriffen wir, dass wir die Stelle verfehlt hatten, wo unsere Gruppe sitzt, und so mussten wir um den halben See herum marschieren, um sich ihnen wieder anzuschließen. Als er uns näher kommen sah, begann Sead, uns sofort zu filmen, und in einem Moment der Ausgelassenheit packte ich eine Handvoll Sand und warf ihn auf Braco. Der blieb mir nichts schuldig, und so artete dieses Spiel zu einem kleinen Krieg aus, so dass wir Sandkörner zum Schluss sogar im Mund hatten. Gleichzeitig spuckend und mit Sand um mich werfend musste ich pausenlos lachen, bis wir schließlich einen Waffenstillstand erklärten. Unser treuer Kameramann war mit dem aufgezeichneten Material zufrieden, und wir warfen uns in den See, um uns zu waschen, da wir wie zwei wandelnde Sandskulpturen aussahen. Dabei tauchte Braco zu heftig ins seichte Wasser und zog sich Hautabschürfungen am Bauch zu.

Später zeigte er diese Abschürfungen fast stolz Branko, der sofort auf mich zukam und fragte, ob ich auch auf Hawaii so auf ihren geliebten Braco aufzupassen gedenke. Ich spielte den Unschuldsengel und tadelte Braco, weil er mir Schwierigkeiten mit Branko eingebrockt hatte, und später platzten wir vor Lachen, als wir an dieses Ereignis zurückdachten. Später suchte ich ein vierblättriges Kleeblatt im Gras, das mir Glück bringen sollte, während die anderen sich entspannten und den angenehmen Abend genossen, an dem es bis 22 Uhr taghell war. Bald darauf merkte ich, dass sich Braco und Branko meiner Suche angeschlossen hatten, aber als der Erfolg ausblieb, ging ich an den Strand, um Figuren im Sand zu zeichnen.

Ich hatte mich so in mein Kunstwerk vertieft, dass ich aufschreckte, als ich Braco neben mir stehen sah. Er betrachtete meine Zeichnungen, die wie Hieroglyphen einer uralten Sprache aussahen. Das regte offensichtlich seine kreative Seite an, und er begann auch selbst zu zeichnen, bis es Zeit zum Aufbruch war. An einem Punkt im Gespräch bat ich ihn, mir etwas mehr über seine Weltanschauung zu erzählen. Doch er lächelte nur und bat mich um Geduld, denn es war noch nicht Zeit für etwas mehr. Ich musste zuerst noch gewisse Dinge begreifen.

Geduldig und sanft gab er mir zu verstehen, dass ich wie ein Vogel im Ei war, der mit dem Schnabel an der Schale hackt und dann zum ersten Mal herausschaut und die Welt sieht. Meine erste Aufgabe war, einzuatmen, denn das müssen alle Lebewesen tun, und dann zu schauen und zu lernen, und erst danach zu berühren. Es steckte Weisheit darin, die später klar zum Vorschein kam, aber in dem Moment schien es mir grotesk. In den zwei Wochen, die uns noch bevorstanden, würde sich diese Art der Betrachtung als richtig erweisen, und ich stimmte zu, mich vorerst in Geduld zu üben. Es folgte die Rückfahrt zum Hotel, und wir standen alle auf und begaben uns zum Wagen. Am nächsten Tag mussten wir um drei Uhr morgens aufstehen, um rechtzeitig an unserem nächsten Zielort zu sein, nämlich in der Stadt Stuttgart.

7. Tag - Sonntag, 5. Juli 2009.

Deutschland - Stuttgart

In den frühen Morgenstunden packte ich meinen Koffer und war nun bereit für den großen Tag. Die Russin Ida, die mir so gefallen hat, veranstaltet zu zweiten Mal eine Begegnung mit Braco und hat keine Mühen gescheut, um die Begegnung zu einem Erfolg zu machen. In Stuttgart mietete sie das Kongresszentrum an, das gezielt als Veranstaltungsort gewählt wurde, da sie wusste, wie sehr Braco Wasser und die Natur liebt. Hier erwartete uns ein wunderschöner, von Bäumen eingefasster Weg am See entlang, und Braco und ich machten gleich nach unserer Ankunft einen Spaziergang auf dem gepflasterten, um den See herum führenden Weg. Die Morgenluft war frisch und tat gut nach der Hitze der vergangenen Tage.

Auf unserem Spaziergang erzählte mir Braco, mit welcher Hingabe und mit welchen neuen Ideen Ida diese Begegnung organisiert hatte.

Wir kamen an attraktiven Plakaten vorbei, die Bracos Anwesenheit und Möglichkeit zur Begegnung mit seinem Blick in dem Gebäude am See ankündigten, und in einem Lokalblatt war eine ganzseitige Anzeige erschienen. Entschlossen, neue Menschen anzusprechen und ihr Interesse zu wecken, hatte Ida alles unternommen, um die Menschen über diese Gelegenheit zur Wandlung des Lebens in Kenntnis zu setzen. An diesem Morgen strahlte sie vor Begeisterung und Inspiration, während sie ihre freiwilligen Helfer beaufsichtigte, die überall mit anpackten: von der Schmückung der Räume mit Blumen bis zur Entgegennahme der Anmeldeformulare und der Einteilung der Besucher in Gruppen, und was es sonst noch alles zu tun gab.

Nach dem Spaziergang fanden Braco und ich eine Terrasse, wo Stühle bereit standen, und so setzten wir uns und sprachen über seinen Abgang aus Europa und die möglichen Unterschiede bei der Akzeptanz eines Menschen, der in diesen Ländern sieht. Meines Erachtens könnten Japan und seine Einwohner zu Bracos treuesten Anhängern werden. Da ich die Gelegenheit gehabt hatte, mehrere japanische Städte zu besuchen, erkannte ich die Vorliebe der Japaner für alternative Heilmethoden, denen sie besonders offen gegenüber stehen. Ich spürte, dass das, was Braco gibt und darstellt, besonders die Herzen der Japaner öffnen und berühren wird. Interessanterweise ist Braco sehr von der japanischen Kultur angetan; so erzählte er mir von seinen Träumen, die er als Kind hatte und die ihn für immer mit diesem Land verbunden haben.

Die Reisen durch Europa hatten viele Schwachstellen aufgezeigt: Viele kleinere Länder hatten keine angemessenen Räumlichkeiten, die größere

Menschengruppen fassen könnten. In vielen Städten wurde eine bestimmte Besucherzahl als Bedingung gestellt, doch die Begegnung selbst würde abgebrochen werden, falls eine zu große Menschenmasse kommt. Im Gegensatz zu amerikanischen Stadien und Multimedia-Zentren waren viele europäischen Städte noch nicht im Stande, die Ankunft so großer Menschenmassen zu bewältigen. In Makedonien kamen im September 2009 an einem einzigen Tag 10.000 Menschen, um Braco zu sehen. Solch ein Vorfall könnte in Deutschland, Österreich oder anderswo zu Problemen mit den städtischen Behörden führen. Braco wusste, dass er Veranstaltungsorte wählen musste, die große Menschenmassen aufnehmen können.

Im Kongresszentrum herrschte reges Treiben, und Ida hieß uns herzlich willkommen. Das Gebäude hatte zwei Etagen, und die Begegnungen mit Bracos Blick sollten im Hauptsaal im zweiten Stock stattfinden.

Alles war sauber und attraktiv, gut instand gehalten und eingerichtet. Für Braco stand bereits eine beidseitig von Blumen gesäumte Bühne bereit. Ein komfortabler separater Raum sollte uns als Pausenraum dienen, wo Ida frisches Obst, Feingebäck, Käse und vieles andere bereitgestellt hatte. Zu Bracos Ehren hatte Ida auch ein Leuchtbild mit Wasserfall-Motiv aufgestellt. Darüber hinaus standen auf jedem Tisch noch eine gelbe Schüssel und eine Onyx-Statue.

Alle Veranstalter haben ungemeinen Respekt vor Braco und sind immer bemüht, ihre Achtung vor Braco und seinem Werk zu bekunden, indem sie die Räumlichkeiten mit Blumen und Unmengen von Nahrung ausstatten. Während Braco noch Einzelheiten mit dem Arbeitsteam absprach, da er sicher sein wollte, dass alle Anwesenden sein Gesicht und seine Augen gleich gut sehen können, ging ich ins Erdgeschoss, um mir einige Einzelheiten über die Organisation zu notieren. So ähnlich hätte ich auch gerne den Kongress auf Hawaii eingerichtet und danach würde ich mit Braco eine Besichtigungstour durch die Insel unternehmen. Das große Foyer mit Anmeldepulten im Erdgeschoss eignete sich perfekt zur Aufnahme der Gruppen, die auf Einlass in den Hauptsaal warteten. Die Organisation war vorbildlich; alles stand bereit für die Besucher, die sich draußen bereits zu versammeln begannen.

Bis zum Ende des Tages sollten etwa 1.600 Besucher Bracos Blick begegnen. Die Größe des Saals ermöglichte die Bildung größerer Gruppen von jeweils 200-400 Menschen. Ich wurde nochmals darauf aufmerksam gemacht, dass jetzt, in der Urlaubszeit, die Menschen verreisen und damit die Besucherzahl etwas zurückgeht. Doch Ida hatte trotz dieses Handicaps gute Arbeit geleistet, denn sie konnte 300 Besucher mehr verzeichnen als bei der ersten von ihr veranstalteten Begegnung. Für sie war es jedoch auch ein

Tag der Versuchung, denn ihre Erwartungen in der Größenordnung von 2.000 Besuchern hatten sich doch nicht erfüllt. Gewisse Probleme mit dem Personal ließen bei Braco Zweifel aufkommen, ob Ida ihre Helfer unter Kontrolle hat, was dann auch diskutiert wurde. Der Morgen verlief dennoch reibungslos, und alle Beteiligten erledigten ihre Aufgaben mit viel Einsatzfreude.

Es war jetzt an der Zeit, dass wir uns versammeln und Anweisungen und spontane Vorschläge zum weiteren Verlauf des Tages besprachen. Braco regte eine Änderung der Präsentationsweise an; der Professor und ich sollten von jetzt an ständig zusammen vor den Gruppen stehen, anstatt abwechselnd, wie wir es bisher getan hatten. Mir stand also besonders viel Arbeit bevor, da ich nun vor allen Besuchern sprechen sollte. Ich sah dieser Herausforderung gerne entgegen und freute mich auf die größeren Gruppen, denn ich hatte mit der Zeit begriffen, dass sich meine Energie nach jeder Präsentation mehrte, und ich wusste, dass ich möglichst viel Energie mit nach Hause nehmen musste, die ich für die Arbeit an meinem Buch und für die Veranstaltung des Kongresses bitter nötig hatte. Glücklicherweise wusste ich, dass jeder Gruppe vor unserer einleitenden Präsentation ein neuer Kurzfilm gezeigt wird, und so würde ich immer einige Minuten Pause haben.

Detlev schloss sich uns wieder an, um meine Worte ins Deutsche zu übersetzen. Ich war froh, mit ihm arbeiten zu können, weil er sich durch Professionalität und Ruhe auszeichnete. Dieser gebildete und aufmerksame Mann sprach über die intoleranten gesellschaftlichen Umstände, in denen er lebt und die ihn bedrückten. Er erzählte mir über vergangene Begegnungen und Reisen und meinte, an diese Zeiten würde er immer gerne zurückdenken. Jetzt musste er diese Aktivitäten wegen seiner konventionellen Karriere zurückstellen, weswegen er eine gewisse Leere empfindet, und ich fragte ihn, wie sich diese Wahl auf ihn ausgewirkt hatte. Er schaffte es doch noch, hier und da einzuspringen, und nutzte dann diese Gelegenheit, um seine Energie aufzufrischen.

Unser lieber Professor blieb im Café in der Vorhalle und sprach mit Besuchern, die er bereits kannte. Am Tag zuvor war er zu spät zur Präsentation gekommen. Er hatte im Freien mit zwei sehr attraktiven Frauen gesprochen, denen seine ganze Aufmerksamkeit galt. Deshalb machten wir uns heute über ihn lustig und meinten, wir würden nicht zulassen, dass Frauen ihm den Kopf verdrehen, und er lachte herzlich mit. Alex war leicht zu finden, und wir ließen ihn rechtzeitig wissen, dass es Zeit war, zu beginnen. Unsere neuen Gruppen waren etwas kleiner, jeweils etwa 200-250 Besucher, aber sie reihten sich den ganzen Tag pausenlos aneinander.

Immer wieder rührte mich diese große Hoffnung in den Augen der Besucher, während sie mit der Gruppe im Saal stehen. Ob reich oder arm, gebildet oder nicht, Mann oder Frau, alle wollen eine Besserung im Leben, mehr Gesundheit und eine Lösung ihrer Probleme. Das waren gewöhnliche Menschen, die an Wunder glaubten oder zumindest den Gedanken nicht ausschlossen, dass eine höhere Macht besteht, wie immer man sie auch nennen mag, die durch Braco neue Möglichkeiten eröffnet. Jedes Mal, wenn Braco das Podium betrat, sah ich, dass manche das Unmögliche erwarteten, während andere nur wegen der reinen, süßen Energie gekommen waren, die sie mit nach Hause nehmen wollten. Jedes Mal, wenn ich vor Bracos Blick stand, spürte ich, dass sich etwas in mir löste. Ich hatte es viele Male auf verschiedenste Weise verspürt, diese Energie in mir und um mich herum war greifbar und lebendig. Ich sah deutlich, dass viele andere das Gleiche spürten.

Bei der vierten Begegnung dieses Tages, als ich vor dem Spiegel stand, berührte mich die Energie auf ungewöhnliche Weise, und ich hatte ein ganz klares Bild von der Veränderung in meinem Leben. In diesem Augenblick kam mir lebhaft zu Bewusstsein, dass auch ich dieser Arbeit dienen soll. Und zwar nicht nur vorübergehend, wie es mir zu Beginn schien. Ich fühlte, dass ich nichts anderes mehr tun wollte. Mein Kopf füllte sich mit Emotionen, und die Energie floss so stark, dass mir das Gefühl der Tiefe und des Absoluten den Atem raubte. Von diesem Moment an würde für mich nichts mehr so sein, wie es war, denn mein Herz war dem Aufruf gefolgt, der alles andere nebensächlich erscheinen lässt. Diese Erfahrung war wirklicher als alles, was ich bisher in meinem Leben erfahren habe.

Als ich später den Pausenraum betrat, konnte ich nicht anders, als Braco dankbar anzulächeln, denn er hatte diese Erfahrung möglich gemacht, ohne ein Wort zu sagen. Seine Wirkung auf die Menschen war in der Tat verblüffend. Obwohl er sich nicht bemühte, eine Wirkung zu erzielen, strömte die Energie auf natürliche Weise unaufhörlich aus ihm, und er ließ es einfach geschehen. Ida brachte uns einen Espresso und fragte, wie es uns geht. In dem Moment betrat auch Detlev den Raum. Wir nahmen uns ein wenig Obst und Getränke und genossen die kurze Pause, denn bald war es Zeit für eine neue Begegnung.

Nach jeder Besuchergruppe wartete Braco immer auf uns und erkundigte sich, wie es gelaufen war, wie es uns geht und wie unsere Eindrücke von den einzelnen Gruppen sind. Er wollte wissen, wie es um meine Energie und Lebenskraft stand, und bot mir eine Pause an, falls ich es für nötig erachtete. Er behandelte mich wie ein zuvorkommender, immer rücksichtsvoller und aufmerksamer Freund. Mir fiel auf, dass es ihm zusagte, wenn ich dem Gefühl der Müdigkeit oder dem Bedürfnis nach Erholung keine Beachtung schenkte. Ein starker Geist ist ein Wesenszug, den er schätzt und respektiert. Im Pausenraum herrschte immer eine Atmosphäre der Gemeinschaftlichkeit, der Zutritt war nur wenigen gestattet. Dies war unsere heilige Stätte, und die Rückkehr in diesen Raum ließ immer wieder eine besondere Emotion aufkommen, die von den im Raum weilenden Menschen geschaffen wurde.

Es spielte keine Rolle, wie lang der Tag wurde und wie viel Gruppen angereist waren, Braco wurde nie müde und sah nie erschöpft aus. Die Energie nährte ihn auf so vielfältige Weise, und gab ihm eine Lebenskraft über die Grenzen des gewöhnlichen Menschen hinaus. Ich hatte nur selten die Gelegenheit, zu sehen, dass seine Konzentration nachließ oder ihn die Musik mitriss, denn er konnte sich augenblicklich wieder fassen und, von der Energie getragen, seine Aufgabe zu Ende bringen. Er gab den Menschen immer gleich viel, nie weniger.

In der Pause nach der sechsten Besuchergruppe sagte ich Braco, dass ihn die Menschen sehr lieben. Er nahm dies als Anlass zu einem Diskurs und behauptete, die Menschen liebten nur sich selbst und wollten nur die positive Energie aufnehmen. Die Menschen geben dem Vorrang, was gut tut; das ist natürlich. Er illustrierte diese Sichtweise durch die Behauptung, dass der Mensch bei dem Verlust einer geliebten Person wegen sich selbst und nicht wegen dieser Person weint. Wie wir uns wegen anderer Menschen fühlen, und welche Bedeutung dem zukommt, das war ein Thema, das wir in den kommenden Tagen wiederholt erörterten.

Es war schon drei Uhr am Nachmittag, und wir warteten noch immer auf unser besonderes vegetarisches Mittagsmahl, und als Ida endlich erschien, nutzte Braco die Gelegenheit, mit ihr über das Personal zu sprechen. Branko war verärgert und sprach mehrmals auf Kroatisch mit Braco, was ich nicht verstand. Aber jetzt wurde es klar, denn Braco übte bei Ida Kritik an ihrem Personal, weil einzelne Arbeiter Pausen einlegen und ihre Arbeitsplätze unbeaufsichtigt lassen. Leider hatte Ida offensichtlich zu wenig Personen zur Verfügung, und so konnte niemand für jemand anderen einspringen. Braco kritisierte Idas Mangel an Autorität und bemerkte entschlossen, dass die Besucher an erster Stelle stehen. Wenn niemand einspringen kann, muss das Personal ohne Pause durcharbeiten, und da gibt es keine Widerrede. Die Spannung wurde noch durch den Umstand verschärft, dass ein Verwandter Idas unter jenen Personen war, die ihren Arbeitsplatz verlassen hatten.

Ida vertrat die Ansicht, dass man in Deutschland jedem mit einem Lächeln begegnen und nicht autoritativ auftreten sollte, was sie als Unart des Balkans bezeichnete. Doch Braco ließ solche Ausreden nicht gelten und verlangte von Ida eine festere Hand bei ihrer Arbeit. Dieses Gespräch kam noch mehrmals auf, und ich verließ manchmal den Raum, wenn es zu heftig wurde und Ida weinerlich wurde. Doch Braco ließ nicht von der Forderung ab, dass jedem Besucher das gleiche Maß an Aufmerksamkeit zukommen muss. Das Recht des Personals auf Pause spielte dabei keine Rolle. Dies war Bracos Arbeit, und Idas Aufgabe war es, für einen reibungslosen Ablauf zu sorgen. Das war ihre Herausforderung, und es lag an ihr, zu prüfen, ob sie diesem Job gerecht werden konnte.

Ida hatte diese Veranstaltung monatelang vorbereitet und ihr Bestes gegeben, damit alles glatt geht, aber die erforderliche Anzahl der Mitarbeiter hatte sie übersehen, was zu einem wahren Problem wurde. Ida fühlte sich wohl verletzt und unverstanden, aber am Ende des Tages wurde Frieden geschlossen. Nach Abschluss der Begegnungen sollte sie darüber nachdenken, wie loyal sie in Zukunft sein kann. Die Frage ist nur, ob dieser Zwischenfall zu viel für sie war, oder ob sie im Stande ist, sich mit frischem Enthusiasmus wieder aufzurichten.

Braco würde den Verlust von Ida sehr bedauern, aber er blieb bei seinen Forderungen. Ich mochte Ida wirklich sehr und würde es gerne sehen, dass sie Fortschritte macht und Erfolg hat, denn ich wusste, dass ihr Herz sie leidenschaftlich zu dieser Arbeit hinzieht, und ich drückte ihr die Daumen.

Die letzte, für 17:30 Uhr geplante Gruppe verspätete sich, und unser Professor fürchtete, dass wir unseren Heimflug verpassen. Ich schlug vor, meine einleitende Rede zu kürzen, aber Braco war der Ansicht, dass die letzte Gruppe nicht benachteiligt sein darf und deshalb keine Kürzungen in Frage kommen. Und so hielt ich die gleiche Präsentation wie bei den übrigen Gruppen, und als die Begegnung zu Ende war, war es spät, aber nicht zu spät. Branko lotste uns blitzschnell durch die Menschenmassen, die sich beim Wagen, der für uns bereit stand, versammelt hatten. Wir fuhren los, während uns die Menschen zuwinkten und sich mit einem Lächeln von Braco verabschiedeten. Als wir eiligen Schrittes zum Wagen begleitet wurden, fühlte ich mich wie in Gesellschaft eines Superstars, und ich muss zugeben, dass es ein beglückendes Erlebnis war.

Auf der Fahrt zum Flughafen verleitete mich ein Gespräch dazu, einen Zigarillo zu rauchen, obwohl ich Nichtraucherin war. Kaum hatte ich das ausgesprochen, eilte Braco gleich nach der Ankunft im Flughafen zu einem Duty Free Shop und verlangte dominikanische Zigarren, die in verschiedenen Größen erhältlich waren. Ich wählte eine Schachtel mit fünf Zigarillos, und Braco überreichte sie mir als Geschenk. Eigentlich waren schon sieben Jahre vergangen, seit ich zum letzten Mal Zigarrenrauch eingeatmet hatte, aber mir schein, dass mir gerade diese Tat in bleibender Erinnerung bleiben wird.

Danach stiegen wir ins Flugzeug und landeten ohne Verspätung. Diese Nacht schliefen wir wieder in Bracos Haus und verbrachten dann den Morgen am Srebrnjak 1, bevor wir uns zu unserem nächsten Zielort an der Adriaküste aufmachten.

Damit endete die erste Woche meines Aufenthalts hier, doch mir schien, als würde ich schon seit Monaten hier leben und ebenso lange Braco kennen. Was die Veränderungen in mir selbst unter dem Einfluss der Energie aus Bracos Blick betrifft, so begriff ich, dass sie in mir nur jenes befreite, was schon von jeher da war. Und doch erhöhte, verstärkte und beleuchtete diese Energie mein wahres Ich, damit ich mein Leben freier leben konnte. Nachdem das vollbracht war, gewann ich an Selbstsicherheit und Fokus, und strahlte wie nie zuvor. Jetzt gehörte diese Energie mir, und niemand konnte sie mir nehmen. Sie konnte nur noch stärker werden, durch ihr eigenes Leben genährt. Bracos Geschenk erfüllte mich mit Barmherzigkeit, und jetzt war ich es, die ihr ein neues Leben geben sollte. Freudig verfolgte ich mit, wie die Energie in mich eintaucht und viele positive Veränderungen in meinem Leben auslöst.

ZWEITER TEIL

Familie und Freunde

Braco

Das Team vom Srebrnjak 1*: (Vorne): Stevo, Branko, Braco, Damir; (Mitte): Davor, Rudi, Ljiljana; (Hinten): Dinko, Pero, Miki*

Der Onyx-Tempel mit der Sonne und dem Podest, von dem aus Braco in die Gruppe blickt

Braco im Bambusgarten am Srebrnjak 1

Der kroatische Wissenschaftler Drago Plečko und Angelika

Braco, Professor Alex Schneider und Angelika nach dem Bad im See in Deutschland

Braco in einer kurzen Pause zwischen Begegnungen in Kraichtal

Angelika und Branko bei der Begegnung in Stuttgart

Begegnung mit Bracos Blick in Kraichtal, Deutschland

Stuttgart, Deutschland

Der Innenhof des Srebrnjak 1 zu Bracos Geburtstag

Kapitel 6

8. Tag - Montag, 6. Juli 2009

Srebrnjak 1

Nach dem Aufstehen musste ich wieder meine Koffer packen; diesmal ging es an die Adria, zu unserem neuen Zielort an der Küste. Als ich fertig war, spazierte ich um sechs Uhr morgens mit Braco durch den Park, bis zum Srebrnjak 1. An diesem warmen Morgen erzählte mir Braco die Geschichte von seiner Geburt. Er war zu früh, mit sieben Monaten zur Welt gekommen, und seine Mutter starb fast bei der Geburt. Er verbrachte zwei Monate im Inkubator, und seine Mutter füllte für ihn ihre Muttermilch in Fläschchen. Als er zur Welt kam, war er nur 1,3 Kilogramm schwer und 47 Zentimeter lang.

Dann erzählte er mir etwas, das ich noch nie gehört hatte. Braco wurde mit so dunkler Haut geboren, dass er fast wie ein afrikanisches Baby aussah. Sogar sein Haar war schwarz, fest und lockig. Die Ärzte fragten seine Mutter, ob der Vater vielleicht ein Schwarzer war, und alle waren höchst verwundert. Nach kurzer Zeit wurde Bracos Haut weiß wie die seiner Eltern, und sein Haar wurde weich, glatt und braun. Ich versuchte mich an eine alte Geschichte oder eine Prophezeiung zu erinnern, vor allem aus Indien, wo ein besonderes Kind in ähnlichem Zustand geboren wurde und sich später verändert hat.

Wie sehr ich mich auch bemühte, mir fiel in dem Augenblick nichts Ähnliches ein, und doch fühlte ich, dass es etwas sehr Ungewöhnliches mit Bracos Geburt auf sich hatte. Natürlich beginnen verschiedene Mythen von Göttern und Göttinnen, Helden und Weisen sowie großen Kriegern aus der Vorzeit sehr oft mit einem eigenartigen Ereignis, und vielleicht haben wir unser Leben zu sehr auf Vernunft ausgerichtet, als dass wir seinen tieferen Sinn erkennen könnten, der spontan aus der natürlichen Welt hervorquellt. Letztendlich musste ich meine Überlegungen zu diesem Mysterium auf eine andere Zeit verschieben. Das zweite ungewöhnliche Phänomen aus Bracos Kindheit war, dass er bis zu seinem siebenten Lebensjahr nicht essen wollte und die Nahrung immer ausspuckte. Trotzdem war er all die Jahre hindurch gesund und kräftig.

Seine Kindheit verlief normal, obwohl er viel Zeit alleine in der Natur verbrachte. Er hatte viele Freunde, doch er verbrachte seine Zeit lieber auf diese Weise, anstatt im Spiel mit anderen Kindern. Braco trägt solch eine Ruhe in sich, dass ich ihn bei unserer Begegnung fragte, ob er schon immer so gewesen sei, seit seiner Kindheit, oder ob ihn etwas Bestimmtes verändert hatte? Er antwortete, er sei auch als Kind so gewesen. Meines Erachtens hat ihn gerade die Verbundenheit zur Natur und die Liebe zu dem Gefühl der Verbundenheit vor der Unruhe bewahrt, die viele Menschen bedrückt. Mir wurde klar, dass Braco seit seiner Geburt eine brillante Reinheit und Unschuld in sich trägt, die nie verblasste. Seine Ausgeglichenheit steht mit seiner Spontaneität und der Achtung vor Gefühlen in Verbindung. Diese Qualitäten übermitteln eine viel stärkere Botschaft als die Kommunikation mittels Sprache, Fernsehen, Buch oder Rechner.

Am Srebrnjak 1 bemerkte ich eine große Veränderung, gleich nachdem ich zu den Besuchern der ersten Gruppe gesprochen hatte. Ich spürte, wie das Sonnenlicht in mir zu diesen Menschen durchdringt, und sah ganz deutlich ihren Respekt. Dieses Licht war meine neu entdeckte Verbindung zu Bracos Arbeit, eine Hingabe zu der unglaublichen Energie, die alles andere in den Hintergrund stellt, und ich spürte, wie dieses Glück mich auf alle erdenkliche Weise erfüllte. Ganz verschwunden waren meine einstigen Zweifel, die mich dazu getrieben hatten, im Hintergrund zu stehen und möglichst wenig aufzufallen.

An diesem Morgen leitete mich mein Gefühl, dass ich bei allen Begegnungen mit Bracos gebendem Blick dabei sein muss, dass mich die Menschen sehen müssen, und ich wusste, dass sie das später auch begreifen werden. Die Präsenz einer solchen Kraft befreite mich auf vielerlei Art. Nach meiner an die zweite Gruppe gerichteten Rede war das warme Lächeln der Besucher und ihre Hand auf dem Herzen ein klares Zeichen, dass sie mich jetzt akzeptiert hatten.

Ich erkannte auch einige Gesichter der Besucher, die öfters kamen, vielleicht auch aus anderen Städten, und ich erkannte, dass sie eine wahre Liebe zu Braco empfanden, als sei er ihr eigener geliebter Sohn.

In der Pause erzählte mir Braco über das Zentrum. Vor zehn Jahren arbeitete er in einer der Wohnungen am Srebrnjak 1, die nur 50 Quadratmeter groß war. Das Gebäude hatte elf Eigentümer, und Braco kaufte ihnen im Laufe der Jahre alle Wohnungen ab und legte den Bambusgarten an. Und vor zehn Jahren hatte er auch seinen Mitarbeitern gesagt, dass, nachdem das Zentrum und der Garten komplett eingerichtet war, jemand außerhalb Europas kommen und ihn in neue Länder der Welt entführen wird.

Er erzählte mir über seine Visionen aus der Kindheit, über dunkelhäutige Menschen, Palmen, exotische Früchte, Fische und Korallen. Braco beschrieb die Heiterkeit in den Gesichtern der Menschen und ihren Tanz am Strand. Sie hatten nicht so viele Dinge wie die Europäer, aber eigentlich hatten sie alles und waren glücklich. Selbst handgefertigte Kanus waren Teil dieser Vision. Ich war überzeugt, dass Braco diese herrliche Geschichte nun als mögliche

Realität ansah, und diese Vision war im Grunde genommen die Realität meines Heims auf Hawaii.

Braco bewunderte die Japaner von jeher; ihre Kimonos, Tee-Rituale, Bambushütten und vor allem ihre Kampfsportarten. Ihr kämpferisches Geschick ist von einer großen, unsichtbaren Kraft geprägt, die völlig anders ist, als die Körperkraft der Europäer. Obwohl er noch nie einen Japaner kennen gelernt hatte, spürte er dennoch eine innere Verbundenheit. Er verspürte dieses Interesse erstmals mit sechs oder sieben Jahren und hat es bis zum heutigen Tag bewahrt. Ich erzählte Braco von meinen lieben japanischen Freunden, vor allem über den glänzenden, von Sakae Ozaki organisierten Kongress. Sie hatte mich, meinen Lebensgefährten und einige Redner nach Japan eingeladen, zu einer Veranstaltung in drei Städten, und ich hoffe, dass sie auch alle nach Hawaii kommen werden.

Bei unserem Gespräch verstummten wir beide für einen Augenblick, und mich überkam ein klares Gefühl. Ich erklärte ihm feierlich, dass ich nie glaubte, dass es eine Kraft auf dieser Welt gibt, die stärker wäre als meine Begeisterung für die Inseln, aber dass ich jetzt solch eine Kraft spürte und ihr zuliebe bereit wäre, die Große Insel zu verlassen. Geblendet und dermaßen von diesem Gefühl überrascht, fand ich darin eine nachdrückliche Bestätigung, dass es in Allem hier noch etwas Höheres gibt. dann erwähnte ich einen Schamanen, mit dem ich in Zacatecas in Mexiko gearbeitet hatte, der mir sagte, dass ich eines Tages vor einer größeren Menschenmasse stehen würde als der Papst, und dass man mir Bewunderung entgegenbringen würde. Damals erschien mir das eigenartig, und ich maß dem keine Bedeutung zu, aber jetzt fiel mir das zu ersten Mal wieder ein.

Zum Schluss erzählte ich ihm auch über mein Lampenfieber, wie dieses zweischneidige Schwert es mir erschwerte, alles zu formulieren, was ich sagen wollte. Es war gerade Bracos Bitte, vor den Gruppen zu sprechen, die dieses Schwert zerbrochen hatte. Ich kann nur sagen, dass mir gerade seine Herzlichkeit und Güte Mut gemacht hatte, und ich fühlte, dass ich in ihm einen wahren Freund habe, dem ich alles ohne Gewissensbisse oder Angst anvertrauen konnte. Er hat die Gabe der aufrichtigen Offenheit, die jedem Menschen gestattet, in seiner Gegenwart natürlich zu sein.

Während meines Aufenthalts hier hatte ich zahlreiche Träume, die ich, so schien es mir, Braco nicht anvertrauen konnte. In einem Traum war mein Mund voller schlechter Materie, Als ich versuchte, sie auszuspucken, kamen Riesenmengen aus meinem Mund heraus, die mich zu ersticken drohten. Als ich erwachte, wusste ich sofort, dass diese schlechte Materie Abfall war, der sich im Laufe des Lebens in meinem Hals abgelagert hatte. Dieser Traum vermittelte mir die klare Botschaft, dass dieser Abfall endgültig aus meinem System schied, und Braco und seine Energie hatten es mir ermöglicht, diesen Unrat, all das Schlechte und Unnatürliche, auszuspucken.

Im Onyx-Tempel, während der vierten Begegnung, erschien mir Braco als die Sonne selbst, und ich fühlte mich auch selbst erleuchtet. Wir vereinten uns in einer absoluten Gefühlswallung und Liebe zu all dem, was die Möglichkeit zu diesem Akt schaffte. Ich betrachtete das nicht als Phantasie, sondern als etwas, das von außen kam und mir eine kurze Einsicht gewährte. Für mich war das eine weitere wahre Gelegenheit, die von der Bedeutung meiner Anwesenheit am Srebrnjak 1 zeugte, während die Gründe dafür auf Bracos Seite etwas mehr in die Tiefe gingen.

Bei einer Gelegenheit begann Braco über seinen lieben Freund Ivica zu sprechen. Ivica konnte während des Autofahrens in die Zukunft schauen. Er verstellte den Sitz gewöhnlich nach unten und begann zu sprechen. Einmal sagte er Braco, er sehe große Menschenmassen kommen, ein Meer ohne Ende. Und der Strom würde die abbrechen, außer wenn die Sonne untergeht. In dem Fall wäre kein Ende zu sehen.

Ein anderes Mal sagte er Braco, er würde ihm jede Frage beantworten, egal welche. Braco konnte ihn über die Zukunft befragen, über vergangene Leben, über Atlantis, einzelne Personen, über alles Beliebige, doch der junge Mann stellte keine Frage. Das mag eines der Dinge sein, die Braco bereute, doch zu jener Zeit wusste er nicht, was er Ivica fragen sollte, er hatte kein Bedürfnis, Dinge zu erfahren, die ihm der Prophet geben konnte. Und dennoch verstehe ich diesen Mangel an Fragen, denn auch meine Fragen erübrigten sich und wurden ersetzt durch eine allumfassende Ruhe, die keine Vorstöße in die Zukunft oder Sammlung unendlicher vieler Informationen erfordert.

Vor dem Mittagessen gingen wir in den großen Raum, und ich zog eine DVD aus der Tasche. Es war die Aufnahme einer Schiffsfahrt mit Touristen, die ich zum Schwimmen mit Delphinen mitgenommen und dann im Wasser und am Strand auf Video aufgezeichnet hatte. Braco wollte sich das ansehen, gab aber zu, dass er nicht weiß, wie man den DVD Player einschaltet, deshalb rief er jemanden zu Hilfe. Braco schenkt der modernen Technologie keine Beachtung, er hat auch weder ein Handy, noch einen Rechner oder andere elektronische Spielereien. Die neuesten technischen Errungenschaften haben ihn nie interessiert, doch er stand ihnen aufgeschlossen gegenüber, falls sie auf irgendeine Weise seiner Arbeit dienlich sein konnten. In der Praxis rief er jemanden herbei, falls er Hilfe brauchte. Doch er konnte ohne weiteres auch ohne High Tech auskommen.

Das Video zeigte, wie meine Gruppe im Wasser Spaß hatte, während Delphine und andere Meerestiere sie umkreisten. Die Aufnahme war kurz und unterhaltsam. Braco zeigte den gleichen Enthusiasmus wie beim Ansehen der Hawaii-DVD und wollte sich das Material immer wieder ansehen. Wie sich andere Teammitglieder zu uns gesellten, so wurde die Aufnahme immer wieder neu gestartet. Dann begann ein Ratespiel zwischen Branko und Braco, welche Blondine unter Wasser wohl ich sei, da mehrere Blondinen an Bord waren. Schildkröten, große Rochen, Delphine und Lotsenfische leisteten uns Gesellschaft und schwammen mit uns. Wir sahen uns die Aufnahmen an und genossen alle die idyllische Vorstellung.

Nach dem Mittagessen legte ich mich ins Gras des Bambusgartens und notierte die Ereignisse des Morgens in mein rotes Notizbuch. es war ein Genuss, in der warmen Sonne zu liegen, während die Bambusblätter meinem Gesicht Schatten spendeten.

Doch bald stellte ich fest, dass das feuchte Gras nicht nur Feuchtigkeit, sondern auch große Flecken auf meinem Rücken hinterlassen hatte. Nachdem ich meine Notizen beendet hatte, zeigte ich Braco erschrocken die Flecken, und ich musste noch vor so vielen Gruppen auftreten. Seltsamerweise lachte er nur und meinte, dies sei ganz natürlich und deswegen gut. Er bekräftigte das mit der Aussage, dass niemand perfekt ist, und machte dann einen Fleck auf seinem eigenen Hemd, um zu zeigen, was er von solchen natürlichen Zwischenfällen hält. Er war unverbesserlich und erfinderisch wie ein Kind, das seine natürliche Weisheit an den Tag legt.

Nach der letzten Gruppe dieses Tages war es Zeit für Braco, seinen Jahresurlaub anzutreten. Jedes Jahr hält er sich einen Monat frei, wie in der europäischen Kultur und Geschäftswelt üblich, um in seinem Familienhaus an der Adriaküste Urlaub zu machen. Wegen einer speziell organisierten Begegnung in Makedonien würden wir für einige Tage dorthin reisen und später wieder zurückkehren. Wir holten unser Gepäck aus Bracos Haus und traten mit Damir, unserem Chauffeur, die dreistündige Reise ans Meer an. In Kürze würde ich Bracos Familie kennen lernen.

Mein erster Eindruck, als ich endlich das Adriatische Meer erblickte, ähnelte dem, als ich Zagreb zu ersten Mal sah. Das Meer glich einem riesigen See, denn ich hatte erwartet, dass sich das Wasser mit dem Horizont verbindet. Die meisten Menschen würden meine Zurückhaltung nicht verstehen, denn die kroatische Küste schien mir wie eine Postkarte von den griechischen Inseln - wunderschönes, sauberes, tiefblaues Wasser und reizende Küstenstädtchen. Aber ich trage meine wilden, exotischen Hawaii-Inseln im Herzen, und dieses geordnete, mondäne, irdische und kultivierte Meer konnte mich nicht übermäßig begeistern. Auf den ersten Blick machte es mir einen unwirklichen, fast leblosen Eindruck.

Zum Glück änderte und erweiterte sich meine Sichtweise in Bracos Gesellschaft, als er mir mit Liebe in den Augen die Orte zeigte, wo er als Kind seine Schulferien verbracht hatte. Was ich sehr schnell zu schätzen wusste, war die Milde des Meeres und des Klimas. Sogar die Sonne war mild, ohne Windstöße, es herrschte Stille und Frieden. Es war Zeit für Braco, sich zu erholen, und das war der ideale Ort dafür, in diesem schönen und angenehmen Ambiente.

Die Adriaküste

Wir erreichten das Küstenstädtchen, das einen vornehmen und eleganten Eindruck machte. Am lebhaftesten ging es am Meeresufer zu, weil sich dort hauptsächlich alle Ereignisse abspielen. Überall wimmelte es von Menschen, und wir fuhren durch die schmalen Gassen bis zu Bracos unweit vom Meer gelegenen Haus. Auf einer Anhöhe über dem Meer war die Garage auf Straßenhöhe eingegraben, und darüber ragte ein zweistöckiges Haus in die Höhe. Ein typisches, wunderschönes Haus im mediterranen Stil, mit weißen Türen und Fensterläden, einer mit Marmorstein gepflasterten Einfahrt und einem grünen Rasen.

Braco stieg die Treppe hoch und brachte die Schlüssel zum ersten Stock, wo ein separates Zweizimmerappartement eingerichtet war. Dazu kam noch der große Marmorbalkon mit Tisch und Stühlen, wo ich meine freie Zeit verbringen konnte. Damir brachte meine Tasche und meinte, ich solle mich zu ihnen gesellen, sobald ich meine Sachen ausgepackt habe. Ich öffnete schnell meinen Koffer, hängte einige Kleidungsstücke in den Schrank und stieg über die Marmortreppe auf das Obergeschoss. Vor der Tür war ein Gespräch und Lachen zu vernehmen.

Dann trat ich ein und lernte Bracos Gemahlin Dinka und ihren achtjährigen Sohn Andelon kennen. Dinka war eine wunderschöne Frau mit einem warmen Lächeln und glücklichen Augen. Sie hatte braunes Haar und schöne Haut, bereits gebräunt von Sonne und Wasser. Andelon war ein hübscher Junge, der sicherlich den Mädchen in der Klasse die Herzen brach. Er hatte langes Haar bis zur Taille und strahlte Lieblichkeit und eine gewisse süße Wildheit aus. Man bot mir sofort ein Erfrischungsgetränk an, Dinka hieß mich in ihrem Heim willkommen, und dann sprachen wir mit Damir, der sich uns angeschlossen hatte. Glücklicherweise spricht Dinka gut Englisch, während Andelon nur ein paar Worte beherrschte. Bei diesem, meinem ersten Besuch, genierte sich Andelon noch ein wenig vor mir, doch das änderte sich nach unserer Rückkehr aus Makedonien.

Als freundliche Gastgeberin kümmerte sich Dinka an diesem warmen Abend um alle Gäste. Es herrschte eine angenehme, entspannte Atmosphäre, und wir genossen das späte Abendessen, das sie uns zubereitet hatte. Man sprach munter miteinander, ganz besonders Andelon und sein Vater. Nach dem anstrengenden, aber zufriedenstellenden Tag war ich froh, in dieser angenehmen und gastfreundlichen Umgebung frische Kraft schöpfen zu können. Nachdem ich allen für die Gastfreundlichkeit gedankt hatte. kehrte ich in mein Appartement zurück. An diesem Abend kam es zu einem Missverständnis zwischen Braco und mir. Nachdem wir uns verabschiedet hatten, was ich als Abschluss des Tages betrachtete, kam Braco zu mir und lud mich ein, noch ein wenig Zeit mit ihm und seiner Familie zu verbringen.

Da ich davon ausging, dass Braco jetzt wohl ein wenig ungestört sein wollte, sagte ich aus Höflichkeit "Das ist in Ordnung" - eine auf amerikanische Art beschönigend formulierte Ablehnung. Leider war Braco diese sprachliche Nuance entgangen, und er dachte, ich würde später zurückkommen. Ich wollte früher schlafen gehen, doch im Haus war es so heiß, dass an Einschlafen nicht zu denken war. Ich kam auf den Einfall, die Umgebung alleine noch ein wenig zu erforschen, und machte mich auf den Weg. Die heiße Nacht war ideal für solch ein Unterfangen. Ich verließ leise das Haus und wanderte durch das Gassenlabyrinth bis zum Meeresufer, und weiter über die Promenade durch die Ortschaft. Ich versuchte, mir einige Häuser und Hausnummern zu merken, damit ich später den Rückweg durch die finsteren Gassen finde.

Ich war eineinhalb Stunden unterwegs und fühlte die stille Energie dieser reizenden Ortschaft, während ich an vielen gut besuchten Restaurants und Terrassen vorbei kam. Später war Donner am Himmel zu vernehmen, und blitze leuchteten in der Ferne auf. Tief in meinem Herzen hoffte ich auf einen nächtlichen Sturm, der zu meinen liebsten Naturerscheinungen gehört. So machte ich an der Riva Halt und schaute in den aufleuchtenden Horizont. Als der Regen einsetzte, beschloss ich, dass es Zeit für die Rückkehr war. Ich erreichte meine Unterkunft, ohne mich auch nur einmal verlaufen zu haben, und duschte noch vor dem Schlafengehen. Es regnete jetzt schon sehr stark, so stieg ich ins Bett und schlief ein.

Plötzlich weckte mich ein Klopfen, und ich sah Braco vor dem Fenster stehen. Ich stand auf, öffnete die Tür und bat ihn herein. Er fragte mich sofort wütend, wo ich gewesen war. Noch schläfrig, verstand ich seine Gemütsstimmung nicht und antwortete einfach, ich sei spazieren gegangen.

Dann erfuhr ich, dass er mich die ganze Zeit gesucht hatte. Meine Vermutung, dass er ungestört sein wollte, stellte sich als falsch heraus. Wie ich war Braco wohl noch immer voller Energie von den letzten Begegnungen, und konnte nicht mit einem Mal auf Nichtstun umschalten. Meine Vermutung fußte auf vergangenen Gegebenheiten, und ich übersah die Gegenwart - das war mein Fehler.

Er, Damir und seine Familie hatten auf mich gewartet, und als ich nicht erschien, wollte er nachprüfen, was mich so lange aufgehalten hat - und fand heraus, dass ich nicht da war. Er schickte Damir in eine Richtung und ging selbst in die andere, doch sie konnten mich nicht finden. In diesen Regionen nehmen Gastgeber ihre Rollen sehr ernst und sind sehr verantwortungsbewusst. Als Bracos Gast stand ich unter seiner Obhut und musste mich um nichts kümmern. Er fühlte sich offensichtlich für meine Sicherheit verantwortlich und fürchtete, ich könnte mich verlaufen haben oder es könnte mir etwas zugestoßen sein.

Seine aufrichtige Sorge ließ mich hellwach werden, und ich entschuldigte mich bei allen für den Kummer, den ich ihnen bereitet habe, aber es tat mir nicht leid, denn in meinen Augen war diese Tat harmlos und völlig verständlich. Obwohl ich zu erklären versuchte, dass ich es gewohnt bin, alleine in fremde Länder zu reisen, so dass mir diese schöne, verschlafene Ortschaft kein Problem darstellte, sah Braco das nicht auch so. Ich musste ihm fest versprechen, dass ich nie mehr das Haus verlassen werde, ohne ihn vorher verständigt zu haben, wohin ich gehe und wie lange ich mich dort aufhalten werde. Ich war sprachlos, als ich hörte, wie sehr er darauf bestand, und so stimmte ich zerknirscht zu, obgleich mich dieses fürsorgliche Verhalten ziemlich verwirrte. Ich nahm zur Kenntnis, dass manche Kulturen verschiedene Umgangsformen haben, und ich hatte gerade eine Kostprobe davon bekommen.

Von diesem Tag ab fühlte ich mich etwas eingeengt und musste das mit meinem Freiheitsdrang in Einklang bringen. Wir waren nicht mehr auf Reisen und hatten keine Verpflichtungen und Verantwortlichkeiten, die unseren Einsatz forderten, wir waren jetzt in Urlaub. Die Freiheit der Urlaubstage rief mich, und ich war zu einem Spiel bereit - es machte mir Spaß, den unselbständigen Gast, das "Vögelchen", wie man mich benannt hatte, zu spielen. Nach und nach erreichte ich mein Ziel. Zwei Tage später erwähnte Braco, dass er mir noch die Promenade zeigen wollte, wofür nun keine Zeit mehr blieb. Ich antwortete, es sei dann ja gut, dass ich die Promenade bereits am ersten Abend in Augenschein genommen habe, denn so habe ich nichts verpasst. Meine Hartnäckigkeit brachte ihn zum Lachen, und unser Spiel kam noch mehr in Schwung.

Kapitel 7

9. Tag - Dienstag, 7. Juli 2009

Die Adriaküste

Ich stand früh auf, zog mich an und trank einen Tee auf meinem Balkon, von wo aus sich ein Blick über die Hausdächer auf das Meer bot. Der Morgen war klar und warm, es hatte aufgehört zu regnen, und ich wusste, dass wir später zu einem nahegelegenen Grundstück fahren werden, das Braco vor einigen Jahren erworben hat. Es war etwa 40 Minuten zu Fuß oder nur wenige Minuten Autofahrt entfernt. Es handelte sich um ein Stück Land direkt am Wasser, mit einem kleinen Haus. Hier fanden sich seine Freunde und Familie zusammen, wenn sie sich erholen und entspannen wollten, und mir wurde auch recht bald klar, warum. Momentan wartete ich auf Braco, um zu hören, was für diesen Morgen geplant war.

Um acht Uhr erschien er vor meiner Tür und sah aus, als ob er diesen Augenblick aus dem Bett gestiegen wäre. Er trat an mich heran und umarmte mich, um mir zu zeigen, dass zwischen uns alles in Ordnung war, und dass er letzte Nacht so streng war, weil er sich um mich und um meine Sicherheit in der neuen Umgebung sorgte. Dann machten wir einen Spaziergang, eine Aktivität, die wir jeden Morgen während unseres Aufenthalts am Meer wiederholten. Er zeigte mir den besten Weg zur Hauptstraße und zur Riva, eine Route, die ich letzte Nacht in der Dunkelheit nicht entdeckt hatte. Freudig zeigte er mir seine Lieblingsstellen aus der Kindheit: die Brücke, wo er angelte, wo er schwimmen ging und wo er Fußmärsche machte. Die Stadt erwachte allmählich, und es war eine Hektik zu spüren; wir überquerten die Hebebrücke zur anderen Seite der Stadt und spazierten durch den Waldpfad am Meeresufer entlang.

Als er mir die Felsenküste gezeigt hatte, wo er einst in den Sommerferien jeden Tag verbrachte, spazierten wir langsam zurück zur Riva, wo die Geschäfte bereits geöffnet hatten. Wir kauften ein Croissant in der Bäckerei und setzten uns an einen freien Tisch auf der Terrasse eines Cafés, wo wir unseren morgendlichen Espresso tranken und unser Gespräch fortsetzten. Braco setzte das gestrige Spiel fort und gab mir präzise Anweisungen, wie weit ich mich beim Schwimmen vom Ufer entfernen durfte, und auf keinen Fall weiter. Zunächst dachte ich, das wäre ein Scherz, aber da es hier viele Bootsbesitzer gibt und reger Verkehr auf dem Meer herrscht, wollte Braco, dass ich jene Stellen meide, wo schnelle Motorboote unterwegs sind, was sich später als guter Ratschlag für meine Sicherheit herausstellte.

Ich zeigte auf eine weit abgelegene Insel und neckte ihn, ich könne problemlos in einer Stunde hin und zurück schwimmen, doch Braco wiederholte mir geduldig, wie weit ich mich, in Metern gemessen, vom Ufer entfernen durfte. Aber natürlich dürfte ich, hypothetisch gesprochen, stundenlang am Ufer entlang schwimmen, und zwar in jeder gewünschten Richtung, so dass ich doch meinen Spaß haben konnte. Wir lachten, während ich protestierte, aber letztendlich war er wirklich um meine Sicherheit besorgt und meinte auch, was er gesagt hatte, und so bestätigte ich ihm, dass ich mich an die Absprache halten würde.

In unserem Gespräch beim Kaffee sprachen wir einige interessante Themen an, aber Braco wollte nur über das sprechen, was nachgewiesen werden konnte, und nicht darüber, was er denkt, denn sonst würden immer nur neue Fragen aufkommen. deswegen wurden so viele Filme über ihn produziert; Menschen berichten über ihre Genesung und Verbesserungen in ihrem Leben, was die Kraft seines Blicks belegen soll. Und deswegen spricht er nicht in der Öffentlichkeit und behält generell seine persönliche Meinung für sich. Er will nicht die Rolle eines Gurus spielen, er will lediglich, dass seine Energie zu einer möglichst großen Zahl von Menschen gelangt und er das bleibt, was er ist.

In dieser Nacht hatte Braco einen Traum, was ungewöhnlich für ihn ist, denn normalerweise schläft er tief und traumlos. Jetzt erzählte er mir, dass er einen klaren Traum über Japan hatte, in dem er zwei sehr elegant gekleidete Geschäftsleute sah. Ich war ebenfalls dort und sehr glücklich. Die zwei Männer, deutlich kleiner als ich, waren sehr guter Laune und höchst erfreut, was sie jedoch nicht offen zeigten. Braco unterzeichnete einen Vertrag, was mir ein Lächeln entlockte. All dies geschah in einem Hotel in Japan, und als Braco aufwachte, fühlte er sich ebenfalls glücklich. Mein Wunsch, ihn meinen japanischen Freunden vorzustellen, spiegelte offensichtlich nicht meine Fähigkeit wider, in die Zukunft zu schauen. Ich hoffe und hege den Wunsch, Braco auf die Hawaii-Inseln, aber ebenso nach Japan, Australien und Kanada zu begleiten.

Nach einiger Zeit verließen wir das Café und überquerten die Brücke, die sich in einer halben Stunde heben und Schiffe durch den Kanal fahren lassen wird. So nahmen wir den einzig möglichen Weg und machten in einem anderen Café Halt. Dieses Café sollte in den kommenden Tagen unser ständiger Treffpunkt mit anderen Personen werden, aber heute erwartete uns nur Damir. Braco bestellte Milch mit Honig, die Hauptmahlzeit dieses Morgens. Nachdem wir die aktuelle Logistik im Zentrum durchgesprochen hatten, verließen wir das Café uns stiegen die steilen Steintreppen hinauf, bis zur Passage, die genau vor Bracos Haus führte. Dort zogen wir unsere Badekostüme und Badehosen an, packten unser Badezeug ein und fuhren etwa zehn Kilometer aus der Stadt heraus. Über einen gewundenen Kiesweg durch eine völlig verlassene Gegend gelangten wir zu seinem Grundstück am Meeresufer.

Dinka, Andelon, Damir, Braco und ich traten durch ein großes Tor ein und kamen zu einem Stück Land, durch das herrliche Steinmauern in verschiedenen Richtungen verliefen. In den letzten Jahren hat Braco einen Mann engagiert, der seine ganze Arbeitszeit der Instandhaltung des Grundstücks und dem Bau der für diese Region so kennzeichnenden Mauern widmet. Dazu kommen 1000 Jahre alte Olivenbäume und eine terrassenartige Ebene mit offenem Kamin. Die Oliven wachsen hier üppig, und das Haus ist klein und rustikal, aber völlig ausreichend für familiäre Zwecke und für Dinka, die hier Mahlzeiten mit viel Liebe und Sorgfalt für alle Gäste zubereitet, und dabei helfen ihr oft ihre Freundinnen, die auf einen Sprung bei ihr vorbeikommen.

Wir gingen nun vom Haus zum Meer hin, wo im Schatten der Bäume zwei lange Steintische mit Bänken standen. Hier besprachen wir beim Essen die weiteren Aktivitäten des Tages. Dann zeigte man mir eine Treppe, die zum Strand führte, wo man sonnenbaden konnte, und wo noch eine Mole und eine Anlegestelle eingerichtet war. An diesem Morgen brachte mir Braco ein Paar Schwimmflossen, Andelon lieh mir seine Tauchermaske mit Schnorchel, und so tauchte ich schnell ins warme und saubere Meer ein, dessen Grund mit Muscheln bedeckt war. Danach schwamm ich jeden Tag in beiden Richtungen am Ufer entlang und verbrachte eine Stunde im heiß geliebten nassen Element. Braco war nur an jenem Tag mit mir im Wasser geblieben, um sich zu überzeugen, dass ich mich mit der Umgebung vertraut gemacht habe und dass sich auf vorbeifahrende Motorboote aufpasste.

Getränke, frische Feigen und ein Imbiss standen bereits auf dem Tisch bereit, als ich glücklich und erfrischt vom Schwimmen zurückkehrte. Bald darauf kamen Bracos Eltern, und als ich seine Mutter Ivanka kennen lernte, hatte ich sie auf den ersten Blick lieb. Sie war eine elegante Frau, aber gleichzeitig sehr natürlich. Sie hatte eine sanfte Stimme, ein verschämtes Lächeln und glänzende Augen. Ihr kastanienbraunes Haar war immer ordentlich und schön, obwohl sie sich jeden Tag sonnte und baden ging. Wegen ihrer Liebe zum Meer konnte sie Stunden im Wasser verbringen.

Ivankas Lachen strahlte eine wahre Wärme aus, ihre Haut war perfekt und ihr Körper vermittelte den Eindruck ewiger Jugend. Wie Viktor war auch sie charmant und geistreich, und hatte sich trotz der Probleme, die das Leben mit sich bringt, eine Unbeschwertheit bewahrt. Wegen der Sprachbarriere verständigten wir uns mehr mit herzlichen Blicken als mit Worten. Wir saßen oft nebeneinander, während Viktor gelassen verfolgte, was um ihn herum geschah. Er sprach sehr wenig, war aber immer zu einem Lächeln bereit, wenn seine Augen auf jemanden trafen; am meisten sprach er mit Andelon.

Ich wollte ein Interview mit Bracos Eltern abhalten, um etwas über ihre Ansichten zu erfahren, doch man sagte mir, dass Viktor nie und mit niemandem über die Vergangenheit sprach. Mit Bracos Hilfe sprach ich dennoch meine Bitte aus. Während sein Vater still und nachdenklich blieb, war seine Mutter bereit, mir diesen Gefallen zu tun. So hatte ich an diesem späten Nachmittag bereits mein rotes Notizbuch zur Hand und notierte Wort für Wort ihre Geschichte über Ivica und Braco in jener Zeit, und wie sich das alles auf ihr Familienleben auswirkte.

Ivanka *- Die Geschichte von der Begegnung mit Ivica*

Die Nachbarn hatten mir von Ivica erzählt. Ich hatte seit Jahren Kopfschmerzen und nahm häufig Schmerztabletten. Meine Nachbarin schlug vor, mich zu einem Mann zu führen, der mir die Kopfschmerzen nehmen kann, aber der auch die Vergangenheit und Zukunft sieht und nie Geld nimmt. Wir besuchten ihn am Freitag Nachmittag; er hatte bereits 30 bis 50 Besucher. Während wir warteten, erzählte ein Besucher von Ivica und sagte, er könne mittels Fotografien helfen. Ich drehte mich um und war in zehn Minuten mit Bracos Foto zurück. Ivica pflegte vor seine Besucher zu treten und der, Person, die er als nächste empfangen wollte, auf die Schulter zu klopfen. Man stand nicht Schlange, niemand war zuerst an der Reihe - die Wahl lag bei Ivica.

Wen Ivica berührt hatte, der trat in das Zimmer ein. Auch ich gehörte dazu. Im Zimmer standen sechs oder sieben Stühle; manche setzten sich, andere blieben stehen. Ich blieb als letzte in Ivicas Zimmer. Er schaute in den Spiegel und meinte, mein Problem sei sehr ernst und es könnte sein, dass er mir nicht helfen kann. Er gab mir ein besonderes Wasser und sagte, falls es mir hilft, sollte ich in einem Monat wieder zu ihm kommen. Ich verließ das Zimmer und kaufte noch sein Buch. Meine Kopfschmerzen verschwanden. Meine Freundin hatte mir ein Jahr lang zugeredet, und ich besuchte Ivica schließlich, weil die Kopfschmerzen unerträglich wurden. Jetzt habe ich vielleicht zwei Mal im Jahr leichte Kopfschmerzen, aber früher hatten sie überhaupt nicht aufgehört.

Ivica machte mir Angst. Er war wild und pöbelte die Menschen an, aber ich hatte ein gutes Gefühl bei der ersten Begegnung. Ich weinte auf dem ganzen Rückweg und fühlte, dass Ivica mir tatsächlich helfen konnte. Ich begann das Buch zu lesen. Meine Kopfschmerzen wanderten durch meinen Körper zu den Füßen und verschwanden. Das war der Beginn der Genesung. Meinem Gemahl sagte ich kein Wort. Am nächsten Montag nahm ich Braco mit. Es war erst 7:30 Uhr, aber draußen warteten bereits viele Besucher. Als ich Ivica fragte, wie lange wir warten müssten, antwortete er: "Vielleicht zehn Minuten, vielleicht den ganzen Tag."

Braco blieb bis zum Schluss, bis 1:00 Uhr.

Jetzt schaltete sich auch Braco in das Gespräch ein und erzählte, was sich an diesem schicksalhaften Tag ereignete, als er warten blieb. Seine Geschichte steht im Kapitel 1, Bracos Anfänge, und ich möchte sie an dieser Stelle nicht wiederholen. Dann erzählte Ivanka weiter über die Zeiten, nachdem sie seine Verbindung zu Ivica akzeptiert hatte und Braco aus dem Heer entlassen wurde. Nach dieser Episode schlossen Ivanka und Viktor Freundschaft mit Ivica und trafen sich oft.

Ivanka Grbavac - *Gespräche mit Ivica*

Viktor, Ivica und ich saßen zusammen im Haus, als uns Ivica mitteilte, dass unser Josip nicht mehr Josip ist. Ich sagte, "Zuerst hast du uns den Sohn genommen, und jetzt auch noch seinen Namen." Viktor sprach: "Er wurde als Josip geboren und wird Josip bleiben." Ivica antwortete, er habe vor zwei Stunden eine Botschaft von der Quelle erhalten, dass der Name ihres Sohns Braco sei und dass er einen Zeugen habe. Viktor wurde unruhig. Ivica sprach weiter: "Nur für euch zwei ist er Josip, für alle anderen ist er Braco."

Ein anderes Mal, als Braco nicht anwesend war, sagte mir Ivica, mein Sohn sei seine Verbindung zwischen Himmel und Erde. Er sagte mir, mein Sohn sei ein Kind von Atlantis. Ich sagte, ich verstehe nicht, und er antwortete, dass ich nichts verstehen müsse. (Mutter lacht) Ivica schrieb in einem seiner Bücher - ein Kind von Atlantis ist hier, aber er enthüllte nicht, wer das ist.

Ivica sagte, es werde eine Zeit der Rückkehr des Volkes von Atlantis kommen, und einer davon wäre schon hier. Das Volk wird kommen, wenn das Goldene Zeitalter da ist. Jetzt ist die Zeit schlecht, und das Goldene Zeitalter kommt erst noch. Wenn es da ist, werden sie überall sein, und gewöhnliche Menschen werden sie nicht erkennen.

(Pause)

In der Nacht vor seiner Abreise nach Afrika (wo Ivica ums Leben kam) sagte ich ihm, er solle nicht gehen, denn ich spürte, dass dort etwas geschehen wird. Er meinte, es sei jetzt alles beendet und er müsse jetzt gehen. Am Tag zuvor hatte Ivica mir gesagt, es würde etwas passieren, und er wollte die Wohnung am Srebrnjak 1 auf den Namen meines Sohns übertragen. Braco lehnte ab und sagte, dass er das nicht wollte. Ivica meinte, es wäre gut, die Wohnung auf Bracos Namen zu übertragen, denn er werde gehen, der Geist werde gehen.

Bei der Geburtstagsfeier von Ivicas Frau vor zwei oder drei Wochen zeigte ich Viktor, was er alles im Heim seiner Familie gebaut hatte.

Am letzten Abend fragte Ivica, was ich gerne als Geschenk aus Afrika haben möchte. Ich sagte, etwas Schönes, und er meinte, er werde mir einen Diamanten mitbringen.

Als Ivica den Menschen half und Bücher verkaufte, pflegte er alle Bücher zu unterzeichnen. Er wies die Besucher an, die Bücher jetzt zu kaufen, weil sie Originale waren, denn in Zukunft würden es nur Kopien sein.

In den letzten Monaten vor seinem Tod veröffentlichten die Medien eine schreckliche Geschichte über Ivica. Er sagte mir, dass seine Gebeine nach seinem Ableben nicht ruhen, sondern verlegt würden. Ein oder zwei Jahre nach seinem Tod kam eine größere Menschengruppe mit Kerzen an sein Grab und verlegte seine Gebeine in ein größeres Grab.

Viktor wollte niemals und mit niemandem darüber sprechen, was ihm Ivica gesagt hatte, nicht einmal mit mir.

Ivica sagte einmal, dass eine Zeit kommen wird, in der er nicht an Bracos Stelle sein möchte. Es werden schwere Zeiten für Braco kommen, und das brachte ihn in Wut.

Für Ivica war Braco wie seine Augen, der wertvollste Diamant. Dann sagte Ivica noch, dass Braco die Menschen führen wird, dass er ein Buch schreiben und im Fernsehen zu sehen sein wird, und ich werde ihn sehen.

Er sagte mir viele Male, dass mein Sohn die Welt, alle Kontinente durchreisen wird, und dass ich mich darauf vorbereiten muss.

Ivica schrieb in seinem Buch, er und Braco seien eine Seele in zwei Körpern.

Ivicas Stimme und Blick veränderte sich oft, als ob er sich in eine andere Person verwandelte. Er erklärte, dass das davon abhängt, welcher Geist in ihn gefahren ist. Ich habe das bemerkt, mein Sohn ebenfalls, aber er sprach nie darüber.

Ivica hatte Alpträume, in denen er Angriffen ausgesetzt war, und er sprach, dass ihn jemand verfolgt und er kämpft. Er sagte, er könnte angegriffen werden, nur sollte man Braco unbehelligt lassen.

Ein Abend am Meer

Bracos Mutter lächelte und stellte abschließend fest, dass das alles sei, woran sie sich erinnerte. Ich dankte ihr, dass sie mir ihre Erinnerungen anvertraut hat, und dann gingen wir alle schwimmen und die milde Adriasonne genießen oder, in Bracos Fall, mit dem geliebten Sohn spielen. Andelon war ständig mit seinem Vater zusammen, und man konnte die starke Bindung zwischen den beiden klar sehen. Trotz Bracos vollem Terminplan und der Reisen war offensichtlich, dass dem Jungen viel Vaterliebe zukam. Braco schenkte seinem Sohn den ganzen Tag lang seine volle Aufmerksamkeit, wann immer wir nicht mit Gesprächen beschäftigt waren, und Andelon wuchs an der Seite seines Vaters auf. Sie gingen zusammen zu dem umzäunten Boccia-Platz. Dieser Sport ist mir völlig unbekannt, so dass ich die verwirrenden Regeln total durcheinander brachte.

Später buk Dinka hausgemachtes Brot im steinernen Brotofen und bereitete schmackhafte Nudeln mit frischen Tomaten und Gurkensalat zu.

Ivanka, Dinka und ich tranken einander zu und ließen uns ein Glas Rotwein schmecken, während die Männer sich an alkoholfreie Getränke hielten. Viktor war wie immer nachdenklich gestimmt, und nach einem Gespräch mit ihm sagte mir Braco, sein Vater sei nun bereit, mir seine Geschichte über die ersten Tage mit Ivica zu erzählen. Ich dankte ihm für sein Vertrauen, das mich ehrte und begeisterte, und er sagte, er würde alles zu Papier bringen und mir das Material morgen überreichen.

Braco fand es sehr gut, dass sein Vater seine Gefühle endlich preisgeben würde, denn das hatte er bisher noch nie getan. Das war für uns eine Gelegenheit, endlich alle Einzelstücke dieser großen Geschichte zu zusammenzutragen und chronologisch zu ordnen, die eines Tages Anerkennung und Achtung finden wird. Jetzt war es besonders wichtig, Bracos und Ivicas Leben zu enthüllen. Glücklicherweise hatten wir auch noch den stillen und zurückhaltenden Damir, der ebenfalls mit Ivica an den Heilungen gearbeitet hatte. Am nächsten Tag hörte ich mir seine Geschichte über den Propheten an und wusste, dass alle diese Geschichten eine interessante und einzigartige Ganzheit bilden werden.

Am Ende des Tages, als die Sonne bereits unterging, war es Zeit zum Aufbruch. Braco und ich gingen zu Fuß über den Kiesweg, während die anderen unsere gepackten Sachen in den Fahrzeugen verstauten und nach Hause fuhren. Wir hatten bereits die Hälfte des Wegs zurückgelegt, als ein leichter Regen einsetzte, der sich schnell zum Platzregen verwandelte. Wir hatten noch zwanzig Minuten Fußmarsch vor uns, als plötzlich Damir hinter uns anhielt. Auf dem Vordersitz saß Coco in seinem Käfig, auf dem Hintersitz waren Bracos Eltern.

Sie wollten uns im Auto mitnehmen, und das konnten wir nur so bewerkstelligen, dass ich Ivanka im Schoß sitze. Ohne zu zögern setzte sich Ivanka Viktor in den Schoß, der ihr, ohne mit der Wimper zu zucken, dabei behilflich war. Es war rührend, sie auf der Heimfahrt so zu sehen; diese Tat sagte sehr viel über sie und ihre besondere Bindung aus.

10. Tag - Mittwoch, 8. Juli 2009

Die Adriaküste

Ich erwachte um 6:30 Uhr, und bald darauf erschein Braco, bereit für unseren morgendlichen Spaziergang. Zu Hause trinke ich nach dem Aufstehen zunächst meinen grünen Tee und meditiere. Dafür zweige ich jeden Tag eine Stunde ab, am Morgen und vor dem Schlafengehen. Aber seit ich hier bin, hatte ich kein einziges Mal meditiert und fühlte mich keineswegs weniger ausgeglichen. Eigentlich fühlte ich mich besser. Die Energie aus Bracos Blick erfüllte mich mit großer Liebe und Lebensachtung. Es erschien mir natürlich, das Leben in jedem Augenblick zu meistern. Damit ging auch eine dynamische Spontaneität einher, die mit jugendlichem Eifer versprühte. Ich musste mich nicht mehr suchen und ein Gleichgewicht im Alleinsein herstellen; ich fand dieses Gleichgewicht während ich das Leben in vollen Zügen und mit viel Eifer genoss.

Bracos Lebens- und Verhaltensweise lehrte mich, wie man auf eine neue Weise mit dem Leben zurechtkommen kann, auf eine Weise, die ich einst kannte, aber vergessen habe. Durch jahrelange Meditation schärfte ich meine intuitiven Fähigkeiten, und dieses Training und die Disziplin kommt mir nun zugute, da ich jetzt alles auf das Leben selbst anwenden. Eine neue Kraft quoll aus mir hervor, die keinen Augenblick des Alleinseins erforderte, auch keine Stunde. Ich werde wieder meditieren, aber nun als Ergänzung zu seiner Arbeit, um die Lebensweise zu veredeln, die mehr und mehr als weiterentwickelter spiritueller Ausdruck bestehen wird.

Hier entdeckte ich ein großartiges Geschenk der Energie, der etwas in mir löste und mir spontan große Schritte im Leben ermöglichte, und zwar ohne Anpassungszeit. Wie bereits im Gespräch mit Professor Schneider erwähnt: Hier bestand etwas, das einen Schritt vorwärts für die Menschheit bedeutete. Menschen aller Hautfarben, in allen Lebensumständen und Lebenswegen helfen, zu akzeptieren, was ihnen gegeben ist: solche Gelegenheiten muss man nutzen, nicht ablehnen. Der Mensch muss nicht mehr vor der Bewältigung eines Problems zurückschrecken, weil ihm das Selbstvertrauen oder die Kraft dazu fehlt. Jetzt ist der Zeitpunkt gekommen, einen Schritt vorwärts zu tun, und ich bin überzeugt, dass das im weitesten gesellschaftlichen Sinne wahr ist.

Die Gelegenheit auf der Erde ist da, und das kollektive Bewusstsein hat mit Bracos Sichtweise selbst die ersten Gegenmittel geschaffen. Möglicherweise ist das tatsächlich die erste Etappe der Rückkehr der Kinder von Atlantis, was auch Ivicas Prophezeiung war. Möglicherweise ist Braco das erste Kind, das einen Schritt vorwärts macht, in voller Erinnerung an das Recht, das aus unserer Geburt als Kinder göttlichen und großartigen Ursprungs hervorgeht. Ich war in Gedanken versunken, aber jetzt werde ich Braco meine volle Aufmerksamkeit schenken und mit ihm am Morgen spazieren gehen, was mir so viel Freude bereitet.

Wir gingen nochmals über die Hebebrücke auf die andere Seite der Stadt, spazierten am Ufer des - zumindest jetzt noch - ruhigen Meeres entlang und tranken unsere zwei Espressos. Der Kellner hatte uns sofort erkannt und brachte uns die Getränke, ohne auf die Bestellung zu warten. Wir hielten uns nicht so lange auf wie das erste Mal, aber durch die gläserne Schiebetür genossen dennoch den Blick auf das Meer. Braco wollte nämlich einen Abstecher zu dem Haus seiner Eltern machen. Es war ein kurzer Spaziergang durch die steile, von der Riva führende Gasse; das Haus war nur wenige Blöcke von Bracos Haus entfernt.

Als wir ankamen, begrüßte uns Bracos Mutter lächelnd vom Marmorbalkon auf der Stirnseite und ging sofort ins Haus, um uns ein Erfrischungsgetränk zu holen. Dann kam Viktor zu uns, und wir saßen alle im angenehmen Schatten, plauderten und aßen Plätzchen. Damir, der bei ihnen untergekommen war, gesellte sich als letzter zu uns. Er ist immer in Bracos Nähe, sein verlässlicher Mitarbeiter am Srebrnjak 1, aber auch sein Freund. Wir kamen sofort auf die Idee, dass auch er seine Geschichte erzählen sollte, da er auch mit Ivica gearbeitet hatte. Damir lachte jungenhaft und war natürlich einverstanden, und seine Augen leuchteten auf. Bei der Betrachtung ihrer Beziehung war sonnenklar, dass er für Braco, falls aufgefordert, auch Berge versetzen würde.

Damir Dumić - Kambiček - *Ivica trifft Braco*

Ich wohnte in Ivicas Haus, und an diesem Morgen sagte mir Ivica beim Kaffee, dass jemand ganz Besonderes kommt, jemand, den er schon lange erwartete. Und Braco kam mit seiner Mutter. Ivica sagte mir, wie schön er sei, wobei er nicht an Bracos äußere Erscheinung dachte, sondern an das Schöne der geistigen Reinheit. Ivica sagte mir, falls Braco nach diesem Tag wieder kommt, sollte ich Ivica sofort Bescheid geben, auch falls er gerade mit Heilungen beschäftigt ist. Am folgenden Tag kam Braco wieder. Ich klopfte an Ivicas Tür und ließ Braco sofort eintreten.

Ivica sagte seiner Haushälterin, die ihm jeden Tag das Mittagessen kochte, dass Braco von diesem Tag an mit ihm essen würde - essen, was er isst, trinken, was er trinkt. Und wenn Braco am Abend nach Hause ging, war Ivica traurig.

Nach Bracos Ankunft trat bei Ivica eine Veränderung ein; er wurde ruhig und gefasst. Früher war er ständig in Eile, lief hastig hin und her, wütend, rasend. Aber Bracos Ankunft brachte ihm Frieden.

Damir hatte die längste Zeit mit Ivica verbracht. Er war der erste, und Ivica sagte, er werde der letzte sein, der Kroatien verlassen wird, wenn die Dinge sich weltweit ausbreiten. Damir kommt um sechs Uhr morgens als erster am Srebrnjak 1 an, und er geht als letzter.

***Ivanka** - Bracos Geburt*

Braco kam um fünf Uhr morgens zur Welt, am 23. November in Zagreb. Ich hatte tagelang Wehen gehabt und gebar ihn dennoch auf natürliche Weise, bin aber fast dabei gestorben. Zur gleichen Zeit bekam ich Gallensteine und musste große Schmerzen ertragen.

Nach der Geburt trat schnell Besserung ein, aber einen Monat später verspürte ich wieder Schmerzen, und der Arzt meinte, es könnte eine Vergiftung durch verdorbene Lebensmittel sein. Mein Befinden verschlechterte sich, und ich musste ins Krankenhaus. Dort wurde ich operiert. Man machte einen Schnitt vom Brustkorb bis zum Bauch, entfernte viele Steine und diagnostizierte eine schwere Krankheit. Die Ärzte sagten meinem Mann, dass ich die Nacht wohl nicht überleben werde. Aber ich wusste, dass ich leben muss, meines Sohnes wegen.

Während ich in ihrer Gesellschaft Türkischen Kaffee trank, spürte ich die Liebe, die Bracos Vater und Mutter für ihren Sohn empfinden, was mich tief rührte. Entsprechend mehrten sich auch meine Sympathien für die Eltern. Viktor war still und nachdenklich, aber ich spürte seinen Wunsch, endlich seine Geschichte zu erzählen und die nicht mehr geheim gehaltenen Gefühle mit uns zu teilen. Heute ist ein wichtiger Tag in seinem Leben, denn er wird diese Informationen nicht mehr nur für sich behalten. Ivica sagte, dass sich Braco auch weiter entwickeln wird, doch die wirkliche Kraft würde erst nach dem Tod seines leiblichen Vaters zu ihm kommen. Die Kraft kann noch nicht kommen, denn Braco hat zwei Väter, einen leiblichen und einen universellen. Was Braco jetzt darstellt, ist nur ein Schatten von dem, was er eines Tages sein wird.

Unser Besuch war schnell zu Ende, und so verabschiedeten wir uns und machten ab, dass wir uns bald auf Bracos Gut sehen würden. Heute kommt einer von Bracos besten Freunden zu Besuch, Nikica Štimac, der von meiner Vorliebe für Käse gehört und versprochen hatte, frischen Schafs- und Ziegenkäse von seinem Heim auf der Insel Pag mitzubringen. Wir machten uns auf den Rückweg durch die mir jetzt schon bekannte Gasse mit der steilen Steintreppe, und trafen Dinko und Andelon in Bracos Haus. Wir packten wieder unsere Sachen und fuhren zu unserem Paradies an der Küste.

Nachdem wir alles für eine angenehme Fortsetzung des Tages vorbereitet, frisches Obst und Wasser auf den Tisch unter den Schatten spendenden Olivenbäumen gebracht hatten, gingen wir alle baden, und ich konnte wieder lange schwimmen. Ich erforschte die Küste immer weiter und empfand inniges

Glück im warmen Wasser. Das war für mich eine Art der Meditation. An diesem Tag waren besonders viele Boote unterwegs, und manche Motorboote kamen so nahe am Ufer, fast neben mir vorbei, dass ich leicht nervös wurde. Es war wieder klar, dass es ein Glücksspiel wäre, den Kanal bis zur anderen Insel zu durchschwimmen. So hielt ich mich an die gesteckten Grenzen und genoss den Blick in die Meerestiefen.

Gegen Mittag kam Nikica und brachte den versprochenen Käse. Er war ein Kuschelbär von einem Mann, mit jungenhaftem Lächeln, schwarzem Haar und dunklen Augen. Er umarmte mich herzlich und energisch, wie einen alten Freund, und scherzte und lachte, während er mit Braco sprach. Er war jener Menschentyp, der so positiv strahlte, dass man ihn einfach gern haben muss und wegen seiner heiteren Natur in seiner Nähe bleiben möchte. Ich wusste, dass Braco diesen Mann schätzte, weil er die materialistische Welt aufgegeben und sie gegen ein ruhiges und einfaches Leben auf einer wunderschönen Insel getauscht hat, was ihn mit Glück erfüllte.

Nikica Štimac - *Heilung mit Ivica*

Zum Srebrnjak 1 kam ich vor fünfzehn Jahren. Ich war krank, hatte Hautkrebs und Hautflechte, die bereits jeden Teil meines Körpers befallen hatte. Als ich Ivica zum ersten Mal sah, fragte er mich, was für ein Problem ich habe, und ich antwortete, ein gesundheitliches. Dann fragte er mich, ob ich glücklich sei. Er sagte mir, die offene Wunde auf meinem Bein habe mir das Leben gerettet (An dieser Stelle hatte Nikica den Hautkrebs). Ivica sagte, er werde versuchen, mir zu helfen, und berührte dreimal meinen Körper. Als er das getan hatte, fühlte ich mich glücklich wie ein Vogel, als ob ich 150 Kilogramm verloren hätte. Dann kaufte ich eines seiner Bücher und ging nach Hause. Ich versuchte zu lesen, war aber hundemüde und schlief ein.

In den nächsten drei Tagen war ich nur schläfrig und las das Buch erst am vierten Tag. Dann ging ich zum zweiten Mal zu Ivica und glaubte ihm zur Hälfte. Ich bat um Hilfe bei gewissen familiären Problemen und schlechten Beziehungen. Ivica meinte, das wäre normal. Er sagte, ich solle nach Hause gehen und mein Kopfkissen öffnen; dort würde ich sämtlichen Schmutz finden und Dinge, die dort nicht hingehören. Ich ging nach Hause, schlitzte mein Kissen auf und fand diese Dinge; ich warf sie in den Fluss, wie von Ivica angewiesen.

Als ich Ivica das nächste Mal sah, sagte er mir, dass ich nur zur Hälfte glaube. Er fragte mich, weshalb ich mich nicht aller Kissen entledigt hätte, da ich über genügend Geld für den Kauf neuer Kissen verfügte. Dann kaufte ich sein zweites Buch, ging nach Hause und warf alle übrigen Kopfkissen in den Fluss. Ich begann mich generell besser zu fühlen, und ich begann das zweite Buch zu lesen. In dieser Zeit hatte ich schwere Krampfanfälle. Ich legte das Buch auf den schmerzenden Bereich, und das half.

Drei Monate später besuchte ich Ivica erneut; die Haut auf meinem krebsbefallenen Bein war auf halbem Weg zur Heilung, ohne jegliche ärztliche Behandlung. Zehn Jahre lang hatte ich an Krebs gelitten, und nachdem ich zehn Monate lang Ivica besucht hatte, besuchte ich meine Ärzte und teilte ihnen mit, dass ich der gesundeste Mensch der Welt bin. Jetzt besuche ich überhaupt keine Ärzte mehr. Sie sagten mir immer, dass ich nie mehr an die Sonne darf, und jetzt halte ich mich die ganze Zeit im Freien auf.

Nach Ivicas Tod kam Nikica regelmäßig zu Braco. Bei einer Geburtstagsfeier, die Braco zu seinen Ehren und Gedenken organisiert hatte, mussten sie Hilfspersonal einstellen für die Vorbereitungen für tausende von Besuchern, die dem Ereignis beiwohnen wollten. Man fragte Nikica, ob er helfen könne, und er willigte ein. Mit der Zeit entwickelte sich eine natürliche Freundschaft zwischen den zwei Männern. Braco sagte mir, dass er Nikica einfach sympathisch fand. Auch heute noch meldet sich Braco bei seinem Freund, wann immer er die Gelegenheit hat, diesen Ort zu besuchen. Dieser große und heitere Mensch kommt ihn immer besuchen, trotz der Entfernung von mehreren Stunden Fahrt, die er von seinem Haus auf Pag zurücklegen muss.

Als wir das Gespräch beendet hatten, trat Viktor an uns heran und übergab Braco und mir einen Schreibblock. Darin war seine Geschichte. Er schrieb sie seit gestern, und ich dankte ihm herzlich. Er lächelte verschämt und entfernte sich langsam, wobei er noch einige Worte mit seinem Sohn austauschte. Dann begleitete mich Braco zu den Liegestühlen, die im Schatten der Olivenbäume standen. Ich machte es mir bequem und nahm mein rotes Notizbuch, denn Braco hatte bereits begonnen, Viktors schriftlich niedergelegte Geschichte zu übersetzen.

Viktor Grbavac - *Braco und Ivica*

Vor einigen Tagen kam ich zum Srebrnjak 1, und dort stellte mir mein Sohn Josip eine schöne Blondine namens Angelika vor, die von Hawaii angereist war. Einige Tage später befinde ich mich wieder in Gesellschaft Josips Angelikas und einiger anderer Personen, aber diesmal am Meer. Wir genießen die Sonne und das Baden, und sprechen hauptsächlich darüber, wie Josip zum ersten Mal zum Srebrnjak 1 kam, über seine Arbeit und die ersten Begegnungen mit seinem Lehrer Ivica, sowie über die Arbeit, als Ivica mit Braco zusammen arbeitete.

In einem Moment fragte mich mein Sohn, was ich von Angelika halte. Er schien meine Gedanken zu lesen, denn ich dachte gerade in diesem Augenblick über sie nach. Ich sagte meinem Sohn, dass Angelika meines Erachtens eine sehr durchgeistigte Person ist, dass dies ein Teil ihres Lebens ist, dass sie so eine Denkweise hat und jetzt wohl über Braco nachdenkt - wie es ihm geht, was er macht und wie er das vollbringt, über die Energie, die er in seinem unaufhörlichen Wunsch hat, den Menschen zu helfen. Ich sagte meinem Sohn, dass diese Frau unglaublich stark an ihn glaubt, so ähnlich, wie er an Ivica geglaubt hatte. Nach einigen Minuten fragte mich Angelika, ob ich bereit wäre, etwas über Ivica und Braco zu erzählen, denn sie schreibt ein Buch über Braco. Mein Sohn hatte mir das bereits vor einigen Tagen gesagt.

Ich willigte ein und sagte, dass es mich freut, dass gerade sie die erste sein wird, der ich erzählen werde, was ich über Ivica und Braco dachte. Also, zuerst einmal, ich heiße Viktor und kam auf dem Land zur Welt. Wir waren fünf Brüder, und ich schloss dort meine Grundschule ab. Nach der Schule blieb ich auf dem Land und betrieb Ackerbau, danach leistete ich meinen Wehrdienst. Im Jahr 1963 kam ich nach Zagreb, wo ich Arbeit bei der Polizei fand, und während meiner Zeit als Polizist bildete ich mich noch vier Jahre weiter und schloss die Mittelschule ab. Danach schloss ich ein Jurastudium ab und machte meinen Diplomabschluss in Betriebswirtschaft. Im Jahr 1976, als ich 36 Jahre alt war, wurde ich Direktor eines Unternehmens. Meine Gemahlin Ivanka hatte ich 1966 kennen gelernt und geheiratet, und 1967 kam unser Sohn Josip zur Welt.

In der Zeit nach Josips Geburt arbeitete ich als Polizist, ging zur Schule, und alles lief glatt in unserer Ehe. Josip war ein glückliches Kind. Wir bemühten uns, ihm alles zu geben. Nach der Grundschule und nach seiner gesamten Bildung war er 24 Jahre alt. Er machte ebenfalls seinen Abschluss in Betriebswirtschaft und gründete eine Privatfirma, die er „Viktorija“ nannte. Josip war Eigentümer und Direktor dieser Firma, die gute Geschäftsergebnisse erzielte, so dass alle staunten, wie gut es ihm geht. dann kam es zu großen Veränderungen in unserem Leben, nachdem meine Ehefrau Ivica besucht hatte und danach auch Braco zum Srebrnjak 1 mitgenommen hatte. Ich erfuhr das einige Tage später.

Nach einigen Tagen ging ich selbst hin und fand dort Ivica und Braco. Er rauchte Zigaretten und trank Kaffee mit einem Menschen, den ich bisher noch nie gesehen hatte. Bis jenem Moment hatte Josip niemals Kaffee oder Zigaretten angerührt. Ich konnte es nicht glauben und dachte, ich falle um, während mein Sohn und Ivica mich nur anlächelten. Ich schleppte mich ins Vorzimmer und schaffte es, mich auf den Boden zu setzen. Ich fühlte mich völlig niedergeschlagen. Dieser böse Mensch, Ivica, sagt mir etwas, aber ich verstehe ihn nicht. Mir kommen schwarze Gedanken - er hat meinen Sohn entführt, er hat mir alles genommen, alles, wofür ich lebe.

Bisher war mein Schiff auf ruhiger See gefahren, und plötzlich setzte dieses große Unwetter ein. Ich fühlte mich wie ein Kapitän ohne Mannschaft. Ich wusste nicht, was ich tun sollte, doch ich sagte mir selbst, ich muss wegen meines Sohnes Josip durchhalten. Ich schaffte Raum und versuchte zu verstehen, ich begann mit Ivica zu sprechen. Das war sehr schwer, denn Ivica war unvorhersehbar, ebenso wie ich. Es standen viele Menschen um uns herum, während wir sprachen, und sie sagten mir, ich sei stärker als Ivica. Ivica sagte ebenfalls, ich sei stark, doch ich teilte diese Meinung nicht.

Bald glich ich einem leeren Ball, den alle hin und her kicken, und meine Kraft verließ mich. Meine einzige Wahl war, mit Ivica zusammenzuarbeiten, denn das war die einzige Art und Weise, wie ich in der Nähe meines Sohnes sein konnte. Ivica und mein Sohn kamen mich ab und zu besuchen, gleichzeitig besuchten meine Frau und ich Ivicas Haus. Mehrere Male begleitete ich Ivica und Josip auf ihrer Reise zu Orten, wo Ivica Menschen half. Ivica mochte es, wenn ich in seiner Nähe war uns sah, was er tat.

Ich werde die letzte Begegnung mit Ivica vor seiner Abreise nach Afrika immer im Gedächtnis behalten. In seinem Haus waren Ivica und seine Frau, Josip, meine Frau und zehn weitere Personen. Es war gegen neun Uhr am Abend, als mich Ivica aufforderte, mit ihm in den Garten zu gehen. Es war sehr kalt, fast um den Gefrierpunkt, und Ivica begann mir zu erzählen, dass er und Josip und einige andere Personen nach Afrika reisen werden, doch dass er nicht wusste, wie das alles enden wird. Er hatte 13 Bücher geschrieben - er hatte seine von der höheren Kraft erteilte Aufgabe erfüllt. Er sagte mir, dass er etwas in Gang gebracht hat und Josip auf alles vorbereitet, was zu tun ist. Es werde eine sehr schwere Zeit für ihn werden, doch er werde es schaffen.

Zum Schluss sagte er mir, dass ich stolz sein soll, solch einen Sohn zu haben, den in Kürze die ganze Welt lieben wird, wo immer er auch hingeht. Er sagte mir, dass ihn niemand aufhalten kann, weil er schon lange Zeit von der höheren Kraft dafür vorbereitet wird, es werde schwer sein, doch er werde es schaffen. Ich sagte Ivica: "Aber du bist jung, gesund, hast große Energie und wirst den Menschen auch weiterhin helfen, und ich habe nichts dagegen, dass Josip dich begleitet, als deine rechte Hand." Ivica sagte immer, Josip sei seine rechte Hand. Man muss positiv denken, sagte ich. Ivica antwortete, er müsse dem göttlichen Willen folgen und habe einen Befehl bekommen. Wir sprachen fast zweieinhalb Stunden miteinander und kehrten dann ins Haus zurück. Danach gingen meine Frau und ich nach Hause.

Einen Tag vor seiner Abreise nach Afrika kam er mit meinem Sohn Josip, um sich zu verabschieden. Wir sprachen zwei Stunden miteinander, und dann nahm er Abschied, als sei es für immer. Seine Worte klangen lange in mir nach, und ich kann sie sogar jetzt noch hören. Er sagte immer: "Lebe wohl, wir sehen uns bald." Ich glaube, Ivica hatte eine starke Energie, er konnte die Vergangenheit und die Zukunft sehen - wovon wir uns alle überzeugen können, wenn wir die DVDs ansehen oder seine Bücher lesen; er hat Menschen tatsächlich geholfen. Er wollte eine große Herausforderung, und die Herausforderung wollte ihn. Er war unvorhersehbar. Man konnte nie wissen, ob er umsichtig oder schroff sein würde.

Er war überglücklich, seinen Teil der Arbeit erledigt zu haben. Nun konnte Josip die Arbeit fortsetzen. Nach Ivicas tragischem Tod musste Josip seine Berufung fortsetzen. Ivica hatte ihm gesagt, dass das sehr schwer ist, und Josip arbeitete pausenlos mit den Besuchern, Tag für Tag, Jahr für Jahr. Als Vater kann ich sagen, dass seine Kraft stärker ist. Viele Menschen glaubten anfangs nicht, dass Josip es schaffen und die Arbeit fortsetzen kann, doch die Zeit zeigte alles. Ich, als Josips Vater, spreche nicht gerne über ihn, über seine Kraft. Wie mein Sohn immer sagt, lasse die Menschen sehen und sprechen.

Was ich sagen kann, ist, dass die Menschen in immer größerer Zahl kommen. Braco versucht, den Menschen in verschiedenen Orten zu helfen, nicht nur in Zagreb, sondern auch in Slowenien und in anderen europäischen Städten, und jetzt sehe ich, dass er auch Reisen über Europa hinaus plant. Über seine Fähigkeiten wurden viele Bücher geschrieben und Aufzeichnungen auf DVD gemacht. Oft werde ich gefragt, woher mein Sohn diese starke Energie nimmt, und ich antworte nur, dass ich das nicht weiß. Ich bete nur zu Gott, dass ihn diese Energie beschützt. Ich bin dankbar, dass er solche Menschen um sich hat, eine Gemahlin wie Dinka und seinen Sohn Andelon, der viel Verständnis für seinen Weg hat, denn er ist häufig nicht zu Hause.

Als wir bei der Übersetzung zu dem Teil kamen, wo Viktor über seine letzte Begegnung mit Ivica spricht, bevor Ivica an jenem schicksalhaften Tag nach Afrika aufbrach, wo er sein Leben ließ, füllten sich Bracos Augen mit Tränen. Er war tief gerührt, den Standpunkt seines Vaters zu einem Menschen zu lesen, der ihm die ganze Welt bedeutete. Ich streckte tröstend meine Hand aus und sagte mit sanfter Stimme, wir könnten später weitermachen, doch Braco schüttelte den Kopf und war bereit, weiter zu übersetzen, was ihm leichter fiel als warten. Niemals zuvor hatte Braco hatte Tränen für seinen lieben Ivica vergossen. So viel hatte sich so schnell ereignet, dass die Verantwortung sofort eintrat. Das war das erste Mal in den vielen Jahren, dass er Tränen für seinen Freund vergießen konnte. Ich war sehr gerührt und auf gewisse Weise dankbar, dass in zu diesem Zeitpunkt in seiner Nähe sein konnte. Ich teilte seine Trauer und empfand eine noch stärkere geistige Verbundenheit. Es tat mir sehr leid, dass ich diesen außerordentlichen Mann nicht zu seinen Lebzeiten kennen gelernt habe.

Als wir fertig waren, machte Braco eine Pause und steckte sich eine Zigarette an. Ab und zu rauchte er gerne eine besondere, aus England importierte Zigarettensorte. Auf dem Balkan raucht die Mehrheit der Bevölkerung, im Gegensatz zu Europa, wo bereits ein Wandel im Gange ist. Während er rauchte, griff ich in einem Moment der Spontaneität zu seiner Zigarette und nahm einen Zug. Ich begann zu husten und fiel fast um. Solch ein starker Tabak war nichts für mich. Er konnte nicht glauben, was ich getan hatte, und wir brachen beide in Gelächter aus. Ich war so froh, ihn wieder lachen zu sehen. Später am Abend hatten wir ein wahres Festessen, und ich konnte nur mit Bewunderung feststellen, wie viel Mühe sich Dinka gibt und mit wie viel Liebe und Menschlichkeit sie sich um uns alle kümmerte. Und wieder stießen wir Frauen mit Rotwein an, während einige Männer sich an Weißwein hielten, und Braco abstinierte. Nach dem Abendessen an diesem besonderen Tag packten wir unsere Sachen und kehrten ins Dorf zurück. Dort trafen wir nochmals zu einer letzten Runde Spaß und Heiterkeit zusammen und gingen dann endlich weit nach Mitternacht schlafen.

Kapitel 8

11. Tag - Donnerstag, 9. Juli 2009

Die Adriaküste

Wir verkürzten unseren morgendlichen Spaziergang, um uns etwas früher mit Nikica und Damir zu treffen. Braco und ich machten im nächstgelegenen Café für ein kurzes Gespräch Halt, solange wir noch allein waren. Ich sprach das Thema an, dass es scheint, als ob wir mit bestimmten Themen und Erfahrungen, die unseren individuellen Lebensweg bestimmen, in dieses Leben gekommen sind. Meine ausdrucksstarken, telepathischen Freunde, die Delphine, haben mir geholfen, das zu begreifen. Das Universum war mir gewogen, und dieses Thema führte mich wie ein Leuchtfeuer durch das Leben, obwohl ich jahrelang das Gegenteil dachte. Als ich begann, mit den Delphinen zu schwimmen, wandte sich meine Aufmerksamkeit im Leben einer tieferen Achtung und Verbundenheit mit allen Dingen zu. Die Delphine waren auf vielen Ebenen weise Lehrer. Braco schenkte mir ein warmes Lächeln; es freute ihn auch, dass ich die Präsenz einer so positiven Kraft spüre.

Schnell machten wir uns auf den Weg und sahen unsere Freunde neben der Hebebrücke stehen. Nikica wollte sich anschauen, wie sich die Brücke hebt, und ich hatte diesen Vorgang auch noch nicht vollständig miterlebt. Wir blieben dort geschlagene 30 Minuten stehen und betrachteten die Boote und Schiffe, wie sie in einer Reihe durch den engen Kanal fahren. Die Männer sprachen alle auf Kroatisch, und ich hörte nur zu. Ich konnte kein Wort verstehen, aber es genügte mir, die gegenseitige Verbundenheit und Achtung zu spüren. Alle waren sehr offen, voller Güte und Licht; sie zeigten unaufhörlich, dass auch kleine Dinge im Leben es wert sind, beachtet zu werden, und dass man sie ebenfalls genießen kann.

Als ich mich den Menschen zuwandte und die Geschäfte und Restaurants betrachtete, fühlte ich mich wie in einem abgeschirmten Ballon. Ganz in Bracos Welt eingetaucht, vital in der Welt seiner Familie und seiner Freunde anwesend. Ich spürte eine ausgesprochene Distanz zu allen übrigen Vorgängen in diesem Küstenstädtchen und seiner süßen Atmosphäre der idyllischen adriatischen Gemeinschaft.

So viele Aktivitäten, Attraktionen und Zerstreuungen lagen in so weiter Ferne. Ich betrachtete die Stadt wie durch ein unsichtbares Schutzschild, als ob ich mich in einer anderen Dimension befand, von wo aus ich betrachten und teilhaben konnte, ohne irgendwo einzutreten.

Welch ungewöhnliche und faszinierende Erfahrung! Sie bot einen klaren unterscheidenden Blick, vielleicht in das Unterbewusstsein, der wegen der alltäglichen menschlichen, materiell orientierten Beziehungen zu Geschäften, äußere Erscheinungen und Geld vorherrschte. Ich spürte, dass ich wahrlich in das Energiefeld des natürlichen Daseins, in Bracos Welt eingetaucht war. Ich fühlte mich mehr als lebendig, es war ein Blühen des Lebens, und ich empfand große Ehrfurcht vor diesem Gefühl. Dieses war in den folgenden Tagen mein ständiger Begleiter. Dieses Gefühl der Vollständigkeit lief parallel zu der brutalen Realität, dem Chaos und den Problemen, die das wirkliche Leben behindern. Ich stellte mir die ganze Welt so vor und atmete tief ein. Die Möglichkeit bestand.

Nachdem sich die Hebebrücke wieder gesenkt hatte, spazierten wir zum Eingang unseres nächsten Cafés und scherzten mit Nikica. Danach kauften wir in der Bäckerei frisches Brot und Brötchen für unser gemeinsames Frühstück mit Dinko und Andelon zu Hause. Dinka servierte Obst und Honig, und wir ließen uns das Frühstück schmecken. Türkischer Kaffee stand ebenfalls bereit, und ich versuchte mich an seinen Geschmack zu gewöhnen, aber erfolglos. Bald darauf gesellten sich Bracos Eltern zu uns. Für den heutigen Tag war ein Ausflug zu Ivan geplant, einem Fischer mit sonnengegerbter Haut, Bracos zweitem besten Freund. Heute würde ich endlich die offene See sehen, die sich mit dem Horizont verbindet.

Das Haus von Ivan und Lida

Wir bewegten uns in einer Autokolonne, und während wir am Meeresufer entlang fuhren, sah ich, wie das Meer mit dem offenen blauen Himmel zusammentrifft; endlich sah die sanfte Adria wie ein richtiges Meer aus. Wir fuhren der Reihe nach durch viele Städtchen durch. Alle waren weiß und zauberhaft, wie perfekte Postkartemotive, bis wir schließlich unseren Zielort erreichten. Ivans großes und altes Haus liegt direkt am Meer, an der Anlegestelle, wo momentan viele Bauarbeiten im Gange sind. Ivan und seine Frau begrüßten uns, und ich erkannte ihn aus einem der letzten Filme über Braco wieder. Er war ein heiterer, gut gelaunter Mensch von kräftiger Statur und sah wie ein echter Adriafischer aus. Neben ihm stand seine Frau, ebenso herzlich wie graziös, mit ausdrucksvollen blauen Augen, die uns ebenfalls alle willkommen hieß.

Wir nahmen unsere Sachen aus dem Wagen, brachten unser Badezeug an den Strand vor dem Haus und den Rest in die große Taverne, wo die Tische zusammengestellt waren, um einer großen Gruppe Platz zu bieten. Ganz offensichtlich war diese Taverne, in diesen Regionen „Konoba“ genannt, Treffpunkt bei vielen Gelegenheiten, denn sie versprühte ein gewisses Flair der Liebe und Heiterkeit. Nachdem wir uns kennen gelernt und einige freundliche

Worte gewechselt hatten, ging ich zum Strand und frönte ausgiebig meiner Schwimmleidenschaft. Ivanka wollte am Strand sonnenbaden, und die Männer versammelten sich und lachten in Gesprächen, deren Inhalt mir wegen der fremden Sprache verborgen blieb.

Nach einer einstündigen Betrachtung des Ufers vom Meer aus, stieg ich aus dem Wasser und legte mich in die Sonne. In der Küche hatte man alle Hände voll zu tun, und es roch auch schon sehr köstlich. Dinka half unserer Gastgeberin, das Mittagessen für zwei Uhr vorzubereiten, das zweite Festessen von drei an diesem Tag. Meine Haut war schon recht braun geworden, und so konnte ich in der Sonne nach ungewöhnlich geformten Steinen suchen. Spontan dachte ich daran, dass ich es Braco überlassen könnte, einen Stein für mich zu finden, den ich als Souvenir mit nach Hause nehmen könnte, anstatt der großen, bereits von mir gesammelten Menge. Ich stand auf und ging zu den Männern an der Veranda, um meinen Wunsch zu äußern.

Im selben Augenblick trat Braco an mich heran und sagte, er habe einen besonderen Stein für mich. Diese Koinzidenz mit meiner Idee war verblüffend, und ich sagte nur: "Wirklich!" Einen Tag zuvor hatten mir Braco und Nikica von einer nahegelegenen Insel erzählt, auf der ein landendes UFO gesichtet wurde. Sie wussten, dass ich mich für dieses Thema interessiere, und versprachen, die Insel einmal mit mir zu besuchen. Sie hatten die Insel nicht nur aus Neugierde besucht, sondern auch einige Steine gesammelt, und Braco wählte nun den besten Stein für mich aus, als Geschenk zum mit nach hause nehmen. Es war ein sehr ungewöhnlicher Stein mit unerkennbarem Muster; heller Marmor mit einem perfekten Loch an der Spitze. Natürlich gefiel er mir, und ich werde ihn nach Hawaii mitnehmen, trotz des nicht zu unterschätzenden Gewichts. Das war viel besser, als was ich mir vor wenigen Augenblicken gewünscht hatte.

Unser Mittagessen war wieder eine Reihe von Riesenportionen, unter anderem frischer Tintenfisch aus der Adria – für jene, die es mögen. Ich probierte auf verschiedene Weisen zubereitetes grünes Gemüse, das ich vorher noch nie gekostet hatte; große Lima-Bohnen in Olivenöl waren meine Hauptspeise. Als ich schon ganz satt war, servierte man zu meiner Überraschung einen besonderen Kuchen, den ich probieren sollte, eine lokale Spezialität mit Rosinen und Haselnüssen, und diesmal aß ich meinen Teller leer. Gute, gesunde Nahrung, immer zu Hause zubereitet, manchmal selbst gefangen oder im eigenen Garten gezüchtet – das ist wahrer Lebensgenuss.

Als wir alle genug hatten, traten die meisten ins Freie. So bot sich mir die Gelegenheit, noch ein wenig mit Viktor über seine Gefühle zu sprechen und weiteren Stoff zu sammeln. Braco sprang wieder als Übersetzer ein, und ich stellte Fragen über vergangene Zeiten.

***Viktor** – Bekanntschaft mit Ivica*

V. Zehn Tage nachdem ich Ivica kennen gelernt hatte, beriet ich mich mit gewissen Leuten, mit Psychologen und Ärzten. Sie meinten, es wäre am besten, wenn ich Josip in Ruhe ließe und ihm die Entscheidung überlasse. Mit der Zeit würde sich alles zeigen. Ich kämpfte mit mir, dachte darüber nach. Aber meine Meinung über Ivica änderte ich erst nach den Ereignissen in der Armee.

A. Was geschah, nachdem Sie Ivica akzeptiert hatten?

V. Ich hatte Probleme mit Stress, mein Bruder starb und ich brauchte mehrmals Hilfe… und jedes Mal trat eine Besserung ein. Aber ehrlich gesagt, ich tat das nur, um bei Ivica mehr Zeit mit Josip verbringen zu können. Ich hatte keine Erfahrung in diesen Bereichen und ich verstand es eigentlich nicht.

A. Verstehen Sie seine Arbeit jetzt?

V. Nachdem ich alles gesehen, die Geschichten der Menschen gehört, die DVD angesehen hatte, glaubte ich allmählich daran, dass dies real ist, bereits vor Ivicas Tod. Ivica sagte, dass Josip wegen dem, was er ist, ständig in seiner Nähe sein musste. Er sagte, Josip würde seine Arbeit fortsetzen, aber in viel größerem Umfang als er.

Ivica sagte mir, er könne nichts daran ändern, er könne Josip nicht einmal aufhalten. Er hatte mehrmals versucht, Josip zu vertreiben – aber Josip stand unter der Macht einer höheren Kraft, und niemand konnte etwas dagegen tun. Damals dachten wir beide darüber nach, was wir mit Josip tun sollten, aber Ivica wusste, dass er keine Kontrolle über ihn hatte. Er sah, dass, wenn die Zeit kommt, niemand seine Kraft aufhalten kann, außer dem göttlichen Willen. Danach begriff ich, dass es hier nichts gab, was ich ändern könnte.

Vor Afrika gab es einen Moment, als Ivica eine große Krise durchmachte. Er wurde von Kirche, Medizinern und Medien angegriffen und begann, seine Kraft zu verlieren. Ivica meinte, nur Braco könne diese Arbeit fortsetzen, weil er sich nicht fürchtet. Falls Kirche, Medien, Mediziner einschreiten oder es zu Erpressung oder irgend etwas Anderem kommt, wird Josip nicht zurückschrecken und niemals seine Arbeit aufgeben. Nichts kann ihn aufhalten. Ivica sagte, Josip sei ein Kind von Atlantis, er solle so handeln, wie er fühlt.

A. Was halten Sie jetzt von Bracos Arbeit?

V. Ich glaube daran und bin sprachlos, dass er all dies mit so wenig Schlaf bewältigt, die vielen Stunden und so weiter. Und er fehlt mir, weil wir uns manchmal über längere Zeit nicht sehen. Ich glaube den Geschichten der Menschen, und den Berichten.

Ivica wusste, falls Josip seine Arbeit nicht fortsetzt, dann wird es niemand tun, und sein ganzes Werk würde ein Ende finden. Wenige Tage vor der Afrika-Reise sprach er mit mir darüber.

Jetzt stelle auch ich mich einmal pro Woche vor Bracos gebenden Blick, nicht nur wegen mir, sondern auch wegen der Familie. Mir wurde sehr geholfen, wie auch den anderen. Ich habe alle Bücher gelesen und trage das Sonnensymbol.

Viktor erklärte daraufhin, er sei mit dem Gespräch zufrieden und habe ihm nichts mehr hinzuzufügen, und so beendeten wir unser Interview. Ich hatte tiefe Einsichten in diesen Mann gewonnen und sah in ihm eine Person, wie man sie selten trifft. Einen Mann, der seine Meinung von Grund auf änderte, sich auf Dinge einließ, die damals außerhalb seines Begriffsvermögens lagen, der alles tat, nur um den Kontakt zu seinem so geliebten Sohn nicht zu verlieren. Das Leben stellte ihn vor eine riesige Herausforderung, aus der er als Mann hervorging, der sein Schicksal gemeistert uns sich mit dem Leben seines Sohnes abgefunden hat.

Nach weiteren Stunden in der Sonne und im Wasser zogen wir uns um und waren zu neuen Abenteuern bereit. Braco lud uns zu einem Abendessen ein, bei einem Paar, das ein Hotel und Restaurant auf der sehr beliebten Insel Trogir besaß. Braco nahm solche Angebote nur unter besonderen Umständen an, doch er kennt dieses Paar seit Jahren, und sie sind die einzigen, die er besucht. Braco hat nur wenig Zeit für sich und schätzt die Gelegenheiten des Zusammenseins mit Familie und Freunden.

Zum Mittagessen war noch Ivans Sohn, ein junger Blondkopf, dazugekommen. Jetzt bereiteten beide ein Boot vor, das uns zu unserem Ziel bringen sollte. Alle Frauen betraten das Boot mit hohen Absätzen, nur ich hatte Hawaiisandalen an den Füßen. Ich setzte mich am Bug neben Bracos Mutter, und als mir die Sandalen von den Füßen glitten, lächelten wir uns verständnisvoll an. Sie liebte das Meer ebenfalls sehr und genoss unsere Bootsfahrt.

Unterwegs hielten wir kurz an, und Ivans Sohn sprang mit einem großen Korb ins Meer. Als er wieder in das Boot stieg, war der Korb voller kleiner Fische und Muscheln, die er auf das deck schüttete. Ich richtete mich sofort auf; da ich alle Lebewesen liebte, war ich beunruhigt, welchen Zweck diese Tat wohl hatte. Die kleinen Fische zappelten auf den Deckplanken, und er sammelte sie mit seinem Vater ein warf sie in ein mit Meerwasser gefülltes Gefäß.

Ich machte sofort bei der Rettungsaktion mit und warf einige Fische in den Eimer, während ich andere, die ich retten konnte, ins Meer zurückgleiten ließ.

Man sagte mir, die Fische würden im Hotel in ein großes Aquarium kommen, wo es ihnen gut gehen wird. Das beruhigte mich jedoch nicht, und Braco, der ebenfalls Fische schnell zurück ins Meer befördert hatte, schenkte mir einen zustimmenden Blick; er verstand. Sein Mitgefühl war immer da; er war stark und stand mit beiden Füßen auf dem Boden, seine Empfindsamkeit verleitete ihn nicht dazu, fremdes Leid blindlings zu übernehmen. Ich erkannte, dass er die Gefühle anderer Menschen respektieren und gleichzeitig sein eigenes Gleichgewicht wahren konnte. Braco sagte mir auf seine unaufdringliche Art, dass ich sehr sensibel bin, vor allem in Bezug auf Tiere und andere Lebewesen, und dass mir die Energie mehr Kraft geben wird, solche Situationen zu bewältigen.

Die Insel Trogir

Unser Zielort war eine kleine Insel, über die sich stolz eine große alte Festung erhob, während die alten gepflasterten Straßen eine Vielzahl moderner Geschäfte und zahlreiche Restaurants bargen. Ganz offensichtlich war dieser Ort recht bekannt, was die millionenschweren Megajachten im Hafen zu erkennen gaben. Noch nie hatte ich solch eine Zahl an einem Ort gesehen, und man ließ mich wissen, dass Bill Gates und andere Prominente hier gerne vorbeischauen. Die Geräuschkulisse ließ gleichzeitig auf Freizeit und Handel schließen.

Ivan brachte sein Boot geschickt an einer schmalen Stelle zwischen kleineren Booten unter, ganz in der Nähe unseres Hotels. Als wir uns alle versammelt hatten, trat Braco an mich heran und sagte, die Gastgeber seien ganz besondere, großherzige Menschen. Sie verwöhnten Braco jedes Mal mit einem Tisch voller Leckerbissen, zeigen ihre Liebe mit diesem edlen Willkommensgruß. Bald hatten wir dieses zauberhafte, im europäischen Baustil gehaltene Hotel erreicht. Unsere Gastgeberin hatte jedes Zimmer mit einem eleganten Charme eingerichtet.

Franka und Mate, die Eigentümer des Hotels Pasike, sorgten mit antiken Einrichtungsgegenständen im Restaurant für eine besonders angenehme Atmosphäre, während die Zimmer frisch und hell waren, und die Einrichtung einen Sinn für Details verriet. Ihre Tochter erwartete uns, in eine traditionelle kroatische Tracht gekleidet, und bat uns herein. Die Tische im Restaurant warteten mit ihren eleganten Tischdecken und glänzenden Gläsern auf die Gäste. Ivans Sohn brachte das Gefäß mit den Fischen herein, ging zum Aquarium und kippte die Fische hinein. Von mehreren Seiten wurde mir mitgeteilt, dass alle Fische den Transport überlebt haben.

Der kleine Enkel unserer Gastgeber, ein etwas älterer Junge als Andelon, kam ebenfalls zum Aquarium. Es waren auch Langusten im Aquarium, und so betrachteten die Kinder gebannt die Meereswelt. Plötzlich geschah etwas Unerwartetes. Ich sah, wie eine Languste einen kleinen Fisch in die Ecke getrieben hatte. Obwohl ihre Scheren geschlossen waren, begann sie, den Fisch zu fressen. Bald waren viele Fische verschwunden, und ich sagte nichts, ich war traurig.

Der junge Andelon schaute mich kurz mit einem stechenden Blick an und widmete sich dann wieder den Fischen. Braco kam zu mir und erklärte, sie hätten die Fische nicht mitgebracht, wenn sie geahnt hätten, dass so etwas passiert. Später sagte mir Andelon, ihm hätten die Fische auch leid getan, als er sah, dass ich den Tränen nahe war. Doch die jugendliche Neugier ließ die beiden Jungen noch lange am Aquarium verharren, wo sie die Tierwelt lachend wie im Kino betrachteten.

Nun erschien Franka und umarmte zuerst Braco und dann die anderen herzlich; sie zeigte, wie begeistert sie von diesem Besuch war. Sie hatte graues Haar, ein fröhliches Lachen und lebhafte Augen. Diese Frau strahlte wahrlich innere Zufriedenheit aus. Endlich war auch Mate da. Wie seine Frau umarmte auch er Braco herzlich und freute sich, uns alle hier zu sehen. Sein bärtiges Gesicht strahle eine Ruhe aus; er war ebenso heiter wie seine glückliche Frau, und sie begeisterten mich beide mit ihrer positiven Ausstrahlung.

Ich konnte bei ihnen deutlich das Glück erkennen, das eine Konstante in ihrem Leben war, und nicht nur ein vorübergehendes Gefühl, wie es im Leben der meisten Menschen der Fall ist. In ihrer Beziehung zeichnete sich deutlich ein fester Grundstein ab, den vorübergehende Momente nicht erschüttern konnten. Diese beiden Menschen hatten das Geschenk der Energie vollständig aufgenommen, und die Energie strahlte spürbar aus ihnen heraus. Schon alleine beim Betrachten dieses Paars empfand ich eine innere Ruhe. Franka und Mate waren ganze acht Jahre lang jeden Monat zu Braco gekommen, und die Energie hat sich bei ihnen außerordentlich gut entwickelt.

Dann betrat eine Frau mit freudestrahlendem Gesicht, in Begleitung einer älteren Frau, das Restaurant, und man begrüßte sie wie Familienangehörige. Sie war die Verwandte eines unserer Gastgeber und sprach Englisch, was mich freute. Auch sie zeichnete sich durch wahre Natürlichkeit aus. In ihrer Gesellschaft fühlte sich niemand fremd, und so kamen wir in ein lebhaftes Gespräch. Vor dem Abendessen war noch eine Besichtigung Trogirs geplant. Marina gesellte sich als letzte zu uns; sie wir unsere Reiseführerin sein und uns die Geschichte und Nostalgie der Insel näher bringen. Obwohl sie in Südkalifornien arbeitete, hat sie die für den Balkan typische Ausstrahlung bewahrt, und ihren Geschichtskenntnissen haben wir viele neue, wunderbare Einblicke zu verdanken.

Marina blieb ständig in meiner Nähe und erklärte uns die Sehenswürdigkeiten in englischer Sprache; diese Aufmerksamkeit war wirklich rührend. Wir begannen mit der Besichtigung der Festung und sahen uns noch viele weitere historisch bedeutende Stellen an, die weit in die Vergangenheit zurück reichten. Während wir durch die Straßen schlenderten, überkam mich plötzlich ein eigenartiges Gefühl. Wegen der schmalen Gassen und den sich in beiden Richtungen bewegenden Menschenmassen hatten wir uns in zwei Gruppen geteilt, und mir wurde bewusst, dass Braco nicht anwesend war. Ich begriff, wie wichtig er mir in dieser kurzen Zeit geworden ist, wie diese seltenen, so kostbaren Freunde, in deren Gesellschaft man immer bleiben möchte.

Nach unserem erstaunlicherweise sogar kompletten Rundgang durch Trogir kehrten wir zum Hotel zurück, und unsere Gastgeber zeigten uns, was es alles zu bieten hatte. Auf den Flachbildschirmen an der Rezeption wurden Filme über Braco gezeigt, und ich erfuhr, dass seine DVDs hier rund um die Uhr laufen. Sie regen die Energie in ihren Leben an, und die Gastgeber meinten, die Energie halte durch diese Filme ständig in ihr Heim und in ihre Arbeit Einzug. Auf diese Weise wollen sie Braco, den sie so hoch achten, eine Ehre erweisen. Später werde ich, beim Aufzeichnen ihrer Geschichte, auf den Grund ihrer großen Loyalität und Liebe zurückkommen.

Zum Abendessen waren zwei große runde Tische aufgestellt, so dass alle reichlich Platz hatten. Ich saß rechts von Braco neben Marina, und Dinka saß zu seiner Linken. Wir begannen mit der Vorspeise, die in solchen Mengen serviert wurde, dass sie auch als Hauptspeise durchgehen könnte, und es kamen unaufhörlich Speisen dazu. Wir führten rege Gespräche am Tisch, und sobald eine kleine Pause nach der Mahlzeit entstanden war, bat ich Mate, mir seine Geschichte über die Begegnung mit Braco zu erzählen. Offensichtlich erfreut, zog er sofort seinen Stuhl zu Braco, der sich zusammen mit Marina um die Übersetzung kümmerte, und ich zückte mein Notizbuch.

***Mate und Franka Buble** – Lebenstransformation mit Braco*

Meine Frau und ich arbeiteten in der Werft. Finanziell standen wir gut, und es fehlte uns an nichts. Ich war Computerfachmann und arbeitete an der Einführung eines fortschrittlichen technischen Programms in den Schiffbau. Meine Frau unterstützte mich dabei vollkommen.

Als der Krieg ausbrach, verlor meine Frau ihre Arbeit, und wir standen plötzlich beide ohne Einkommen da. So beschlossen wir, unser kleines Haus zu einem Restaurant umzubauen. Das Geschäft lief in den ersten zwei Jahren ganz gut. Dann kam es zu Problemen, ausgelöst, wie wir annehmen, durch den Neid unserer Nachbarn. Meine Frau hatte unerträgliche Schmerzen im Arm und konnte deshalb nicht mehr in der Küche arbeiten. Ich kümmerte mich um den Einkauf, bekam aber Asthmaanfälle, was mich daran hinderte, diese Arbeit weiter zu verrichten.

Wir hatten uns viel Mühe gegeben, doch der Erfolg hielt sich in Grenzen. Als sie eines Morgens zur Arbeit kam, fand meine Frau weggeworfene Pflanzen und Äste. Wir hatten zuvor schon Marina von unseren Problemen erzählt, und sie meinte, wir sollten versuchen, der Ursache auf den Grund zu gehen. Als ein Verwandter sah, in welchem Zustand wir waren, riet er meiner Frau, wir sollten Braco besuchen.

Anders erzogen, waren wir geistig nicht bereit und damit auch nicht aufgeschlossen für solche Anregungen. Aber die vor unserer Tür vorgefundene Unordnung, das war der Gipfel! Obwohl wir bereits früher ungewöhnliche Situationen durchmachen mussten, war uns nie der Gedanke gekommen, dass etwas Unnormales dahinter steckte, aber als diese Vorfälle kein Ende nahmen, sagte unsere Tochter, wir sollten zu Braco gehen. Sie fragte nur - Worauf wartet ihr noch?

Damals war ich so erschöpft, dass ich alle drei Monate im Krankenhaus landete, wo man versuchte, mir das Leben zu retten. Deswegen ging meine Frau zu Braco. Das war im Mai des Jahres 2001. Gerade als sie bei Braco war, lag ich beim Arzt in der Notaufnahme. Während ich wartete, konnte ich plötzlich leichter atmen, und es ging mir besser. Nachdem meine Frau aus Zagreb zurückgekehrt war, fragte ich, was sich dort ereignet hatte, warum ich mich besser fühlte. Sie antwortete - es hat sich nichts ereignet, ich habe nur etwa zehn Sekunden mit Braco gesprochen.

Nach ihrem Besuch spürte ich einen allmählichen Wandel in mir - ich begann, meine Denkweise zu ändern. Obwohl ich noch immer Beschwerden hatte, kam ich besser mit ihnen zurecht. Auf einmal verspürte auch ich das Bedürfnis, Braco zu sehen, und Franka und beschlossen, ihn gemeinsam zu besuchen. Ich muss betonen, dass sich uns jedes Mal, wenn wir zu Braco fahren wollten, Hindernisse in den Weg stellten. So wollten, zum Beispiel, während einer Fahrt unsere Bremsen nicht mehr funktionieren, und unser Wagen landete im Straßengraben. Doch das konnte uns weder erschrecken noch von unserem Unterfangen abhalten. Von da an besuchten wir Braco zu jedem Monatsbeginn.

Seitdem ich Braco besuche, hat sich mein Leben so stark verändert, dass ich es kaum wiedererkenne, nicht nur in der Herangehensweise an die Arbeit oder in den Beziehungen zu unseren Kindern, mein Leben ist einfach unbeschreiblich anders. Obwohl Schwierigkeiten noch immer auftreten können, wie etwa die Scheidung meiner Tochter, reagiere ich nun anders und finde für alles eine positive Lösung. Früher hätten mich solche Dinge schwer belastet, und ich suchte nach psychologischen Wegen der Problemlösung. Jetzt verstehe ich, dass es auch ohne solche Anstrengungen zu einem guten Ende kommen kann.

Was unsere Resultate betrifft, dieses Hotel und alles, was wir erreicht haben, so bin ich fest davon überzeugt, dass wir das einzig und allein Braco zu verdanken haben, denn wir waren nur gewöhnliche Werftarbeiter. In Krisensituationen suchten wir Rat bei Braco. In der Zwischenzeit stellten wir, mangels finanzieller Möglichkeiten, einen Kreditantrag bei der Bank. Damals sprach Braco noch mit jedem, der ihn besuchte.

Wir stellten ihm eine direkte Frage bezüglich unseres Darlehens zwecks Ausweitung unseres Geschäfts. Er sagte uns im Dezember 2001, dass es keine günstige Zeit für uns ist. Im Jahr 2002 bekamen wir Antwort von der Bank, dass uns ein Darlehen in Höhe von 200.000 Dollar gewährt wurde. Doch nach Bracos Worten nahmen wir diese Darlehen nicht auf. Wir warteten sechs oder sieben Monate und stellten einen neuen Kreditantrag. Braco sagte, es würde schwer werden, doch wir könnten es schaffen, und so war es auch.

Die ganze Zeit über gaben wir uns auch weiterhin viel Mühe und begriffen, dass unsere innere Kraft von Braco kommt, dieser Erfolg, von dem er gesprochen hatte. Braco sprach mit mir und meinte, ich müsste dieses Haus kaufen. Am nächsten Tag gewährte uns die Bank ein Darlehen von 750.000 Euro, und wir kauften das Haus, weil es Braco so gesagt hatte. Ohne ihn hätte ich so einen Kredit in meinen wildesten Träumen niemals bekommen.

(Später erzählte mir Mate noch, dass das erste Darlehen mit so ungünstigen Zinsen verbunden war, dass ihn die Abzahlung ruiniert hätte. Das zweite Darlehen hatte unvergleichlich niedrigere Zinsen.)

Als ich zum ersten Mal zu Braco kam, sagte ihm meine Frau, sie habe ihren Mann mitgebracht, und Braco fragte sie: "Wo ist er denn?" In dem Moment wusste ich, dass wir eines Tages Freunde werden würden.

Seit diesem ersten Tag halten wir ständig eine DVD oder ein Foto im Haus. Die DVDs werden ununterbrochen an unserer Rezeption abgespielt - zu Ehren von Braco, und um Negatives abzuwenden, das uns auf irgendwelche Weise schaden könnte. Und das ließen wir uns zur Gewohnheit werden: Wenn ein Problem auftaucht, beraten wir uns immer mit Braco am Srebrnjak 1, und das hat immer die Lösung des Problems zur Folge.

Mate und Franka haben bereits seit dreißig Jahren ein Haus und Restaurant, und jetzt haben sie alles. Vor fünf Jahren eröffneten sie die ersten Zimmer ihres Hotels, und vor einem Jahr kauften sie weitere Zimmer hinzu, so dass sie jetzt sechzehn Zimmer haben. Sie sind erfolgreich und mit dem Erreichten zufrieden, stolz auf ihr wunderschönes Hotel. Eigentlich hat die Freude und Zufriedenheit in ihren Augen diese Geschichte am besten erzählt.

Die Nachspeise sollte in Kürze serviert werden, und fast alle bestellten einen Espresso zum Abschluss des Abendessens. Marina war die ganze Zeit meine gute Begleiterin; jetzt holte sie eine Schachtel besonderer Zigaretten aus der Handtasche und bot mir eine an. Die Zigaretten waren elegant in Papier eingewickelt, glänzend und mit goldenem Filter. Spontan kam bei mir der Wunsch auf, eine zu probieren, und Marina gab mir Feuer. Braco schaute mich verdutzt an, und ich nahm freudig verspielt einen Zug. Danach nahm auch Braco eine Zigarette von Marina, gefolgt von Ivan, und wir wirkten alle wie auf einer ausgelassenen Party. Glücklicherweise waren die Zigaretten nicht stark. Nikicas und Damirs Augen waren auf mich gerichtet, und als Nikica in Gelächter ausbrach, zuckte ich zusammen.

Braco betrachtete mich auch weiter mit einem fragenden Blick, und ich sagte ihm, dass ich das tun wollte. Diese Gesellschaft erfüllte mich mit Freude; es war so viel Wärme und Liebe im Raum. Und jetzt hatte ich mich an einem balkanischen Ritual beteiligt, dass die Mehrheit der Menschen hier genießt; ich überließ mich vollkommen dem Genuss und teilte ihn mit den anderen Anwesenden. Mit einer rosa Zigarette in der Hand schaute ich Ivanka an; in ihren Augen war kein Schuldspruch zu sehen, und niemand verurteilte mich. Alle lachten nur und begriffen, dass sich hier etwas Ungewöhnliches ereignet hatte.

Nach dem Dessert war es schon sehr spät, und wir dankten unseren Gastgebern für das wunderbare Abendessen. Mate umarmte mich und sagte, ich würde sein Gast sein, wenn ich wieder komme. Ich dankte ihm und sprach meine tiefe Achtung aus vor seiner Großzügigkeit und dem, was er erreicht hatte.

Damir und Ivan gingen unsere Autos vor Ivans Haus holen, und so konnten wir aus Trogir direkt zu Bracos Haus am Meer fahren. Nikica verabschiedete sich von uns, da sein Heimweg in einer anderen Richtung lag, doch vorher bat er mich noch, mit ihnen zusammen für immer in Kroatien zu bleiben. Mein Herz geriet in Versuchung, und ich wusste, dass man es mir anmerken konnte, aber ich hatte viel zu tun in Amerika, ich musste Braco den Weg bereiten. Ich war sicher, dass ich das tun musste, das Buch schreiben, den Kongress organisieren und vieles mehr, bevor mich der Weg wieder in Bracos Nähe führen würde. Mein Beschluss und meine Bestimmung standen fest.

Kapitel 9

12. Tag - Freitag, 10. Juli 2009

Die Adriaküste

Während wir unseren ersten Espresso in unserem Lieblingscafé Rudina tranken, sprachen Braco und ich über die Orte, die er auf Hawaii besuchen würde. Dies war unsere erste logistische Besprechung, auf der ich ihm Einzelheiten über die Möglichkeiten auf den verschiedenen Inseln und über die im ganzen Prozess zu aktivierenden Verbindungen darlegte. In dieser Anfangsphase planten wir einen dreiwöchigen Aufenthalt Bracos auf den Inseln; das erwies sich schließlich als bester, nicht als aufgezwungener Terminplan. Vorerst plante ich die Veranstaltung des Kongresses, gefolgt von einer 14-tägigen Besichtigungstour der Hawaii-Inseln mit Braco.

Danach überquerten wir die Brücke vor neun Uhr und machten an unserer zweiten Station Halt, im Café Light. Wir setzten unser Gespräch fort, und Braco schlug vor, wir sollten versuchen, eine Begegnung mit Bracos Blick im Freien zu organisieren. Das hatte er bereits vor großen Versammlungen getan, und ich konnte ihm eine besonders natürliche Umgebung bereitstellen. Bei jeder Begegnung mit Bracos Blick spielt eine besondere Instrumentalmusik. Aber bei der Begegnung im Freien, da waren wir uns einig, könnte eine einzige Person traditionelle Musik live spielen. Eine weitere neue, in Betracht gezogene Idee war, dass wir auf Hawaii den Besuchern gestatten, an einem Tag bei mehreren Begegnungen dabei zu sein. Viele werden von weit her anreisen, und die meisten werden neue Besucher sein, deshalb wollte Braco ihnen helfen, möglichst viel Energie aufzunehmen, weil sie einige Zeit auf seine Rückkehr warten müssen. Glücklicherweise wird die heilige Umgebung den Menschen helfen, größere Energiemengen in einer kürzeren Zeit aufzunehmen.

In Stuttgart waren einmal an einem Tag 1.600 Menschen dabei. Davon wurden 12 auf Tragen in das örtliche Krankenhaus gebracht. Später war alles in Ordnung; sie hatten nur unter der Kraft der Energie einen Schwächeanfall erlitten. Eben dies war der Grund, weswegen man nur eine Begegnung pro Tag zuließ. Doch ich diente selbst als Beweis, dass es andere Möglichkeiten gibt, und die Natur auf unserer Insel, die Unkompliziertheit und Achtung aller Lebewesen wird diesem Versuch eine Stütze sein. Braco wusste immer, wie etwas auf die Menschen einwirken wird, und sein innerer Drang leitete ihn spontan zur Wahl der besten Möglichkeit. Und ich liebte es, neue Ideen zu erforschen und unsere Begegnungen dementsprechend in die Tat umzusetzen.

Wir kauften genügend Croissants und Brötchen ein, auch für Dinka und Andelon, mit denen wir im Haus frühstückten. Dinka hatte für Braco frischen Joghurt und heimischen Honig bereitgestellt, und ich aß Obst und war glücklich. Da Nikica nach Hause zurückgekehrt war, gesellte sich an diesem Morgen nur Damir zu uns. Ivanka sahen wir erst später, als wir nach Zagreb aufbrachen, und so fuhren wir fünf an das Grundstück am Meer. Dort genossen wir den ruhigen Tag mit allen Annehmlichkeiten, die sich uns boten. Braco spielte den ganzen Tag mit seinem Sohn; sie spielten Boccia, gingen schwimmen und spielten Karten. Ich war beim Kartenspiel mit dabei - es war spannend und kurzweilig.

Wir machten es uns alle in den Liegestühlen unter den Olivenbäumen gemütlich. Nach den üppigen Mahlzeiten von gestern ersehnten wir uns alle ein wenig Erholung. Deshalb bereitete uns Dinka ein spätes Mittagsmahl mit Nudeln und Oliven zu, und alle nahmen sich recht bescheidene Portionen. Braco ließ gewöhnlich ein wenig Nahrung auf dem Teller liegen. Er erklärte, dies sei eine gute Gewohnheit, denn so ehrten wir den Überfluss unserer Welt. Das mache ich gewöhnlich auch, denn ich weiß, dass unsere Überzeugungen bei der Gestaltung aller unserer Lebensbereiche mithelfen. Wenn sich jemand überschätzt und nichts auf seinem Teller zurücklässt, dann schadet das nicht nur dem Körper, sondern verewigt auch den kollektiven Gedanken über maßloses Schlemmen und des Aufessens aus Angst vor Nahrungsmangel.

Nach einem unverbindlichen Gespräch teilte ich Braco mit, ich würde in die Stadt gehen und einige Stunden im Internet-Café verbringen, um meine E-Mails zu lesen, bevor sich alle versammeln und unsere Abreise vorbereiten. Ich hatte die Sonne unterschätzt und schwitzte sehr, und trotzdem genoss ich den Spaziergang an der Anhöhe, von wo aus sich ein Blick auf das offene Meer bot. Dieser Spaziergang dauerte 50 Minuten, bis ich das Haus erreicht, meinen Rechner geholt hatte und zur Riva zurückgekehrt war, wo ich das Café fand. Während ich meine E-Mails anschaute, bereitete Dinka den Kakadu Coco, ihren zweiten Papagei und ein reizendes Eichhörnchen für die Reise nach Zagreb vor. Dinka reiste mit uns für einen Tag nach Zagreb, zur Hochzeitsfeier einer Verwandten, um gleich darauf wieder ans Meer zu fahren. Bracos Mutter Ivanka fuhr ebenfalls mit uns zurück, um zu Hause die, wie ich hörte, zahlreichen und recht beeindruckenden Blumen zu gießen.

Als wir uns endlich zusammengefunden hatten, packte jeder seine Koffer, und die dreistündige Fahrt konnte beginnen. Dinka hatte die Tiere, Andelon und Ivanka in ihrem Wagen, während Damir Braco und mich im anderen Wagen chauffierte. Braco saß immer gerne auf dem Hintersitz. Unterwegs hielten wir an einer Tankstelle an, wo wir uns mit Eis und Getränken erfrischten. Es war schon merklich kühler, und so entschieden wir uns für einen Tisch im Gebäude. Gut gelaunt erzählte Braco Dinka, Ivanka und Damir, wie wir an diesem Morgen Pläne für unsere Hawaii-Reise geschmiedet hatten. Unsere Pläne fanden allgemeinen Beifall und Billigung, auch von Andelon, der die Arbeit seines Vaters wahrlich unterstützte.

Im zweiten Teil der Reise sprachen wir die meiste Zeit über Ivica. Er wurde in unseren Gesprächen oft erwähnt, und es war offensichtlich, wie sehr Ivica in den Leben und Herzen dieser Menschen gegenwärtig war. Braco verfolgte mit, was Ivica tat, aber der Prophet hatte ihm nie direkte Anweisungen gegeben. Da er immer nur in Ivicas Nähe sein wollte, dachte Braco überhaupt nicht darüber nach, dass er Menschen helfen wird, wie sein Freund Ivica tat. Und der Umstand, dass Braco nie heilte während Ivica noch lebte, zeigt die wahre Natur ihrer Beziehung auf: es handelte sich offensichtlich nicht um ein Schüler-Lehrer Verhältnis.

Die Sonne ging gerade unter, als wir am Zielort ankamen, und nachdem Damir mir meinen Koffer und die Computertasche vor die Tür gebracht hatte, verabschiedete er sich freundlich und ging. Bald darauf kam Dinka vor das Haus, und dann ging jeder seiner Wege. Es war Zeit, wieder die Koffer zu packen, denn der morgige Tag führt uns erfreulicherweise wieder zu Begegnungen; es steht eine erneute Reise nach Slowenien bevor. Die Weckzeit war um 4:30 Uhr, so kam es mir gelegen, etwas früher zu Bett zu gehen und viel Kraft für den neuen Arbeitstag zu schöpfen.

13. Tag - Samstag, 11. Juli 2009

Slowenien

Nach dem Aufstehen trafen wir beide uns früher als gewöhnlich, und so hatten wir nach einem einstündigen Spaziergang Zeit für einen Croissant und einen Espresso. Während unserer Spaziergänge hatten wir häufig auch längere Zeitabschnitte der friedvollen Stille. An diesem Morgen ganz besonders. Wir tauchten in die Stille ein und atmeten den süßen Duft der Natur ein. Das ließ uns nicht nur wach, sondern auch vollkommen bewusst werden, wie friedlich und angenehm der Wald und unsere Umgebung war. So verbanden uns die Spaziergänge ständig durch die Teilung gemeinsamer Freude. Nebenbei hatte ich ausgerechnet, dass vier Tage seit der letzten Begegnung mit Bracos Blick vergangen waren, und das fehlte mir sehr. Jede Minute, die wir am Meer verbracht hatten, war der reinste Genuss, doch das ist kein Vergleich zu dem Gefühl, wenn man vor Braco steht und die Präsenz jener unbeschreiblich süßen Energie und der erleuchtenden Kraft spürt.

Braco freute sich ebenfalls, wieder Energie durch seinen Blick geben zu können, denn das war wahrlich der Sinn seines Lebens. Samstags kommt er gewöhnlich nicht zum Srebrnjak 1. Stattdessen hören die Besucher seine aufgezeichnete Stimme, aber heute werden wir bis 13 Uhr bleiben und dann nach Slowenien aufbrechen. Der eigentliche Grund unseres kurzen Besuchs im Zentrum waren Fotografien von Braco und Ivica, die ich für den Kongress, für Artikel und für das Buch aussuchen sollte. Es war auch eine letzte Gelegenheit für mich, Braco persönlich im Bambusgarten zu fotografieren, und noch einige Sachen zu beschaffen, bevor wir wieder in Richtung Afrikaküste abreisen. Neben all diesen Verpflichtungen blieb auch noch zeit für Arbeit, und Braco wollte die Gelegenheit nicht versäumen, den heutigen Besuchern eine Begegnung mit seinem gebenden Blick zu ermöglichen.

Während der ersten Begegnung betrachtete ich die verschiedenen Gesichter der Anwesenden im Raum, und dann auch Braco, wie er das Podium betritt. Sein Gesicht ist in diesen Momenten immer sanft und zeitlos, und die Wirkung des Kraftstroms setzt sofort ein. Mein Herz und mein Geist waren der tieferen Ebene der Mission, der Energie selbst gewidmet, und es freute mich, diese Energie aufnehmen zu können. Diese intensive ruhige Kraft rief so vieles in mir wach, und ich wusste, dass viele in der Gruppe die gleiche Kraft auf verschiedenste Weise spüren werden, in ihrem Inneren wie auch in ihrem Leben. Ich verstand vollkommen, weshalb so viele Menschen immer wieder kommen, wann immer sie können, denn die Energie kann buchstäblich die Batterien jedes einzelnen Lebens auf subtilste und feinste Weise aufladen.

Bracos selbstlose Art des Gebens ist ein weiterer Grund, weshalb ihn so viele Menschen wie einen Familienangehörigen lieben. Deshalb erscheinen sie in so riesiger Zahl zu seinem Geburtstag, um ihre Achtung und Liebe zu bezeugen. Für den Srebrnjak 1 gibt es keine Eintrittskarten; jeder kann ohne Weiteres an der Begegnung mit Bracos Blick teilnehmen. Nur die Veranstalter dürfen 4 Euro kassieren, um ihre Miet- und Werbekosten sowie andere Ausgaben, die solch eine Veranstaltung erfordert, zu decken. Wer diese verantwortungsvolle Aufgabe – mit Bracos Einverständnis - übernimmt, macht einen Lehrgang durch, damit sichergestellt ist, dass keiner der Besucher etwas versäumt und auf jeder Ebene alles bekommt.

In den Pausen zwischen den Begegnungen trafen wir uns in der Küche bei Stevo, der immer gesunde und schmackhafte Speisen bereit hielt, und jeder bediente sich nach eigenem Geschmack. Während eines Gesprächs klingelte das Telefon, und Dinko meldete sich. Der Anruf war aus Österreich. Da der Anrufer Englisch sprach, reichte Dinko den Telefonhörer an Braco weiter, da sonst niemand anwesend war, der Englisch sprach. Die Person am anderen Ende der Leitung erkundigte sich über Bracos Terminplan. Die Anruferin wollte von weit her nach Zagreb kommen und sicher gehen, dass Braco persönlich zugegen sein wird. Wie konnte sie wissen, dass sie bereits mit ihm persönlich sprach? Braco gab sich nicht zu erkennen, aber er sicherte ihr zu, dass der Terminplan zuverlässig ist, und verabschiedete sich dann. Und wieder einmal machte es einen großen Eindruck auf mich, mit welcher Präzision er jedes Detail seines Terminplans im Gedächtnis behalten kann, trotz der ständigen Änderungen.

In der nächsten Pause nutzte ich die Gelegenheit und durchforstete mit Ljiljanas Hilfe seine Daten im Rechner. Als es Zeit für die nächste Begegnung war, bat ich Braco, es einzurichten, dass ich mit Hilfe seiner Mitarbeiter zu der einen oder anderen Geschichte von Besuchern aus der nächsten Gruppe komme. Ich wusste, dass die Filme über Braco am aussagekräftigsten waren. Reine Worte können sich nicht mit einer DVD messen, auf der Menschen ihre Geschichten über Wunder schilderten, und heute hatte ich selbst die einzigartige Gelegenheit, Zeugnisse der Besucher mit der freundlichen Genehmigung der Mitarbeiter am Srebrnjak 1 zu notieren. So kam ich nach der Begegnung, mit der Unterstützung eines Übersetzers, zu folgenden zwei Geschichten:

Slobodan Šikić *- 43 Jahre*

Ich hatte schreckliche Schmerzen und Probleme mit dem Stuhlgang. Eine arthroskopische Untersuchung ergab, dass ich eine bakterielle Infektion hatte. Man verschrieb mir viele Tabletten und Arzneien, doch der Schmerz war so stark, dass ich immer schwächer wurde. Ich begab mich in Psychotherapie; die Ärzte hatten mir dazu geraten, da die Tabletten keine Wirkung zeigten, und ich den Schmerz bewältigen musste. Ich nahm 30 Kilogramm ab und schrie nachts vor Schmerz.

Meine Frau erfuhr von Braco und besuchte ihn mit meinem Foto. Am nächsten Tag war der Schmerz völlig verschwunden. Als er wieder kam, besuchte ich Braco selbst, zusammen mit meiner Frau. Ich kam alle zwei Wochen; manchmal hatte ich Schmerzen, manchmal nicht, aber nach einem Jahr regelmäßiger Besuche war der Schmerz völlig verschwunden.

Das erste Mal hatte ich ihn im Jahr 2003 besucht. Ich halte große Stücke auf Braco und meine Dankbarkeit lässt sich nicht in Worte fassen. Ich befürworte seine Arbeit in jeder Hinsicht. Braco sehe ich als Teil meiner Familie an - ich hege dieselben Gefühle für ihn wie für meine Kinder. Diesem Mann wünsche ich nur das Beste.

Ljubica *- 60 Jahre - Zagreb*

Ich komme hierher, wenn ich das Bedürfnis verspüre. Manchmal wöchentlich, zuweilen einmal im Monat.

Mein ganzes Leben war von Krankheit begleitet, die familiären Beziehungen waren schlecht: Meine Tochter konnte 8 Jahre lang nicht schwanger werden, doch nach dem Besuch bei Braco wurde sie Mutter. Die Ärzte meinten, dies sei unglaublich, unmöglich, ein Wunder.

Meine Schwester hatte 8 Jahre lang Schmerzen im ganzen Körper und nahm viele Tabletten. Die Ärzte waren zu keiner genauen Diagnose gekommen. Ein Verwandter riet ihr zu einem Besuch bei Braco, und die Schmerzen waren weg. Jetzt fühlt sie sich besser und bekommt keine Medikamente mehr verschrieben.

Was Braco tut, ist wie ein Gottesgeschenk, das Leben wird viel schöner. Ich glaube, Gott sendet seine Energie durch Braco, und diese Energie strahlt durch seine Augen - und hilft den Menschen nicht so, wie sie es sich wünschen, sondern so, wie Gott es haben will. Gott entscheidet, was sie verdient haben.

Für Braco empfinde ich eine große und offene Liebe, von ganzem Herzen und aus ganzer Seele. Ich weiß nicht, wie ich das ausdrücken soll, deshalb bringe ich bei jedem Besuch Blumen mit, als Zeichen meiner Liebe (Ljubica weint). Meine Tränen sind Ausdruck der Liebe. Für mich ist Braco unglaubliche, unermessliche Liebe. Er gibt mir ein tiefes Gefühl der Sicherheit, der Ruhe und der Liebe.

Später kehrte ich in die Küche zu Braco zurück; im Radio spielte amerikanische Tanzmusik der Achtziger. Ljiljana war auch da, und ich bat sie, mir ebenfalls ihre Geschichte über ihre Ankunft am Srebrnjak 1 zu erzählen, da ich möglichst viel über die Familie, Freunde und all jene erfahren wollte, die so aufopfernd am Srebrnjak 1 arbeiten. Als sie über ihre ersten Tage im Zentrum zu sprechen begann, fand sie nur schwer Worte; das war eigenartig, da sie sonst sehr eloquent war. Deshalb beschlossen wir, das Gespräch bei einer anderen Gelegenheit zu führen, weil ich der Ansicht war, dass es in Anbetracht der starken Gefühle und der großen Bedeutung mehr Zeit brauchte, um sich zu legen, und dann würde Ljiljana auch die richtigen Worte finden. Später fand Ljiljana die perfekten Worte, mit denen sie auf rührende Weise alles schildern konnte, was sie mit mir zu teilen bereit war.

Da ich in einigen Stunden auf dem Weg nach Slowenien sein sollte, kamen wir zum Schluss, dass jetzt der richtige Moment für einen Einkaufsbummel war. Vorher ging ich noch mit Braco in den Bambusgarten und schoss etwa zehn Fotos. Mich beeindruckte immer wieder sine allgemeine Natürlichkeit, bei allen Gelegenheiten, ohne Ausnahme, und in diesem Fall vor dem Fotoapparat. Da wir alleine waren, begannen wir über das Thema "Schicksal" zu sprechen. Nach Bracos Betrachtungsweise hatte alles ein Schicksal - die Person, Familie, Heimat, ja, sogar ein Haus, und jede Situation hat ihr Schicksal.

Ivica konnte zuweilen solche Schicksale sehen. Früher, als Braco noch mit den Besuchern sprach, sah und nutzte auch er solche Informationen, um den Menschen, die zu ihm gekommen waren, zu helfen. Das Bewusstsein über diese Zeit wird sich nur auf eine höhere Ebene verlagern, falls es das Schicksal dieser Zeit ist, und deswegen wollen die Menschen einen Wandel, der im Einklang mit der Zeit steht. Als ich Braco über Gott befragte, wollte er darüber nicht sprechen. In tiefer Ehrfurcht vor Gott betrachtete er sich als inkompetent, über Gott zu sprechen - Gott war eine zu große Heiligkeit.

Dann fragte ich ihn, was dazu beitragen könnte, dass die Menschen weniger befangen werden. Für Braco ist Information der Schlüssel. Seines Erachtens sind wir von zu viel Informationen umgeben. Neues wird oft als etwas Schlechtes wahrgenommen, und natürlich sind wir dann befangen. Braco sieht sich keine Nachrichten im Fernsehen an. Er möchte nicht unter den Einfluss negativer Informationen fallen. Der Mensch sollte weniger über Informationen nachdenken, die voller negativer Bilder und Geschichten sind. Er sollte sich auf andere Dinge konzentrieren, mehr Zeit in der Natur verbringen, so lebt Braco, und so erlebt er die Wirklichkeit. Generell gesprochen, negative Gedanken werden verschwinden, wenn wir etwas Gutes in den Brennpunkt rücken. Natürlich ist es das Schicksal mancher Menschen, Unheil zu verbreiten, und das ist das Gleichgewicht der Natur.

Nachdem ich mit Ljiljana, die mich geduldig durch die ganze Stadt geführt hatte, damit ich alles finde, was ich suchte, von dem Einkaufsbummel zurückgekehrt war, mussten wir auch schon aus Zagreb abreisen. Tedo wird uns nach Ljubljana fahren, in die größte und eine der schönsten Städte Sloweniens, die ich zu Gesicht bekommen werde. Auf dem Vordersitz nahm Braco neben Tedo Platz, und los ging unsere Fahrt zum neuen Ziel. Während der Fahrt kamen Braco und ich zum Schluss, dass es uns vorkommt, als sei ich schon seit Jahren hier, und als ob wir uns schon jahrelang kennen. Die gemeinsam verbrachte Zeit verging in einer so angenehmen und entspannten Atmosphäre, als ob wir außerhalb von Zeit und Raum existierten.

In Ljubljana angekommen, fuhren wir direkt zum Hotel. Es handelte sich um ein modernes Gebäude mit einem Atrium, ganz in Glas gehalten. Hier, im großen Tanzsaal, würden morgen die Begegnungen stattfinden. Nachdem wir unser Gepäck auf die Zimmer gebracht hatten, zeigte mir Braco das Hotel. Marjana schloss sich uns an. Es freute mich, sie nach unserem Triumph in Rogaška Slatina, wo sie die Rolle meiner Übersetzerin übernahm, wiederzusehen. Sie half auch hier bei der Organisation der Begegnung mit Bracos Blick mit. Schön gekleidet und mit einem süßen Lächeln war sie bereit, uns die Stadt zu zeigen. Wir warteten noch auf zwei weitere Personen, Anja und Dragana, die uns auf eine Besichtigungstour durch die Stadt führen sollten.

Anja war eine junge, attraktive Blondine, die den Wunsch hatte, eines Tages selbst Begegnungen mit Braco zu organisieren, und Dragana war eine hübsche Frau mit einem funkelnden Blick und einem Lachen, der Entschlossenheit verriet. Ich fühlte mich sofort mit Dragana verbunden, und es tat mir leid, dass wir nicht mehr Zeit miteinander verbringen konnten, obwohl uns zwei gemeinsame Tage erwarteten. Wir fuhren in zwei Autos los, Marjana chauffierte Braco und mich in einem, während Tedo, Branko, Anja und Dragana im anderen Auto saßen. Unsere erste Station war ein Schloss, das die Legende vom Drachen, dem großen Beschützer der Stadt Ljubljana, barg.

Während der Fahrt sagte mir Marjana, die glänzende türkisfarbene Kleidung trug, sie habe sich früher immer in Schwarz gekleidet, am Arbeitsplatz, am Abend und den Tag über. Dann sagte ihr Braco, es wäre genug mit dieser Farbe; jetzt trägt sie nur noch zwei Mal in der Woche schwarze Kleidung.

Früher plante sie ihre Kleidung für die ganze Woche, aber jetzt, da verschiedene Farben im Spiel sind, entschließt sie sich erst nach dem Aufstehen, je nach Gemütszustand, welche Farbe in Betracht kommt. In ihrem Leben hat sich ein Raum für Inspiration auf fundamentaler Ebene aufgetan.

Ein Spaziergang am Schloss entlang bot eine prächtige Aussicht auf die Landschaft und die alten Mauern. Wir mussten unsere Besichtigung des Schlosses abkürzen, da die Öffnungszeit für Besucher vorüber war, und so plauderten wir noch ein wenig in einem Café innerhalb der Wehrmauern und machten uns dann getrennt auf den Rückweg, wo wir uns wieder in der Stadtmitte treffen wollten. Doch zunächst begleitete Marjana Braco und mich noch auf einem Spaziergang am wunderschönen Flussufer entlang. Hier vertraten wir uns die Beine, bis zu der Stelle, wo der Weg endete. Jetzt standen wir vor der Wahl: Umkehren und den ganzen Weg zurückgehen, oder über die efeubewachsene, hohe Mauer klettern, um zu dem Weg zu gelangen, der wieder zur Stadtmitte führte.

Braco und Marjana wollten umkehren, doch ich hielt sie davon ab. Ich sagte ihnen, wir könnten auf die Mauer steigen, worauf Braco antwortete, er sei dazu bereit, falls ich es zuerst tue. In meinem schmalen Rock, der zum Glück hinten einen Schlitz hatte, was einen großen Schritt ermöglichte, zog ich meine Schuhe aus und schaffte es, auf die Mauer zu steigen. Braco merkte noch an, dass uns Branko den Hals umdrehen würde, wenn er wüsste, was wir machen, aber da er nicht da war, ließ sich auch Braco überreden. Es folgte Marjana im beeindruckenden Stil mit hohen Absätzen, und wir waren wieder alle auf dem Spazierweg. Wir entdeckten ein zum Restaurant umgebautes Schiff und stiegen auf das schaukelnde Deck; diese Flucht vor der Sommerhitze tat gut.

Wir blieben etwas länger und vergaßen die Zeit, und als wir endlich im Zentrum angekommen waren, standen Branko und Tedo jeweils an einem Ende der Straße und hielten nach uns Ausschau. Branko vergab Marjana diese Verspätung, weil er ihrem süßen Lächeln und dem unschuldigen Gesicht nicht widerstehen konnte, und so verbrachten wir noch einige Zeit auf der Terrasse eines Restaurants auf einem herrlichen Platz voller Steinarchitektur und jahrhundertealter, perfekt instandgehaltener Gebäude. Die schön eingerichteten Straßen werden in beiden Richtungen von einer endlosen Reihe von Geschäften und Restaurants gesäumt. In der Ferne erhob sich der Schutzherr der Stadt, ein großer Drachen auf dem Display in der Stadtmitte.

Wir saßen an einem runden Tisch und hatten viel Spaß mit Branko, den wir oft aufzogen, wenn er Salate, Brot und Gemüse hartnäckig ablehnte, um etwas Platz im Magen für ein saftiges Stück Fleisch zu lassen. Nach dem Abendessen tranken fast alle Wein, und ein Dessert bildete den Abschluss unseres geselligen Abends. Als wir zu der Stelle kamen, wo Marjanas Auto geparkt war, mussten wir feststellen, dass es abgeschleppt worden war, weil es im Parkverbot gestanden hatte, und so mussten uns die anderen mitnehmen. Marjana hatte vorher einen Strafzettel an der Windschutzscheibe ignoriert; nun musste sie am nächsten Morgen ihr Auto abholen und Bußgeld bezahlen. Tedo und Dragana eilten uns schnell zu Hilfe, und wir waren im Nu wieder im Hotel. Marjana würde morgen ihren Wagen wieder haben, und wir mussten nicht weiter über diesen Zwischenfall nachdenken.

Kapitel 10

14. Tag - Sonntag, 12. Juli 2009

Ljubljana, Slowenien

Da wir das Hotel sofort nach der Begegnung verlassen mussten, kam ich am Morgen um 6.30 Uhr mit gepacktem Koffer in den für die Veranstaltung vorgesehenen Saal, nachdem ich Braco im Pausenraum getroffen hatte. Auch standen, wie immer, Früchte, Brötchen und Getränke bereit. Es fehlte auch nicht an großen Mengen von Feingebäck und Bonbons sowie an schön hergerichteten Blumenarrangements. Braco sagte mir, er sei jeden Monat hier, und gewöhnlich würden drei- bis viertausend Besucher am Tag kommen. Aber auch hier war Urlaubszeit, was sich auf die Besucherzahl auswirken könnte. Überall traf man noch die letzten Vorbereitungen, stellte Blumenkörbe, Displays, Anmeldetische auf, und alles stand für die Menschenmassen bereit, die an diesem Tag kommen würden. Rudi war ebenfalls angekommen; er und das Team vom Srebrnjak 1 würden den Besuchern bei den Begegnungen hilfreich zur Seite stehen. Später würden sie auch mir als Übersetzer auf der Bühne gelegen kommen.

Ebenso wie Dinko und einige andere, arbeitet auch Rudi oft den ganzen Tag ohne Unterbrechung, spricht vor den versammelten Besuchern. Ich bewunderte ihre Hingabe und Selbstlosigkeit. An diesem Tag lernte ich Rudi in vielfacher Hinsicht besser kennen. Später stieß Marjana noch zu uns. Obwohl sie angenehm und heiter war, schien sie mir etwas verwirrt zu sein. Bei einer Gelegenheit fragte mich Braco, ob ich weiß, warum er sie als Übersetzerin eingeladen hatte, und ich antwortete, dass er wohl eine neue, talentierte Person für die Arbeit bei den Begegnungen ausbildete. Doch der Grund, den er mir nannte, bewog mich dazu, meine Meinung zu ändern. Er erklärte mir, obwohl Marjana einigen Veranstaltern in Slowenien geholfen hatte, wäre es nicht fair, ihr zu gestatten, sich den ganzen Tag mit uns im Pausenraum aufzuhalten, ohne selbst an der Arbeit beteiligt zu sein.

Es gibt Menschen, die seit etwa zehn Jahren mit Braco zusammenarbeiten, aber nie so viel von seiner Zeit bekamen. Deshalb engagierte Braco Marjana für die Übersetzungen, damit sie ebenfalls arbeitet. Das hatte sie aber noch nicht ganz verstanden, und an diesem Tag spürte ich leichte Anzeichen von Eifersucht wegen der Zeit, die ich mit Braco verbrachte. In Marjana herrschte eine innere Zerrissenheit zwischen dem reichen, materialistischen Lebensstil und ihrem Drang nach Geistigkeit. Braco half ihr, in der Nähe der Energie zu bleiben, diese Zerrissenheit, ja auch gesundheitliche Probleme zu überwinden. Aber sie musste ihren inneren Kampf bestehen und den Sinn gewisser Dinge selbst erfassen. Als ich diesen Aspekt begriffen hatte, ermutigte ich sie auch selbst, mehr Zeit mit Braco zu verbringen. Die Energie wird schon darauf einwirken, dass alles offenbar wird, was offenbar werden muss.

An unserem nächsten Zielort, in Makedonien, stieß Marjana nochmals zu uns, und wir konnten wieder eine herrliche Beziehung und Verständnis aufbauen, wie es zu Beginn unserer Bekanntschaft war. Doch nun erwarteten uns große Gruppen, und meine Aufgabe war es, ihnen zusammen mit Rudi und Dinko zu helfen, für die Möglichkeiten empfänglich zu sein, die Bracos gebender Blick erschloss. Marjana half ebenfalls mit, nicht nur durch Übersetzungen, sondern auch durch Einbringung ihrer persönlichen Wärme bei einigen Gruppen dieses Morgens, bevor sie gehen musste. Später war ich hocherfreut, als man mir mitteilte, mehrere Besucher hätten gesagt, meine persönliche Geschichte über die von der Energie möglich gemachte Wandlung sei ihnen eine große Anregung gewesen. Es kamen Besucher in Rollstühlen, auf Krückstöcken, einige Körperbehinderte und viele mit Fotos ihrer Lieben. Viele kamen, um das Geschenk für ein besseres Leben, bessere Gesundheit und Hilfe für ihre Liebsten zu empfangen.

Meine Kraft mehrte sich mit jeder Gruppe, mit jeder Begegnung, mit jedem Tag, den ich in Bracos Gesellschaft verbrachte, und ich wusste, dass sich diese Gelegenheit nicht ohne einen festen Grund ergeben hat, der von der Energie selbst kommt. Ich hatte eine neue Verantwortung, der ich nachkommen musste, und die Ehrfurcht erfüllte etwas Großes in mir mit Glück, etwas, was erst noch aufblühen sollte. Und wieder einmal fühlte ich solch eine Kraft, dass ich Berge versetzen könnte, und mir wurde klar, dass ich einige Berge tatsächlich versetzen musste.

Nachdem Marjana gegangen war, übernahm Rudi die Übersetzerpflichten. Er war bereits in Zagreb einige Male eingesprungen und war mit den Geschichten, die ich erzählte, vertraut. Es spielte keine Rolle, falls er ab und zu nach dem richtigen Wort suchen musste oder ihm der Sinn einiger englischer Ausdrücke verborgen blieb; er verstand meine Gefühle und die Gedanken, die dahinter standen. Er vermittelte die Botschaft mit solchem Ernst, dass ich wusste, dass er gute Arbeit geleistet hatte. Das war an den Gesichtern der Besucher zu erkennen, die auf seine Worte reagierten. An diesem Tag, stellten wir durch die Zusammenarbeit eine Bindung her. Rudi erzählte mir, er habe Mitte der Achtziger in den Vereinigten Staaten gelebt, in Chicago und in Minnesota. Obwohl es ihm in den Staaten gefiel, blieb er nicht für immer, denn er spürte, dass seine Berufung woanders lag. Das bedeutete auch, dass er besser Englisch sprach, als er bisher gezeigt hatte. Nach vielen Jahren benötigte er schon eine gewisse Zeit, um seine Sicherheit in ein noch immer vorhandenes Wissen zurück zu erlangen.

Rudi unterstützte mich und erzählte mir Geschichten von Besuchern, die ihre Erfolge und Gesundungen mit anderen geteilt hatten; manchmal informierte er mich auf einfallsreiche und bedachte Weise über Reaktionen auf meine Präsentationen. Er sagte mir, wie viele berichteten, sie hätten, während ich sprach, die Energie aus meinem Herzen gespürt, und das freute uns beide. Er hatte auf jeden Fall ein besseres Gefühl für die Besucher, und ich bemerkte, dass er auch mir gegenüber auftaute, und er spürte auch, dass ich ihm zugetan war. Obwohl es draußen recht frisch war und die Klimaanlagen auf Dauerbetrieb standen, war es bis Mittag heiß im Saal, wegen der Energie. Das geschah regelmäßig; in den Sommermonaten verwandelten sich nicht gekühlte Räume, in denen Begegnungen mit Bracos Blick stattfanden, zu vibrierenden Energiesaunen.

Den ganzen Tag über verbrachten Braco und ich jeden freien Augeblick zusammen. Wenn wir nicht auf die Bühne mussten, steckten wir die Köpfe zusammen; wir schmiedeten Pläne, hatten neue Ideen, sprachen über verschiedene Gruppentreffen, über die Herausforderung der Veranstaltung von Begegnungen, über andere verwandte Themen. Unsere Gastgeberin brachte uns bald ein feines vegetarisches Mittagsessen, und Braco aß wieder dasselbe wie ich. Vor dem Essen gesellte sich eine Italienerin namens Connie zu uns. Sie hatte eine Gruppe von 80 Besuchern mit dem Bus aus ihrer Heimatstadt zur Begegnung mit Braco mitgebracht. Connie hatte nicht an diese Art der Heilung geglaubt, bevor sie nicht selbst an einer Begegnung mit Bracos Blick teilnahm. Sie hatte diese Reise organisiert, um ihre Freunde von der Wahrheit zu überzeugen. Nach der ersten Begegnung mit Bracos Blick hatte sie sich völlig verändert. Connie schilderte mir, wie sie eine große, weiße Aura um Braco sah und den Kraftstrom physisch spürte. Nach dieser Erfahrung brachte sie zunächst ihre Freunde mit und wurde dann auch von anderen Leuten gebeten, sie auf die Fahrt mitzunehmen. Die erste Gruppe brachte sie im Januar dieses Jahres mit, und jetzt kam ein voller Bus. Da sie zwei Boutiquen besaß, bat sie Braco, die Läden im August zu schließen und sich seinem Team bei den Begegnungen in Österreich anzuschließen. Im August machte sie gewöhnlich den größten Umsatz, und dennoch zog sie den Vorschlag in Erwägung, denn sie wusste, dass Braco ihr helfen wollte, selbst zu lernen, Präsentationen vor Gruppen abzuhalten. Connie war eine elegante, selbstbewusste und sorgsame Person; sie hatte alles, was erforderlich war, um gute Arbeit mit Braco zu leisten.

Braco bat sie, bei meiner nächsten Präsentation zugegen zu sein und dann wieder zu kommen, was sie auch tat. Inzwischen war ich schon so beherzt und natürlich, dass ich mühelos vor großen Gruppen stehen und mich mit ihnen verbinden konnte, ohne Rücksicht auf Verschiedenheiten. Später kam Connie und war des Lobes voll. Als Braco sie fragte, ob sie das tun könne, was ich tue, antwortete sie begeistert, dass sie es versuchen möchte. Sie verstand, was man von ihr erwartete. Sie beschloss im Nu, in Österreich mitzuhelfen, trotz ihrer geschäftlichen Verpflichtungen, aber dass dies noch nicht erwähnt werden sollte, und die Sache war abgemacht.

Als sie gegangen war, öffnete Braco eine Schachtel mit Kuchen und nahm sich ein Stück. Wie immer bot er auch mir ein Stück an, doch ich lehnte ab, weil mir der Kuchen nicht gefiel. Er bat mich noch einmal, nur ein kleines Stück zu versuchen, da er wusste, dass ich solche noch nicht probiert hatte, doch ich war nicht daran interessiert und lehnte sein Angebot freundlich ab. Dann begann ein Spiel zwischen uns beiden, denn er bestand weiterhin auf eine verspielte und doch entschlossene Weise darauf, dass ich den Kuchen koste. Ich deutete das falsch als Herausforderung und war entschlossen, in diesem geistigen Wettbewerb nicht nachzugeben. Schließlich war es klar, dass ich meine Meinung nicht ändern werde, und er gab auf.

Mit seinem lustigen kroatischen Akzent sagte er, es sei alles in Ordnung, und dass ich jetzt alles Beliebige abschlagen und alles nach meinem Willen tun könne, als ob ich ein Familienmitglied wäre. Danach musste ich zur nächsten Präsentation, aber ich hatte das Gefühl, nicht gewonnen, sondern etwas verloren zu haben. Ich begriff meinen Fehler schnell, und als ich in den Pausenraum kam, wollte ich den Fehler wieder wettmachen. Eigentlich war ich sehr daran interessiert, neue Dinge zu versuchen, die mir Braco anbot und die mir neue Möglichkeiten auf allen Ebenen boten. Das Abschlagen des Angebots war Zeichen einer starren gesellschaftlichen Norm, des Verharrens im Rahmen des Bekannten und der Nichtbeachtung des Neuen, das der Augenblick bringt. Selbst der kleinste Geschmack des Neuen bot eine neue Gelegenheit, und ich würde selbst so eine Kleinigkeit nicht mehr leichtfertig abschlagen.

Deshalb sagte ich ihm nach Abschluss der Begegnung, dass ich alles Neue, was er mir anbietet und zu dem er mich ermutigt, wirklich gern habe und achte. Er schenkte mir ein fröhliches Lächeln, und ich konnte seine Zufriedenheit deutlich sehen. Als unser Mittagessen kam, füllte Braco meinen Teller mit ein wenig von allen angebotenen Speisen, und ich kostete sie alle, meistens nur einen Bissen, aber auch das war genug, und ich fühlte die Kraft des Geistes wieder in mir. Auf gewisse Weise hatte dieses Ereignis die Hindernisse aus dem Weg geräumt, die sich so leicht bei einer Beziehung in den Weg stellen.

Früh am Morgen war auf Bracos Einladung die reizende, 26-jährige Anja in unseren Pausenraum gekommen, mit dem Wunsch, eine Präsentation abzuhalten. Sie war passend gekleidet und fühlte sich selbstsicher. Braco überließ ihr die Entscheidung, ob sie mich zuerst anschauen oder gleich selbst vor der ersten Besuchergruppe auftreten wollte. Braco sprach lange mit ihr über die Verantwortung, die sie übernimmt, und sie sagte, sie sei bereit. Mich bat er, sie zu beobachten, und Braco hörte ihr hinter geschlossener Tür zu. Es gelang ihr nicht, Bracos Anweisungen umzusetzen, es fehlte ihr an Wärme, und ihre Geschichte rührte die Besucher nicht und öffnete sie nicht für neue Ideen. Ganz im Gegenteil, sie war kalt und professionell, wie eine Verkäuferin, die ihre Ware an den Mann bringt.

Braco erkannte sofort, dass sie den Besuchern nichts gegeben hatte, das sie mit den Anwesenden verbinden würde. Später fragte er mich, was ich davon halte, und ich antwortete, dass Anja noch Zeit braucht, um ihre Möglichkeiten zu entdecken. Er war unzufrieden, weil er wollte, dass die Besucher mehr bekommen. Da sie nichts gegeben hatte, war er entschlossen. Später erfuhr ich, dass sie Streit mit ihrem Freund gehabt hatte, der ihr Bestreben nach geistiger Arbeit nicht respektierte, und ihre Gedanken waren zerrissen von der Frage, welchen Weg sie gehen sollte. Doch Anja bekam keine einzige Gruppe mehr.

Doch am späten Nachmittag, als ich auf die Bühne ging, kam sie in den Pausenraum zurück. Als ich zurückkam, sah ich sie neben Braco weinen, und dann verließ sie uns schnell. Ich sah, dass er ihr keinen Schmerz zufügen wollte. Er hatte ihr gesagt, sie solle zu ihrem Freund zurückkehren und nur hierher kommen, wenn sie den Wunsch verspürt, an der Begegnung mit Bracos Blick teilzunehmen. Das löste ihren inneren Konflikt, und zum Schluss war sie Braco dankbar für die Hilfe, ihre Welt wieder ins Gleichgewicht zu bringen. Das machte mir noch einmal deutlich, dass die Anforderungen dieser Arbeit nicht für jedermann sind.

Wie im Fall von Ida in Stuttgart, stehen für Braco die Besucher der Begegnungen immer an erster Stelle. Deswegen ist er direkt und ehrlich mit allen, die Begegnungen organisieren oder mithelfen. Falls sie Kompromisse machen, selbst die kleinsten, in Bezug auf das, was die Besucher bekommen sollen, sagt er ihnen das sofort. Später hörte ich, dass Ida wegen des Zwischenfalls bei ihrer Begegnung und der Konfrontation mit Braco tagelang geweint hatte. Alle müssen den Test ihrer Hingabe zu dieser Arbeit bestehen. Braco betonte oft, dass dieser Weg schwer und voller Entsagungen war, der den Menschen oft über die Grenzen seiner Möglichkeiten belastet. Doch wenn die Zeit der Erholung kommt, spürt jeder die wiedergewonnene Kraft. Vor der Heimreise hörte ich noch, dass Ida gute Aussichten hat.

Die Begegnungen mit Bracos Blick dauerten an diesem Tag von 7:30 bis 17 Uhr, bei einer Zahl von etwa 3.000 Besuchern. Das war recht gut für den Juli, und wir waren alle mit unserer Arbeit zufrieden. Wieder einmal verblüffte mich, wie schnell Braco und ich im Wagen waren; nur wenige Minuten nach der letzten Begegnung waren wir schon unterwegs. Ich fand schon großen Gefallen daran, dass ich mich nicht um das Gepäck kümmern musste, denn Branko, Rudi und Miki brachten es immer an den nächsten Zielort oder rissen es mir aus der Hand, wenn wir irgendwo umstiegen. So war auch diesmal für alles gesorgt. Branko kam draußen zu uns und führte uns durch ein Besucherspalier zum Wagen, wo Tedo schon darauf wartete, Gas zu geben. Die Besucher winkten Braco zu, und er lächelte verschämt, während wir in Richtung Zagreb losfuhren.

Während der Fahrt erzählte ich Braco von den Unterschieden in der Bekleidung auf Hawaii. Er meinte begeistert, er würde gerne nur mit dem kommen, was er an sich trägt, und später auch diese Kleidungsstücke ins Meer werfen. Auf den Inseln wird er sich dem lokalen Stil anpassen, neue Kleidung bekommen und perfekt darin aussehen. Angeregt von dieser Idee beschloss ich, ihm eine Volkstracht zu kaufen und eine hawaiische traditionelle Feier der Befreiung mit wasser zu organisieren.

Als Braco zu Ivica zog, wurde ihm nur drei oder vier Tage später gesagt, er solle alle seine Schuhe herbringen, die sie dann zum nahegelegenen Bach brachten. Ivica fragte, ob Braco wüsste, weshalb sie sich aller seiner Schuhe entledigten? Braco meinte, dass Ivica wohl einen Grund dafür hat und ihm diesen sagen kann oder nicht, ganz wie er wollte. Der junge Mann wusste, dass er den Grund erfahren würde, falls er ihn wissen muss. Daraufhin sagte ihm Ivica, dass er keine Schuhe mit Schnürsenkeln mehr tragen darf, denn wenn der Mensch die Schnürsenkel bindet, ist es, als würde er sein Leben binden.

Natürlich waren Bracos Eltern von dieser Tat schockiert. Und so endeten Bracos Schuhe alle zusammen im Bach, und Ivica kaufte ihm neue, die weder Schnürsenkel noch Knoten hatten. Bracos Kleidung endete ebenfalls im Bach und wurde durch neue ersetzt. Wie viele junge Menschen trug Braco häufig schwarze Kleidung, aber später entschied er sich für hellere Farben, wie sie Ivica zu jener Zeit trug.

Die zweite Begebenheit, die er mir erzählte, ereignete sich in Zagreb, in einer sehr kalten Nacht. Damals lebte er bereits in Ivicas Haus mit seiner Familie. Er hatte mehrere Pyjamas angezogen und sich gut zugedeckt, weil ihm kalt war. Als Ivica ihn so im Bett fand, packte ihn die Wut. Er befahl Braco, sofort aufzustehen und die Kleidung abzulegen. Überrascht folgte

Braco dem Befehl und stand bald in der Unterhose in der kalten Winterluft. Als Ivica ihn aufforderte, ihm sämtliche Kleidungsstücke zu übergeben, schaute ihn Braco zaghaft und ungläubig an. Im selben Moment sprach sein Freund wörtlich, dass "er sich nicht verarschen lässt", und Braco folgte Ivicas Befehl. Schließlich sagte Ivica, Braco könne jetzt wie ein Mann schlafen, denn so sollte ein Mann schlafen.

In dieser Nacht schlief Braco, wie seitdem jede Nacht, im Winter wie auch im Sommer, ohne Schlafanzug und ohne Bettdecke. Als junger Mann war er oft erkältet und hatte eine laufende Nase, aber nach dieser Erfahrung mit dem wissenden Ivica traten diese Schwierigkeiten nie wieder auf. Mich wunderte der Mangel an Decken in meinem Appartement in Bracos Haus, und ich fragte mich, ob darin vielleicht die Erklärung lag, oder ob die Menschen auf dem Balkan im Sommer einfach keine Bettdecken benutzen. Ich war mehrere Nächte in einen warmen Kimono gewickelt ins Bett gegangen, doch jetzt interessierte mich diese Möglichkeit. Viele Yogis meditierten jahrelang, um eine Disziplin des Geistes in solchen Dingen zu erreichen, doch Braco schaffte dies spontan in einer einzigen Nacht, von Ivica herausgefordert. Das war in der Tat beeindruckend.

Nach der Rückkehr ins Haus hatten wir alle ein gemeinsames Frühstück. Das sollte meine letzte Nacht in Bracos Haus in Zagreb sein, denn am nächsten Tag würden wir nach Makedonien zu unserem großen Begegnungsfinale fliegen und uns dann alle wieder mit seiner Familie im Sommerhaus an der Küste treffen. Gleich darauf erhielt Braco einen Anruf, dass Rudi einen Verkehrsunfall gehabt hatte. Er musste zwei Stunden auf neue Nachrichten warten und hoffte, das es nichts Ernstes ist. Als ich endlich schlafen ging, wurde Braco mitgeteilt, das Rudi ohne Verletzungen davongekommen war, doch das ganze Vorderteil seines Wagens war zertrümmert. Während ich im Bett lag, wünschte ich Rudi alles Gute und begriff, dass in dieser Nacht der zweite Teil meiner magischen Reise in das Erwachen und zu neuen Welten endet. Glücklicherweise schien das Ende der Reise noch immer in weiter Ferne, in der endlosen Distanz einer anderen Zeit zu liegen.

DRITTER TEIL

Wünsche und Erwachen

Kapitel 11

Braco und Angelika in Matka, Makedonien

Dr. Atanas Atanasov, Tochter Bojana und Gemahlin Danka auf dem Matka-See

Branko, Dinko, Tedo und Miki schauen sich Matka vom Boot aus an

Braco und Tedo

Angelika und Braco in Makedonien, in einer Pause zwischen Begegnungen, im Pausenraum

Sead fand ein gemütliches Plätzchen für ein Schläfchen nach dem Mittagessen im Restaurant Pantelemon auf dem Vodno-Berg, Makedonien

Skopje, Makedonien

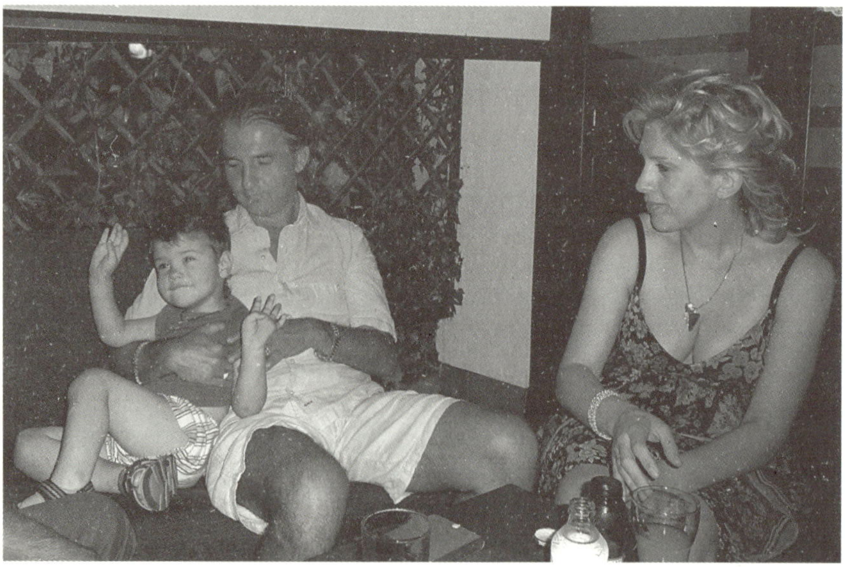

Die makedonische Sängerin Rebeka Jankovska Risteski mit Sohn in Bracos Gesellschaft

15. Tag - Montag, 13. Juli 2009

Zagreb

Wir verließen das Haus um 6:15 Uhr zu unserem letzten gemeinsamen Spaziergang von Bracos Haus über den weiten Park bis zum Srebrnjak 1. Meine Taschen waren gepackt und standen bereit für die spätere Abreise nach Makedonien; jemand vom Personal würde sie abholen. An diesem Morgen hatten wir viele stille Momente; wir genossen den Vogelgesang und die Sonnenstrahlen, die sich ihren Weg durch die Baumkronen bahnten. In Bracos Nähe fällt es nicht schwer, zu schweigen. Das ist natürlich, und man kann sich ganz einfach wohl fühlen, ohne dieses Wohlsein durch Worte zu stören. Das war ein wichtiger Faktor, das Durchleben der Gefühle in der Stille, während sich so vieles vor uns abspielt.

Braco hatte mir einmal gesagt, dass jedes von Ivicas dreizehn Büchern innerhalb von zwei bis drei Stunden geschrieben worden war. Ivica hatte die Information einfach auf einer höheren Ebene des Bewusstseins empfangen und sie jemandem diktiert, der alles Wort für Wort notierte. Es wurde niemals etwas geändert oder lektoriert; alles blieb wie geschildert. In diesen Büchern stand hinter den Worten die Kraft selbst, was deutlich aus den Aussagen der Leser, hervorgeht, die sich nach der Lektüre besser fühlten. Sie legten sogar das Buch auf die schmerzende Stelle, um Linderung zu erfahren.

In der Stadt angekommen, gingen wir sofort zu dem Café, wo sich Branko und die übrigen Mitarbeiter aus dem Zentrum oft zum ersten morgendlichen Getränk trafen. Branko war in Gesellschaft von Miki, Tedo und einigen anderen, und so schoben wir die Tische zusammen. Braco trank, wie gewöhnlich, zunächst Milch mit Honig und dann mit mir einen Espresso. Dann bestellte Branko ein dunkles Getränk, das in einem Schnapsglas serviert wurde. Auf meine Frage, was das sei, bot er mir an, es zu probieren, man erklärte mir, es sei gut zum Wachwerden. Ich spuckte es fast aus, als ich starken Alkohol schmeckte, und dann sagte man mir, dies wäre ein „Jägermeister“. Ich fragte verwundert, ob das eine übliche Routine sei, und man sicherte mir zu, dieses Getränk sei gesund und kräftigend, und der gelegentliche Konsum sei etwas ganz Normales. Das Getränk rief Erinnerungen an meine Jugendzeit wach, die ich auf Tanzabenden verbracht hatte; so lachte ich nur und bestellte auch eins für mich.

Am Srebrnjak wurden technische Neuerungen eingeführt. Damir war gerade dabei, eine Webkamera an den Rechner im Büro anzuschließen. Braco hatte ihn angewiesen, die Kamera zu kaufen, nachdem er von mir erfahren hatte, dass wir uns mittels eines Programms namens Skype während des Gesprächs auch sehen können. Das Programm bietet uns nicht nur die Möglichkeit, über den Rechner zu telefonieren, sondern uns auch live über die Webkamera zu sehen. Für Braco, der nicht einmal ein Handy hatte, war das absolutes Neuland, und so werden wir auch mit Blicken über eine fernbediente Kamera experimentieren können. Meine High-Tech Kenntnisse eröffneten allmählich neue Optionen für die Zukunft.

Dann macht die Nachricht von Rudis Unfall die Runde; niemand war verletzt, doch beide Autos waren stark beschädigt. Als mir Rudi später seinen Wagen zeigte, bot das Vorderteil ein fürchterliches Bild. Da musste definitiv ein neues Auto her. Ich atmete wirklich auf, als feststand, dass wirklich niemand verletzt war. Zum Glück waren alle mit dem Schrecken davongekommen. Als ich ihn später sah, sagte ich ihm, wie sehr wir alle besorgt waren. Er senkte nur den Kopf und meinte, dass es ihm auch leid tut, alle in Sorge versetzt zu haben. Wegen dieser Haltung und Rücksicht auf seine Mitmenschen schätzte ich ihn noch mehr und sagte ihm, dass er uns allen doch am wichtigsten ist.

Bald darauf trat ich vor die Gruppe. Braco wollte, dass ich noch mehr über Hawaii und seinem Abgang aus Europa spreche. Er dachte immer daran, dass man die Menschen für die Zukunft vorbereiten muss, damit sie nicht überrascht oder verletzt reagieren, wenn er sie einmal auf längere Zeit, oder gar für immer, verlässt. Er erkannte, dass mich die Besucher akzeptiert haben und ihn mit der übrigen Welt zu teilen bereit sind, weil sie in ihren Herzen verstanden, dass Braco eine größere Lebensbestimmung hat, die er erfüllen muss. Obwohl sie ihn nicht verlieren wollten, zeigten sie doch offen ihre Gefühle. Ich schien für sie keine Fremde mehr zu sein, und mich ehrte die Güte, die sie mir entgegenbrachten.

Weder Tedo noch Ida in Deutschland, und sicherlich niemand von den Mitarbeitern am Srebrnjak 1, weder Bracos Familie noch die Menschen auf dem Balkan wollen sich der bevorstehenden Möglichkeit des dramatischen Wandels stellen. Doch das Schicksal kam langsam ans Licht, und ich war irgendwie zum unmittelbaren Beteiligten dieses Prozesses geworden. Davon konnte ich nicht einmal träumen, als ich zu meinem schicksalhaften Flug nach Kroatien antrat; meine Energie, Ressourcen und innere Kraft hätten das auf alle mögliche Weise in Frage gestellt. Doch jetzt glaube auch ich, dass ich etwas sehr Bedeutendes tun kann, was ein neues Tor öffnen wird. Die Energie brachte mir dieses Geschenk, und Braco sorgte dafür, dass ich die Energie in unbegrenzten Mengen aufnehme.

In der fröhlichen Küche des Zentrums wurde ein besonderes Frühstück serviert. Den Höhepunkt bildeten Pfannkuchen mit Wacholderbeeren, die jemand als Zeichen der Liebe zu Braco zurückgelassen hatte. Wir ließen uns diese Köstlichkeit schmecken, und Sead, der immer einen gesunden Appetit hat, konnte sich satt essen. Braco und ich aßen genüsslich mit den Fingern, und ich fragte mich, ob ich die blauen Flecken bis zur Reise nach Makedonien wieder weg bekomme. Glücklicherweise konnte das Problem mit festem Rubbeln gelöst werden. Doch wir sahen aus wie Kinder, bevor wir uns zurechtmachten und Gesicht und Hände wuschen.

Zu dem Zeitpunkt kam Ljiljana zu mir und sagte, sie habe ihre persönliche Geschichte über die Begegnung mit Braco und ihre Ankunft am Srebrnjak 1 zu Papier gebracht. Sie erklärte, die Worte seien von selbst gekommen, eben jene, die ihr bei unserem ersten Gespräch fehlten, und dann reichte sie mir zwei beschriebene Seiten. Ich danke ihr für die Liebe und Sorgfalt bei der Beschreibung ihrer Gefühle zu einem Thema, das ihr alles bedeutet.

Ljiljana Jurčević - *Geistiges Erwachen mit Braco*

Meine erste Begegnung mit Braco war eine Begegnung mit dem Kräftigem und doch so Sanftem… mit dem Unantastbaren und doch so Nahem… mit dem Unbekannten, und doch so Vertrauten. Als ob ich zu mir komme. Ich glaube, dass ich mich an jenem Tag des Jahres 1999 auf die Reise zum eigenen Ich begeben habe.

Heute, 10 Jahre später, bin ich davon überzeugt, dass ich auf dem Weg zu einem Ziel bin, das noch immer meilenweit entfernt ist. Aber ich will, glaube, bewege mich zum Licht, zur Reinheit, zur bedingungslosen Liebe und zur absoluten Wahrheit hin, zu der mich Braco antreibt. Manchmal, während der Begegnung mit Bracos Blick, fühle ich mich so stark, dass ich mir innigst wünsche, dass dieses Gefühl niemals endet… Manchmal kann mir meine menschliche Unvollkommenheit den "Blick" trüben, meine Erfahrung mindern, meine Sinnesorgane abstumpfen. Manchmal täuschen die Sinne meine Gedanken, geraten in Verwirrung, durch die Vergänglichkeit der Genüsse von dieser Welt in die Irre geführt.

Für mich war die Begegnung mit Braco eine Bestätigung dessen, was ich von jeher fühlte, nämlich dass etwas besteht, was uns führt, was sieht, etwas, aus dem wir alle gemacht sind.

Vor etwa acht Jahren fragte mich Braco, ob ich für ihn arbeiten und die Stelle der Person übernehmen möchte, die Braco den Besuchern näher bringt und sie empfänglicher macht für das, was aus ihm strahlt. Er gab mir eine

Bedenkzeit. Doch es gab nichts zu bedenken. Überlegt der Durstige, ob er das Wasser nehmen soll? Sollen wir Nein zur Luft sagen?

Für mich ist Braco Wasser... Luft... Leben. Für mich ist er die absolute Wahrheit.

Jetzt, nach zehn mit ihm verbrachten Jahren, kann ich in aller Aufrichtigkeit sagen, dass er wahrlich einzigartig ist. Er ist aus besonderen "Fasern" gemacht, die sich von denen "gewöhnlicher Menschen" ganz und gar unterscheiden.

Es steht außer Frage, dass er in einer bestimmten Mission hier ist.

Vor recht langer Zeit erzählte er mir von gewissen Ereignissen bezüglich seiner Person und seiner Arbeit, die er sich in der Zukunft abspielen "sah". Die genaue Zeit konnte er nicht bestimmen, aber er wusste, dass die Ereignisse eintreten werden. Das meiste ist eingetreten, doch wenn ich mit ihm darüber spreche, scheint er sich nicht daran zu erinnern, diese Geschehnisse vorhergesagt zu haben.

Unter anderem erwähnte er auch die Ausreise aus der Heimat ...die Arbeit neben dem großen Wasser...und ich glaube, der Augenblick ist jetzt gekommen.

Die Welt braucht ihn... sowohl die Menschen als auch dic Natur..

Ich hoffe, dass er den Menschen, die er mit seinem Blick berührt, Ruhe und Frieden bringen wird.

Ich hoffe, dass er die schlummernde Wahrheit über uns alle wachruft, das Eis schmelzen lässt, das unsere Herzen gefangen hält, die Spinnweben von unseren Seelen nimmt und dem Mensch hilft, wieder Mensch zu sein. Er wird das vollbringen, indem er uns spüren lässt, das wir eins sind, miteinander verbunden, und das wir alles, was wir brauchen, bereits haben - Liebe und Frieden. Wir müssen uns dessen nur bewusst werden und uns finden. Wenn Braco mich anblickt, fühle ich, wie tief seine Augen sind, wie ein Abgrund, eine Schlucht. Er zeigt uns den Weg, der uns mit dem wahren Ich in der parallelen Welt verbindet. Das ist wie in jenem Moment am Tag, wenn unser Schatten mit unserem Körper eins wird.

Ich weiß auch, dass das keine leichte Aufgabe ist, denn es ist nicht einfach, zu den Menschen vorzudringen und sie in Bewegung zu setzen. Sie werden von Misstrauen und Angst beherrscht. Aber wenn jemand glaubt, wenn jemand den Mut hat, sich der Wahrheit, dem Wandel, sich selbst zu stellen, dann ist alles möglich.

Wenn wir uns die Freiheit nehmen, in Ruhe zu leben, gestatten wir auch Braco, uns zu helfen, diese Ruhe zu erlangen.

Das möchte ich jedem mitteilen, zu dem Bracos Blick sanft und friedvoll vordringt ...

An diesem Morgen kamen viele Gruppen, und Braco war in den Pausen zwischen den Begegnungen immer verspielt, ruhig und glücklich. Wir konnten uns biegen vor Lachen oder ein sehr ernstes Gespräch führen, doch wenn es für die nächste Begegnung Zeit war, setzte ein augenblicklicher Wandel bei ihm ein. Er brauchte keine Vorbereitungszeit. Die Energie brachte ihn einfach zu der Stelle, wo sie sich durch ihn zeigen konnte. Ganz offensichtlich war seine Persönlichkeit nicht Teil seines gebenden Blickes, denn andernfalls könnte er seine wundersame Fähigkeit nicht so leicht aktivieren.

Endlich war es Zeit, zum Flughafen zu fahren. Viele Mitarbeiter aus dem Zentrum begleiteten ihn auf dieser Reise, denn als Braco zum ersten Mal in Makedonien erschien, kamen an diesem Tag fast 10.000 Besucher. Die Veranstalter hatten mit einigen Hundert Menschen gerechnet und kamen aus dem Staunen nicht heraus. Deswegen werden uns Miki, Rudi, Dinko, Sead und Branko auf der Reise begleiten. Am Flughafen wird noch Marjana zu uns stoßen. Unser Gepäck war bereits verladen, und wir verließen den Srebrnjak 1. Die Fahrt war kurz, und nach dem Check-in tranken wir alle zusammen einen Kaffee im Restaurant des uns schon wohlbekannten Zagreber Flughafens.

Dinko kaufte ein lokales Anzeigenblatt überwiegend mit Inserenten, die eine flüchtige Bekanntschaft oder ein besseres Sexleben suchen. Miki und Branko erkannten die Zeitung sofort und verspotteten Dinko. Dann erklärte Branko lachend, dass die Kroaten geistig alles akzeptieren und nichts abschlagen. Der Spaß ging weiter, weil sich Branko für Dinkos Zeitung interessierte, da er sehr vergeistigt war. Die Männer hatten großen Spaß mit diesem Thema. Als sich der Trubel gelegt hatte, fragte ich Miki, der mir bei den Präsentationen immer verständnisvoll und aufmerksam zur Seite stand, ob er mir etwas über sich und seine erste Begegnung mit Braco erzählen kann. Er freute sich und erzählte gerne seine Geschichte.

Miroslav Miki Škrbo - Bracos Probe

Mein Nachbar erzählte mir im Oktober des Jahres 1995 von Braco. Ich hatte schreckliche Schmerzen im Rückgrat und ging zu Braco, der mir ein Buch gab. Es überraschte mich, dass Braco so jung war, 28 Jahre, kurzes Haar, sehr resolut. Braco fragte nach meinem Namen und welche Beschweren ich hatte. Dann gab er mir ein Buch zu lesen, und falls es mir half, sollte ich zehn Tagen wiederkommen. Ich war misstrauisch, doch sobald ich gegangen war, begann der Schmerz nachzulassen.

Ich las das Buch am Stück durch, aber Braco kommt nur einmal im Monat nach Deutschland. So besuchte ich ihn jeden Monat und fühlte mich tatsächlich besser. Dann kam auch meine Familie zu den Begegnungen und verspürte ebenfalls Besserung. Das erste Mal kam ich mit meiner Mutter, das zweite Mal mit Tedo und den anderen. Im Allgemeinen glaubte ich and diese Art der Heilung.

Meine Eltern waren Inhaber eines gepachteten Restaurants. Da der Ort, wo Braco arbeitete, den Besuchern zu wenig Platz bot, und die Polizei Schwierigkeiten machte, boten meine Eltern Braco an, seine Begegnungen in ihrem Restaurant abzuhalten, was er auch fünf Monate lang tat. Doch die Stadtbehörden hatten etwas gegen Bracos Arbeit einzuwenden, und so zogen wir alle um. Meine Schwester fand ein neues Restaurant in Kraichtal. Diesen Ort besucht Braco auch heute noch zweimal im Monat. Damals bot sich mir manchmal die Gelegenheit, nach der Arbeit mit Braco beim Abendessen zu sprechen.

Braco sprach damals noch mit den Besuchern und sagte ihnen, er würde versuchen zu helfen, und falls sie sich besser fühlten, sollten sie wiederkommen.

Bei einer Gelegenheit fragte mich Braco, ob ich einen kurzen, einleitenden Text auswendig lernen könnte, der Braco den Besuchern vorstellen sollte, und ich willigte ein. Beim ersten Versuch fielen mir die Worte nicht ein. Der zweite Versuch endete mit einem Erfolg und so sprach ich von Zeit zu Zeit vor den Besuchern. Ich war sehr nervös, wenn es um Reden vor Publikum geht. Doch ich tat das, weil ich helfen wollte.

Am Srebrnjak 1 arbeite ich seit 14 Monaten. Braco hatte mich um sechs Uhr morgens angerufen und mich gefragt, ob ich auch im Zentrum in Zagreb weiter sprechen möchte. Ich war einverstanden, und Braco sagte mir, ich solle am nächsten Morgen um acht Uhr im Zentrum erscheinen. Am ersten Tag verspätete sich mein Bus drei Stunden.

An jenem Tag begleitete ich Braco bei einem Spaziergang, der drei Stunden dauerte. Vor drei Wochen hatte ich eine Operation am Bein, und meine Ärzte meinten, ich würde mindestens sechs Wochen nicht gehen dürfen. Braco stellte mich auf die Probe. Er wollte sehen, wem ich mehr glaube, ihm oder den Ärzten. Nach dem Gehen schmerzte mein Bein noch ein wenig, war aber sonst in Ordnung. Dann begann ich am Srebrnjak 1 zu arbeiten und in andere Länder zu Reisen.

Miki konnte nicht weitererzählen, weil wir zum Flugzeug mussten, doch das Ende seiner Geschichte entlockte mir ein Lächeln. Braco stellte seine Mitmenschen tatsächlich ständig auf die Probe, aber immer mit gutem Grund. So wie Ida und andere begreifen mussten, dass diese Art der Arbeit unglaubliche Kraft und Ausdauer verlangte. Manchmal muss man sich selbst übertreffen, um sich den Herausforderungen und Situationen stellen zu können, und man muss an etwas glauben, das über der körperlichen und mentalen Ebene liegt. Diese Grundlage und Stabilität, gepaart mit viel Arbeit, bringt eine unmessbare Belohnung. Und jetzt habe ich erfahren, dass Miki und Tedo verwandt sind; sie zeichnen sich wirklich gleichermaßen durch Hingabe und guten Willen aus. Beide waren auch immer aufmerksam zuvorkommend zu mir gewesen.

Skopje, Makedonien

Unser Flug bis zum Flughafen Skopje war angenehm und relativ kurz. Nach der Landung informierte mich Braco kurz über Makedonien und die Veranstalter der Begegnung. Am 8. November 2008 wurde eine Begegnung mit Bracos Blick von Dr. Atanas Atanasov, Psychiater, und seiner Frau namens Danka, Psychologin, organisiert. Das war Bracos erste Begegnung in Makedonien. Die Besucher kamen in unerwarteter Zahl, fast 10.000 Menschen an einem einzigen Tag.

Für die bevorstehenden Begegnungen mussten von Dr. Atanasov viele Vorkehrungen getroffen werden. Etwa sechzig Mitarbeiter arbeiteten an der Organisation mit. Darüber hinaus wurden 50 Polizisten engagiert, die sich um die Sicherheit kümmerten, und das Rote Kreuz hielt Betten für etwaige Opfer von Schwächeanfällen bereit. Außerdem mussten der Doktor und Danka den Kartenverkauf für solch große Menschenmengen organisieren; Anzeigen sorgten dafür, dass alle Interessierten von Bracos neuem Besuch erfuhren, und es waren noch viele andere Details zu beachten. Der Doktor riskierte eigentlich seine Approbation, scin Heim und alles, was er hat, nur um diese Veranstaltung zu ermöglichen. Später notierte ich seine Geschichte und erfuhr, was ihn zu solch einem riesigen Unterfangen und zu dieser Herausforderung bewogen hatte.

Braco war es nie angenehm, jemanden leiden zu sehen, und es tat ihm leid, dass die Atanasovs so viel riskierten. Dennoch oblag es ihm nicht, das zu stoppen, was, wie er wusste, weitergehen musste. Stattdessen half er, wo und wie immer er konnte. Er schätzte Menschen wie dieses Paar; die in ihrem Wunsch, Menschen zu helfen, trotz aller Widrigkeiten so weit gehen. Das entsprach auch der Natur seines Lebens und seiner Arbeit.

Es gab auch einen Versuch, Braco aufzuhalten; falls er den Regierungsbeamten nicht geheuer ist, droht ihm Untersuchungsgefängnis. Aber Braco wurde noch entschlossener; die vielen Besucher hatten ihre Unterstützung bei seinem ersten Besuch demonstriert, jetzt würden sie seinen erneuten Besuch nicht abschlagen.

Braco war nicht leicht vom Weg abzubringen; Drohungen bedeuteten ihm nichts. Seine Vision von dem höheren Ziel trieb ihn mit großer Kraft voran. Als ich all das hörte, dankte ich dem Himmel, dass es mir gestattet war, in so ungewissen Zeiten in Bracos Nähe zu sein. Ich sah darin auch ein Zeichen möglicher zukünftiger Herausforderungen, denn die Angst hatte Menschen schon immer dazu getrieben, aus Unwissenheit das Falsche zu tun. Das war ein flüchtiger Blick und eine Vorbereitung für das, was kommen sollte, und ich schätzte Bracos Lebenskraft und Entschlossenheit noch mehr. Wie Ivica bereits festgestellt hatte: Braco würde niemals vor solchen Herausforderungen zurückschrecken.

Nachdem wir das Gespräch beendet hatten, lehnte ich meinen Kopf auf meine riesige Tasche auf dem Ausziehtisch vor mir und schloss die Augen. Ich muss eingeschlafen sein, denn plötzlich überkam mich eine aufregende, traumähnliche Erfahrung, dass ich durch einen Energiewirbel aus dem Flugzeug gefegt wurde; dieser Wirbel hatte Merkmale der Energie, die positiven und negativen im Gleichgewicht, und war dynamisch resonant. Mein ganzer Körper war lichterfüllt und durch diese Kraft belebt, und die Begegnung erzeugte in mir eine heftige Gefühlswallung. Später konnte ich nicht dahinter kommen, was das zu bedeuten hatte, aber ich hatte sicherlich nur 5 oder 10 Minuten geschlafen. Es zeigte sich jedoch, dass ganze 45 Minuten vergangen waren, und wir befanden uns im Landeanflug. Braco hatte den Flug ebenfalls zur Erholung genutzt, und so waren wir beide gestärkt, für unser neues Abenteuer.

Am Boden spürte ich den Hauch der Warnung; es war ein greifbares Gefühl, das Erinnerungen an eine ferne Vergangenheit wachrief, die ich nicht genau erkennen konnte. Etwas würde hier geschehen, ich fühlte es tief in mir und bekam Flügel. Später begriff ich, dass mein Traum im Flugzeug die Vorbereitung der Energie selbst war, verbunden mit meinen Erwartungen des Geheimnisvollen, das vor uns lag. Das war meine letzte Chance für meinen bisher unerfüllt gebliebenen Wunsch, verstärkt durch die Gespräche mit Braco und die Worte, die Ivica über Atlantis geschrieben hatte. Ich wollte mich an etwas erinnern, das außerhalb der Zeit oder dieses Lebens in mir verschlossen lag. Es war nichts, mit dem ich lebte oder über das ich momentan nachdachte, aber für mich hing es in der Luft.

Während der morgendlichen Begegnungen mit Bracos Blick in Zagreb hatte ich Braco gesagt, dass sich in Makedonien etwas Unerwartetes ereignen würde. Die letzte Begegnung hatte solch eine starke Kraft in mein Herz gebracht, dass ich dachte, ich würde auf eine wundersame Weise zerbersten, und mir kamen die Freudentränen. Mein Verantwortungsgefühl trieb mich dazu, meine Rede vor der Gruppe zu konzipieren, und ich vertiefte mich in dieses Gefühl. Es war auch weiterhin da, in mir, und ging in etwas Unbekanntes über.

Am Flughafen erwartete uns unserer Gastgeber mit seinen zwei wunderschönen Töchtern. Die 15-jährige Bojana hatte eine Schönheit, Unschuld und ein reifes Selbstvertrauen, das ich beeindruckend fand. Ihre jüngere Schwester war eine stille und zarte Seele. In allen Augen war Freude zu sehen, obwohl Dankas Gesicht die Last der Verantwortung anzumerken war. Ich wusste, dass sie mit vielen Schwierigkeiten zu kämpfen hatte, die nur ihre Familie verstehen konnte. Tedo chauffierte uns im Kombi, zunächst in das Hotel, wo die Begegnungen stattfinden sollten. Der Name des Hotels war Aleksandar Palace. Seine Innenausstattung war prächtig, wie die Gebirge rund um die Stadt. Die herrlichen Schlossgemälde an allen Wänden des Atriums erzählten viele Geschichten. Das Hotel war modern, in Sonnenlicht getaucht und sehr komfortabel.

Man zeigte uns die Säle, wo die Begegnungen stattfinden würden; sie waren massiv und konnten durch Öffnen der Trennwände verbunden werden. Von den Decken hingen schwere Kronleuchter. Der gesamte Raum war in zwei Teile geteilt; einer für die Begegnung mit Bracos Blick, und der andere für die Gruppen in Vorbereitung, wo sie einleitende Reden der Teammitglieder vom Zentrum sowie meine persönliche Präsentation hören würden. Nach dem Rundgang durch die Arbeitsräume nahmen wir im Gartenrestaurant Platz und tranken ein Erfrischungsgetränk. Der Doktor erzählte uns, dass der Eigentümer des Hotels Aleksandar Palace eine Drohung vom Staatsbüro erhalten hatte. Er sollte Bracos Begegnungen absagen, oder man würde ihm eine Inspektion der Sanitäts- und Sicherheitsbehörde ins Hotel schicken.

Zum Glück teilte der Eigentümer den Atanasovs mit, sie könnten ihre Arbeit fortsetzen. Einst hatte er vier solcher großen und eleganten Hotels in Makedonien besessen, aber der Balkan kann unbarmherzig zu Menschen sein, die Erfolg haben, vor allem in dieser Nation. Seine Nachbarn stellten sich in der Regierung gegen ihn, und so verlor er auf dem Gerichtsweg das Eigentum an drei Hotels. Das Verlangen nach dem, was der andere hat, steht hier an erster Stelle, das ist diesem Volk in der Psyche verankert. Die amerikanische Ethik des Hochachtens von Einzelpersonen gehört hier nicht zur lokalen Mentalität. Ganz im Gegenteil, die Nachbarn sind selbst auf ein neues Auto neidisch, oder auf kleinere Erfolge, die das Individuum hervorheben, und zeigen ganz offen ihre Feindseligkeit.

Als ich am folgenden Tag vor den Gruppen sprach, bemerkte ich in den Menschen ein eigenes Interesse, das mir klar zu verstehen gab, dass Braco zu neuen Ländern aufbrechen muss. In der Gruppe traf ich zum ersten Mal auf eine Denkweise, die nicht zur Zusammenarbeit mit Braco bereit war. Ich war völlig überrascht von den Gesichtsausdrücken, den Einstellungen und den Gesprächen der Besucher. Und dennoch, sie verdienten alles, was Braco ihnen geben konnte, und jede Gruppe war Bracos gebenden Blick wert; Braco wird auch die Einladung zu einem weiteren Besuch nicht abschlagen, falls die Behörden nochmals eine Genehmigung erteilen.

Atanas und Danka Atanasov bestellten Getränke für uns alle, und der Doktor knüpfte ein lebhaftes Gespräch mit Braco an, während seine Frau nur beobachtete und ab und zu mit dem Kopf nickte. Ich konnte das Gespräch nicht mitverfolgen, und so saß ich nur da und fühlte die Energie des neuen Standortes. Spontan kam ich zu dem Eindruck, dass die wahre Arbeit hier beginnen wird. Später erkannte ich wieder, dass ich voreilige Schlüsse über etwas gezogen hatte, was sich in Makedonien persönlich auf mich auswirken würde. Und wieder bemerkte ich jenen unsichtbaren Ballon, Bracos Kraftfeld, und war glücklich. Ich war dynamisch in seine Welt, in die bewusste Realität eingeschlossen, während die meisten Menschen noch immer Gefangene ihrer parallel existierenden materiellen Illusionen waren. Aber ich wusste auch, dass sich Bracos Energie und Realität mit der Zeit ausweiten würde, und dann werden auch andere diesen Bewusstseinszustand fühlen und auswählen.

Ein neuer Gast erschien auf Einladung unseres Gastgebers: Rebeka Jankovska Risteski, eine der beliebtesten Popsängerinnen in Makedonien. Das ist eine junge Frau mit wunderschöner glatter Haut, langem Haar und einem breiten Lächeln. Ihre Augen waren ausdrucksstark und ganz auf Braco konzentriert, der ihrem Sohn geholfen hatte, sich von schwerer Epilepsie zu erholen. Wegen ihrer Popularität war sie die Schlüsselfigur, die entscheidend dazu beigetragen hatte, dass Dr. Atanasov die behördliche Genehmigung zur Veranstaltung dieser Begegnung nicht versagt blieb. Sie blieb nicht lange und war nur gekommen, um Braco noch einmal zu sehen. Wir sprachen kurz miteinander, und ich erfuhr, dass wir uns beim Abendessen sehen würden.

In dem Wunsch, unserer Gruppe etwas Zerstreuung zu bieten, organisierten unsere Veranstalter einen Ausflug in ein herrliches Flussgebiet mit einem riesigen Staudamm. Während der Fahrt betrachtete ich die Stromschnellen, die an diesem heißen Tag überaus anziehend wirkten, doch man sagte mir, der Fluss sei zu seicht. Wir erreichten unseren Zielort schnell und machten einen Spaziergang, bis unser Gastgeber einen Anruf erhielt. Ein Inspektor des Gesundheitsamtes war im Konferenzraum erschienen und drohte, er würde die Begegnungen verbieten, da die Papiere nicht in Ordnung waren. Das erschien recht seltsam, vor allem deswegen, weil es sich um eine staatliche Behörde handelte, die normalerweise Inspektionen in Küchen und Sälen durchführt und die Befugnis hat, ein Haus zu schließen. Deswegen musste uns Danka sofort verlassen, um dem Inspektor im Hotel sämtliche Genehmigungen vorzulegen.

Es war etwas in Gang gesetzt worden, das uns während unseres gesamten Aufenthalts in Makedonien Schwierigkeiten bereiten würde. Hier gab es einflussreiche Menschen, die Braco eine Abfuhr erteilen wollten, und sie würden verschiedene Beamten losschicken und versuchen, seine Arbeit zu unterbinden. Eine weitere Form der behördlichen Kontrolle waren die Medien. Der Großteil der Nachrichten und der Fernsehsender steht unter bestimmter Kontrolle, und der größte Schlag stand uns erst noch bevor. Doch nun beendeten wir unseren Spaziergang vorzeitig und kehrten zum Hotel zurück, wo wir uns zum feierlichen Abendessen trafen, das unsere Gastgeber vorbereitet hatten. Den folgenden Tag würden wir in Nichtstun verbringen, denn die Atanasovs wollten Braco ihre Liebe bekunden, indem sie ihm und seiner Gruppe noch einige besondere Sehenswürdigkeiten zeigen wollten.

Im Hotel nahe am Veranstaltungsort standen unsere Zimmer bereit. Es war ein kleines Gebäude, und mein Zimmer lag im Flügel auf der gegenüberliegenden Seite von Bracos Zimmer. Leider war mein Zimmer der Straße zugewandt, über den lärmenden Cafés, wo bis zu den frühen Morgenstunden laute Musik spielte.

Am Tag fällt der Lärm nicht so stark auf; das begriff ich erst in der Nacht. Vorerst brachten wir unser Gepäck unter und trafen uns nochmals, diesmal ohne Atanas, Danka und ihre Töchter, und machten noch einen langen Spaziergang; eine europäische Tradition. Da wir uns in dieser Gegend nicht auskannten, zogen wir ohne bestimmtes Ziel los, nur um die Umgebung kennen zu lernen. Braco erzählte mir noch mehr über Makedonien und die Herausforderungen, die bevorstehenden und die denkbaren. Nichts war unlösbar; es bewegte mich nur dazu, den Kopf über die menschliche grundlose Angst zu schütteln.

Braco sagte nichts zu, aber er machte ohne Unterbrechung weiter. Um das Thema zu wechseln, begann ich darüber zu sprechen, wie mich die recht verarmte Umgebung an Orte erinnerte, die ich auf den Philippinnen und in Mexiko gesehen hatte. Das führte zu einem Gespräch über einige meiner Reisen, und Braco wunderte sich über bestimmte Orte, die ich gesehen hatte. So sprachen wir über Bracos Reisen über die Grenzen Europas hinaus, und wie sich seine Arbeit mit der Zeit ausweiten würde. Meine Erfahrung ist tief in meinen Reisen und Erkenntnissen über verschiedene Kulturen verwurzelt, und ich konnte Bracos Lücken ebenso füllen wie er meine. Sein umfangreiches Wissen über die Spontaneität der Seele und über die Verkörperung der höheren Kraft war so vollständig, wie ich es noch nie in einer einzelnen Person erlebt habe.

Oft schien es, dass er meine Gedanken las, und wir waren häufig einer Meinung oder teilten die Freude in ähnlichen Aktivitäten. Ich glaubte nicht, dass er tatsächlich meine Gedanken hören konnte, aber ich wusste, dass er sie fühlt, und das war mehr als genug, um mich ständig mit seinen einfallsreichen Wahrnehmungen überraschen zu können. Er ermunterte mich mehrmals, ihm zu sagen, falls meiner Meinung nach etwas nicht in Ordnung war, damit sich nichts zwischen uns stellen konnte. Zunächst verstand ich die Tiefe der Bedeutung nicht, doch später erkannte ich, dass viele subtile Energien bestehen, die Uneinigkeit und Missverständnisse verursachen können. Unsere Kommunikation bedeutete uns alles; so konnten wir unsere Beziehungen ohne durch äußere Faktoren hervorgerufene Verwirrungen aufrechterhalten.

Die Stadtbesichtigung war nicht glamourös, aber angenehm, wegen der Gesellschaft. Das Abendessen rückte näher, und wir mussten noch etwas Zeit zum Duschen und Umziehen einplanen. Wieder im Zimmer angekommen, packte ich meine Sachen aus und erfrischte mich. Ich versuchte auch, meinen Rechner an das Internet anzuschließen, doch war im Zimmer keine Anschlussbuchse zu finden. Es freute mich sogar ein wenig, eine Ausrede zu haben, warum ich nicht regelmäßig auf E-Mails antwortete. Stattdessen zog ich mich um und schloss mich der Gesellschaft auf dem Balkon unseres Hotels an. Unsere Gastgeber verspäteten sich wegen Komplikationen mit der bevorstehenden Veranstaltung, und wir bewunderten wieder ihre Zähigkeit.

Das Abendessen war in einem großen, traditionell eingerichteten makedonischen Restaurant, und wir saßen neben einer wunderschönen Fontäne. Die ganze Nacht über spielte Live-Musik, und es erklangen schöne volkstümliche Melodien. Ich saß zu Bracos Rechten, Marjana zu seiner Linken, und später kam noch Rebeka mit ihrem Gemahl dazu, einem gutaussehenden, dunkelhaarigen Arzt. Ihnen wurden Plätze am Tisch zu meiner anderen Seite zugewiesen. Wir unterhielten uns viel im Lauf des Abends; sie war freundlich und warm und sprach gut Englisch, ebenso wie ihr Gemahl. Sie erzählte mir von ihrem Sohn und ihrer Arbeit, und ich fragte sie, ob sie mir ihre Geschichte erzählen würde, wie sie Braco traf und wie er ihrem Sohn geholfen hatte. Sie willigte mit einem strahlenden Lachen ein.

Rebeka Janovska Risteski – *Sängerin und Schlagerstar aus Makedonien*

Ich war bei T-Mobile auf einer Besprechung bezüglich der Werbung für mein neues Album. Ich verließ gerade das Gebäude, als mich eine Person aufhielt und mit Vornamen ansprach. Sie bat mich freundlich um ein Gespräch. Der Mann war von kleinerer Statur, mit einem kürzeren Bein. Er fragte mich, ob ich seinen Behindertenverband unterstützen könnte. Ich antwortete ihm, dass ich ein krankes Kind habe und dass wir unsere freien Termine abstimmen müssen. Er erkundigte sich über mein Kind und sagte, er kenne eine Frau mit Brustkrebs, der Braco geholfen hatte.

Ich hatte mir Bracos Name nicht gemerkt, aber ich hatte die Telefonnummer dieses Behinderten. Am nächsten Tag war ich im Gerichtsgebäude, und ein Freund sagte mir, er wüsste von einem Mann in Zagreb, der meinem Sohn helfen könnte - Braco. Es kam mir höchst merkwürdig vor, dass zwei Personen in zwei Tagen den selben Braco erwähnten. Mein Gesprächspartner versprach, mir am nächsten Tag eine DVD über Braco mitzubringen. Am folgenden Tag war ich mit meinem Sohn unterwegs, und eine Freundin erwähnte Braco. Das war das dritte Mal in drei Tagen.

Mein Sohn hatte Epilepsieanfälle. Ich rief den ersten Mann an und notierte mir Bracos Telefonnummer in Zagreb. Dann schloss ich mich einer Gruppe an, die mit dem Bus zu ihm reiste. Am nächsten Tag erfuhr ich von einem Freund, der sonst als Krankenhausarzt arbeitet, dass Braco nach Makedonien kommen würde (2008), und so wartete ich darauf, dass Braco in der Stadt erscheint.

Während der Begegnung mit Bracos Blick weinte ich. Ich hatte das Gefühl, dass Braco seinen Blick nur auf mich gerichtet hatte. Ich hatte Schuldgefühle und sagte das einer Freundin, die ebenfalls zugegen war, aber sie hatte das gleiche Gefühl. Einen Monat später träumte ich, dass es meinem Sohn gut gehen wird. Es war keine augenblickliche Veränderung eingetreten, doch dann kam dieser Traum. Danach hatte mein Sohn fünf Monate lang keine Anfälle mehr. Jetzt kommt es nur noch vereinzelt zu leichten Anfällen, und die Ärzte im In- und Ausland sagen, dass mein Kind zu der Gruppe von 30 Prozent geheilter Patienten gehören wird. Das wird ein Wunder sein.

Ein Anfallsleiden, das im ersten Lebensjahr des Betroffenen einsetzt, ist immer verheerend, und es bestehen keine Heilungschancen.

Jetzt wird Rebeka wieder ein Foto ihres Sohnes zu Braco mitbringen, mit der Hoffnung auf völlige Genesung. Sie ist eine wahrlich durchgeistigte Person, und ihr Mann ist ihr eine große Stütze. Er hatte alle Krebserkrankungsformen erforscht, außer Leukämie. Sie stillte ihren Sohn 22 Monate lang und achtete immer darauf, ihm Gedanken voller Liebe zu senden, um ihm zu helfen. Sie unterbrach ihre Karriere für drei Jahre, um sich ausschließlich ihrem Kind widmen zu können. Ihr Gemahl ist gleichermaßen aufgeschlossen; auch er glaubte fest an Energiemedizin und holistische Heilung. Das Gespräch mit ihnen war ein Vergnügen, es wurden zahlreiche Themen geistiger Natur angesprochen.

Sie erzählte mir von den Problemen mit der Presse in ihrem Land. Die Presse neigt dazu, Verleumdungen zu veröffentlichen, und dieser Mittel bedient sie sich oft. Als einmal ein Hund vor Rebekas Auto sprang, konnte sie nicht rechtzeitig bremsen und überfuhr das arme Tier. Am folgenden Tag stand in mehreren Zeitschriften, sie habe den Hund absichtlich überfahren, und sie wurde rücksichtslos an den Pranger gestellt. Ihre Tierliebe ließ sie an diesem Abend schneidend werden, aber sie lernte, solche Geschichten zu ignorieren. Rechtfertigungsversuche gießen nur noch Öl ins Feuer, und die sensationshungrigen Medien nutzen die Gelegenheit zu noch gemeineren Angriffen.

Rebeka fand neue Kraft durch ihren Sohn und sprach vor Gruppen als Mutter eines an Epilepsie erkrankten Kindes. Menschen kamen auf sie zu und gratulierten ihr zur Tapferkeit und Kraft, mit der sie andere inspirierte und mit ihren Worten motivierte. Sie hätte sich nie vorstellen können, dass sie solch eine geistige Kraft haben würde und so rührend in der Öffentlichkeit darüber sprechen könnte. Wann immer ihr Sohn mit einem Anfall ins Krankenhaus eingeliefert wurde, sang sie ihm heitere Lieder. Ihre Mutter war sehr traurig wegen des Anfallsleidens ihres Enkels und lobte Rebeka, wie stark sie war, wenn sie diese Songs mit Freude vorträgt. Rebeka antwortete, sie sei davon überzeugt, dass sie genau das tun muss, um ihrem Sohn positive Energie zu schenken.

Später sang sie auch für uns makedonische Volkslieder, die von Liebe handelten, und ihre Stimme war so süß wie Honig, voller Emotionen, die unsere ganze Gruppe auf eine neue Glücksebene versetzten. Wenn ich nicht mit Rebeka sprach, lachte ich oder lächelte Braco an. Es war eine zauberhafte Nacht, auch für die gesunden, gut genährten Katzen, die hinter dem Springbrunnen hervorsprangen und auf dem Rasen zu unserem Tisch kamen. Die Töchter des Doktors waren damit beschäftigt, Nahrung von der großen, übervollen Platte zu nehmen und die Katzen zu füttern, die sich mutig einen Happen holten. Die ganze Familie zeigte ihre Liebe zu Tieren, besonders zu Katzen, was ich gut nachvollziehen konnte, da ich zu Hause ebenfalls zwei Kätzchen habe. Die Mädchen taten genau das, was ich mit diesem Überschuss an Nahrung auch gerne getan hätte.

Guter Wein und gute Speisen kamen in großen Mengen und verschiedenen Formen an unseren Tisch. Wir bestellten nicht, hatten aber alles. Nachdem Rebeka ihren Auftritt beendet hatte, meinte Braco, er hätte es gerne, wenn die ganze Welt das Glück und die Freude erleben könnte, die uns an diesem Abend erfüllte, sogar die Töchter. Unser Gastgeber, Atanas, strahlte vor Zufriedenheit. Er riskierte alles, um diese Begegnung zu verwirklichen, und an diesem Abend konnte er, unbelastet von Sorgen, die Annehmlichkeiten des Lebens genießen.

Nach dem Abendmahl griff Braco sogar zu meinem Weinglas und trank den letzten großen Schluck, während ich mir eine seiner Zigaretten schnappte, ansteckte und das Gefühl der Geselligkeit voll auskostete. Es war unser gemeinsamer Wunsch, diesen Moment zu teilen und das Beisammensein zu genießen. Branko, Rudi und Miki nickten mir schelmisch zu, während ich rauchte, denn dieser Vorgang verband uns im "Balkan-Stil". Braco hatte mir gezeigt, dass ich alles essen konnte, dass mein empfindlicher Magen eine Folge des Fastens und ein Produkt meiner Entsagungen war. Jetzt goss ich reichlich Olivenöl auf meine Speisen, ebenso wie Braco, und schlug Naturkost nicht mehr ab; in diesem Fall hatte ich meine eingebürgerten Vorurteile und Stereotypen in Bezug auf Kalorien, die dick machen, abgelegt.

Als wir in der Nacht zum Hotel zurückgekehrt waren, stieg ich unter die Dusche, musste aber feststellen, dass der Wasserhahn defekt war und kein warmes Wasser floss. So zog ich mich wieder an und begab mich zur Rezeption. Glücklicherweise konnte Marjana nicht einschlafen und trank an der Theke noch einen Espresso mit einem Beschäftigten, der kein Englisch sprach. Sie übersetzte ihm mein Problem, das daraufhin erfolgreich beseitigt wurde, es blieb jedoch der Lärm von der Straße, der mir das Einschlafen erschwerte. Nur die angenehmen Gefühle, die nach diesem so schön verbrachten Abend noch in mir waren, halfen mir, diese Dinge zu ignorieren und in den Schlaf zu sinken.

Kapitel 12

16. Tag - Dienstag, 14. Juli 2009

Skopje, Makedonien

Das war noch ein freier Tag in Skopje, vor unserer großen morgigen Veranstaltung, und Braco sagte mir, er werde zwischen 06:30 und 07:00 Uhr auf mich warten, damit wir zusammen spazieren gehen. Ich wartete geduldig, aber da er um 07:15 Uhr noch immer nicht vor dem Hotel stand, war ich sicher, dass er verschlafen hatte, und so machte ich mich alleine auf den Weg. Die Hitze in den Räumen verursachte mir Kopfschmerzen, und ich wusste, dass mir ein wenig Bewegung gut tun wird. Als ich über die Vordertreppe ins Freie trat, spürte ich die angenehme Wärme des Morgens. Ich schlug eine Richtung ein, die unserem gestrigen Weg entgegengesetzt war.

Die Straßen führten mich zum Ufer eines wunderschönen Flusses mit Spazierwegen auf beiden Seiten. Der Fluss hatte Stromschnellen und kleine Wasserfälle und führte direkt in die Natur mit zahlreichen Bäumen und nur wenigen Häusern über dem Ufer. Es freute mich, am Wasser zu sein, und ich stieg die vielen Stufen herab bis zum Rand des Flusses, wo ich mit energischen Schritten weiterspazierte.

Die Kopfschmerzen waren weg, ich kehrte ins Hotel zurück und sah Braco noch immer nicht. So bestellte ich Wasser und einen Espresso an der Theke in der Hotelhalle. Es erschien mir ungewöhnlich, dass Braco zu dieser Zeit noch immer schlief, so trat ich, einem Impuls folgend, noch einmal ins Freie und sah ihn auf der Treppe, wie er in die Ferne blickte. Ich war froh und rief ihn, und wir umarmten uns fest zur morgendlichen Begrüßung. Er hatte tatsächlich verschlafen, und dann hatte er die Umgebung nach mir abgesucht. Er fragte mich, weshalb ich nicht an seine Tür geklopft und ihn geweckt hatte. Aber ich wusste ja seine Zimmernummer nicht, und der Mann an der Rezeption konnte nicht helfen, da er kein Englisch spricht. Braco fragte mich, ob ich nochmals spazieren gehen wollte, und so kippte ich schnell meinen Espresso und wir machten uns auf den Weg. Branko kam ebenfalls mit.

Ich erzählte ihm schwärmerisch von dem Spazierweg, den ich entdeckt hatte, aber zuerst machten wir an der Bäckerei Halt und kauften ein langen Laib Brot, das einzige, was sie hatten. Schlendernd und kauend ging ich ein wenig voraus, da sich die Männer auf Kroatisch unterhielten, und dann erreichten wir den Fluss. Der Anblick des Flusses rief bei Braco Begeisterung hervor. Wir waren alle dankbar, dass ich Glück gehabt und den Fluss entdeckt hatte. Am Fluss hob ich eine Feder vom Boden auf und steckte sie mir, ohne lange zu überlegen, ins Haar. Braco sagte mir dann, dass er Indianer mag und als Kind immer Cowboy und Indianer spielte, aber niemals Cowboy sein wollte. Ich antwortete ihnen, dass sie an diesem Morgen die Forscher Lewis und Clark seien, und ich die indianische Pfadfinderin Sacagawea. Sie wussten nicht, wer diese Figuren aus der amerikanischen Geschichte waren, und so erklärte ich ihnen deren Rolle und Bedeutung. Mit einer gehörigen Portion Selbstbewusstsein überzeugte ich sie, dass sie mit meiner Hilfe die Forschungsreise am Flussbett des makedonischen Wasserlaufs überleben würden.

Branko erzählte mir endlich einige Details seiner persönlichen Geschichte über die Begegnung mit Braco und seinen jetzigen persönlichen Einsatz bei der Arbeit. Er war ein kräftiger und dennoch sanfter Mann von edlem Charakter, loyal und redlich. Seinen wachen Augen entging kein einziges Detail; sie waren für Bracos Sicherheit zuständig. Die Autorität des Polizeichefs war ihm immer anzumerken, und er machte bei der Arbeit keine Kompromisse. Zwischen den beiden bestand ganz offensichtlich eine emotionelle Bindung, und ich sah, dass Branko alles für Braco tun würde, und so war er auch zu Ivica gewesen. Mit einem fast beschützenden Ton willigte er ein, mir später die ganze Geschichte zu erzählen, die ich aufzeichnen durfte. Das war etwas, was mir bei meiner Abreise aus Kroatien auf keinen Fall fehlen durfte.

Unser Spaziergang dauerte herrliche sechzig Minuten, bevor wir zu den anderen zurückkehrten. Im Hotel trafen wir uns alle zusammen im Café unter unseren Zimmern. Braco meinte, viele der Anwesenden glaubten nicht, dass ich von Hawaii wiederkommen würde. Und wieder einmal war mein Herz in Versuchung geraten, aber ich wusste, sie verstehen nicht, dass mein Bleiben nur eine Befriedigung eigener Wünsche wäre. Natürlich, Braco hatte mich gelehrt, dass der Mensch nicht aus eigenem Willen der Kraft dienen kann, wie es ihm gefällt. Nur die Möglichkeit, der Arbeit zu dienen, wo immer sie mich auch hinführte, wäre angemessen und richtig. Und dennoch wusste und fühlte ich, dass ich zurückkehren würde, vielleicht recht bald, schneller als mein Verstand es erfassen kann.

Um Braco und seiner höheren Mission zu dienen, musste ich nach Hause zu den Hawaii-Inseln, nicht nur, um den Kongress zu organisieren und Braco erfolgreich vorzustellen, sondern auch, um ihm neue Wege zu öffnen. Das war mehr Arbeit, als ich mir vorstellen konnte, aber ich wusste, wenn ich die Sache richtig in Angriff nehme, würde Hilfe auf die unerwartetste Weise kommen und meine Bemühungen unterstützen. Der amerikanische Grundsatz, durch harte Arbeit vorwärts kommen, lag nun in Reichweite, und ich nahm ihn an. Gestern hatte mir Miki im Hotel, unserem Veranstaltungsort, gesagt, Braco sei traurig, weil ich nach allem, was ich gesehen hatte, nach Hause zurückkehren musste. Ich erklärte Miki, dass ich eine andere Betrachtungsweise habe, nämlich die, dass ich nur einen vorbereitenden Teil abschließe, und dass ich weiter arbeiten werde, bis alle meine Aufgaben erledigt sind.

Braco war in vielerlei Hinsicht ein gewöhnlicher Mensch; er war verletzbar und konnte seelisch leiden, aber andererseits war er so viel mehr. Seine Güte, Ruhe und Selbstlosigkeit öffneten alle Situationen und bahnten den Weg über alle Hindernisse hinweg. Er stellte sich seinen Gefühlen und glaubte immer seiner tieferen Erkenntnis, und seine Spontaneität war sein Führer. In jedem Augenblick gegenwärtig und mit der höheren Welt verbunden, lebte er nicht auf einem Karussell der Emotionen wie die Mehrzahl der Menschen. Seine Grundlage ist unzerstörbar, auf geheimnisvolle Weise jenen zugänglich, die ihn anschauen, und damit erhebt er sich würdevoll über alle Herausforderungen, was in der Tat inspiriert.

Während der Unterhaltung im Café teilte ich Braco mit, dass ich vor einigen Monaten eine Annonce gelesen hatte, dass ein Grundstück mit Wasserfall und Bambuswald auf der Hawaii-Insel Maui zum Verkauf steht. Während ich die Schönheiten beschrieb, unterbrach mich Braco an einer Stelle und erklärte mit kindlicher Spontaneität, er würde das Grundstück kaufen. Er konnte nicht glauben, wie gut es tat, an einem Standort in der Natur zu sein, der leicht vom Flughafen aus erreichbar war.

Von so großer Begeisterung überrascht, bot ich ihm an, mich zunächst einmal zu erkundigen, ob das Grundstück noch immer zu kaufen ist, und mehr Informationen zu sammeln, denn es waren mindestens drei Monate vergangen, seit ich das Inserat gesehen hatte. Er war mit meinem Plan einverstanden, und später, bei meiner Abreise, stellte er noch mehrmals Fragen dazu, und natürlich durchforstete ich das Internet sobald ich konnte, doch diese Parzelle war nicht mehr auffindbar. Schließlich musste ich ihm zugeben, dass das Grundstück wahrscheinlich verkauft oder nicht mehr zu haben ist, was ihn merklich traurig stimmte. Ich sagte ihm, wenn er nach Hawaii kommt, würden wir zusammen schauen, ob Hawaii mit seinen Visionen von dem Ort am großen Wasser, der sein neues Zuhause werden soll, übereinstimmt. Ich war vorsichtiger als er.

Recht bald kamen unsere Gastgeber, um uns zu einem Abenteuer mitzunehmen. Alle stiegen in Tedos Kombi, während Braco und ich im Wagen des Doktors mitfahren durften. Heute würden wir einen Schatz dieses Landes erforschen, eine Sehenswürdigkeit namens Matka. Nach der Fahrt in Richtung eines der um die Stadt liegenden Gebirge erreichten wir eine offene Landschaft und eine Straße, auf der sich Soldaten in voller Ausrüstung bewegten. Wir fuhren an ihnen vorbei und setzten unseren Weg fort zum heiligen See in einer Schlucht, unserem Zielort. Hier weihte mich Bojana, die Tochter unseres Gastgebers, ein, um was für ein Wunder der Natur es sich hier handelt.

Der Matka-See

Der Anblick, der sich vor uns auftat, verschlug uns den Atem. Das Tal, in dem sich ein uralter Wald über die Ufer eines lagunenartigen Sees erhob, erweckte den mystischen Eindruck einer längst vergessenen Welt.

Bei der Einfahrt in das Tal begrüßten uns ein offenes Café und Restaurant, während die Anlegestelle alle Boote aufnahm, die Touristen auf dem See spazieren fahren, von wo aus sich noch überwältigendere Aussichten boten. Die Gebirgsseiten waren graue Felsblöcke, mächtig und enorm, während auf der anderen Seite des Sees ein in die Felsen eingeschnittener Weg verlief.

Bei der Mittagshitze war es mein größter Wunsch, in das klare Wasser einzutauchen, doch man warnte mich, es sei zu kalt. Ich ließ mich nicht abhalten und fragte und ermunterte Braco ständig, mich zu begleiten, aber Branko war entschlossen und verbot Braco den Sprung ins Wasser. Er war Sicherheitschef, und hier sah er eine Ordnungswidrigkeit. Er sorgte für Bracos Sicherheit, obwohl er auch selbst den Wunsch nach Erfrischung verspürte. Vorerst musste ich einen Aufschub dulden, und so setzte ich mich zu allen unter den Dachvorsprung des Cafés am Rande des Sees. Wir bestellten Erfrischungsgetränke, während uns die Gastgeber von den neuesten Problemen zum morgigen Tag berichteten.

Sie waren zum Kultusministerium gegangen, um die Genehmigung für Braco einzuholen, weil sich dort das für solche Genehmigungen zuständige Amt befand, doch eine andere Behörde konnte einen gegensätzlichen Bescheid ausstellen, was für ein großes Durcheinander sorgte. Gestern musste uns Danka verlassen, um ein Problem mit dem Inspektor des Gesundheitsamtes zu lösen. Der Inspektor hatte dem Hotelbesitzer und Danka angedroht, er werde die Veranstaltung der Begegnungen wegen unzulänglicher Papiere untersagen. Sie zeigte ihm alle Dokumente, und nach viel Überredungskunst verzichtete er schließlich auf das Verbot.

Dann zeigte uns Atanas eine Zeitung, die an diesem Morgen einen sehr unerfreulichen Artikel über Braco veröffentlichte. Da stand, dass keine Genehmigungen von den zuständigen Behörden eingeholt worden waren, und dass Braco nicht befugt war, Menschen zu helfen, da er keine Approbation hatte. Dieses Argument zog sich während der ganzen Zeit der Begegnungen durch die Medien. In diesem Land herrscht eine veraltete Mentalität, und die Korruption der Behörden und Kontrolle der Medien gossen nur noch Öl auf das Feuer, um die natürliche Bindung, die Braco zu den Menschen hatte, zu brechen.

Endlich war es genug der vielen Worte und der Diskussion zu diesem Thema, die einfach ihren Lauf genommen hatte. Deshalb bat Sead, Braco für den nächsten Film vor dieser grandiosen Kulisse zu filmen, wie er in der Natur umhergeht. Unerwarteterweise teilte Braco der Gruppe mit, dass zum ersten Mal noch jemand mit ihm im Bild sein würde. In dem Augenblick dachte ich nicht darüber nach, was das zu bedeuten hatte, oder welche Gründe dahinter stehen. Ich akzeptierte einfach seine Wahl. Mein Geist war ruhig, etwas geschah in mir so spontan, dass ich es zunächst überhaupt nicht bemerkte. Und dennoch erwachte damit eine wesentliche Ruhe, ein Bereitsein, und ich fühlte mich fest verankert und von der Möglichkeit überzeugt, mich dem Moment und allen Anforderungen unbeirrt stellen zu können.

Niemand war überrascht und niemand hatte etwas zu sagen. Sead forderte uns auf, den Weg an der Baumreihe entlang bis zum See zu gehen. Braco ging voran, und ich folgte, während unser Kameramann seine Stellung für die Probeaufnahme einnahm. Ich machte nach, was Braco tat; ich bewegte mich natürlich und genoss die Natur - es war so einfach. Dann mussten wir auf einer Felsenspitze ruhig sitzen. Das bereitete mir zunächst Schwierigkeiten; ich musste mich so auf dem großen Felsblock positionieren, dass ich mich entspannen kann, aber als ich eine geeignete Stelle gefunden hatte, saßen wir vielleicht fünf oder sechs Minuten wortlos da und kommunizierten mit den Herrlichkeiten, die uns umgaben.

Es war bezaubernd, an solch einer besonderen Stelle zu sitzen, und mein Herz öffnete sich leicht zur Natur. Für Braco war das wie eine leichte Form der Meditation, und seine Liebe zu der Welt der Natur führte ihn zu einem besonderen Ort, wo äußere und innere Schönheiten ineinander übergehen. Große Vögel flogen über unsere Köpfe, und das Wasser sang das Lied des Windhauchs. Eine Inspiration, wie sie nur die Natur auf Erden schafft, indem sie Augenblicke und den Menschen aufdeckt; wir tauchten in eine großartige Stille ein. Später sagte Sead, es schien ihm, als hätte er etwas Außerordentliches gefilmt, und fügte noch leise hinzu, dass es ein magischer Moment war; in jenem Augenblick wirkten wir wie Bruder und Schwester.

Mein Geist war noch immer ruhig und stellte keine Fragen. Wir filmten noch eine Szene, wie ich auf dem Weg auf Braco zugehe. Sead, der voller kreativer Einfälle war, meinte, dies sollte ein Stummfilm werden, nur wir in der Natur. Später erfuhr ich, dass der Film nach meinem Kongress auf Hawaii fertiggestellt werden soll. Die anderen folgten uns auf dem schmalen Pfad, hielten aber Abstand. Wir kehrten alle zum Café zurück und ich bewegte mich auf dem Rückweg buchstäblich in kleinen Sprüngen vorwärts, so sehr hatte mir diese Erfahrung Auftrieb gegeben.

Braco war ebenfalls selig; wir stiegen in das Boot, um den langen See und die Höhle am anderen Ende des Wasser zu besichtigen. Ich war zu einem Sprung ins Wasser bereit, aber Sead riet mir, zu warten, weil er weitere Aufnahmen machen wollte.

Lange Bänke verliefen an beiden Seiten des Bootes und boten genügend Platz für die ganze Gruppe und den Kapitän. Das Boot fuhr langsam los, und wir waren plötzlich in einer paradiesischen Lagune der Stille. Das algenbedeckte Ufer gab dem Wasser eine grüne Farbe, und die hellen Sonnenstrahlen flackerten im Wasser und beleuchteten es. Braco stand am Heck des Bootes, ich stand neben ihm, und um uns war Stille; dem steilen Gebirge vor uns war Respekt zu zollen. Bei dem Anblick einer kleinen, auf Pfählen über dem Wasser stehenden Holzhütte lebte Braco auf. Ihr einfacher Charme gefiel ihm, und ich sagte ihm, dass viele Häuser auf den Inseln so ähnlich aussehen.

In Europa, und vor allem in Kroatien, sind die meisten Häuser aus schwerem, widerstandsfähigem Material gebaut. So überraschte es Braco, als ich ihm unsere Häuser aus Holz oder Bambus beschrieb; viele standen auf Pfählen, wegen der Erdrutsche, die viele unserer Inseln bedrohen. Unsere Gebäude sind von einfacherer Natur als in diesem Land. Braco erwähnte wieder das Grundstück auf Maui. Er sprach mit jedermann lange und voller Begeisterung über Hawaii, und ich konnte in den Gesichtern der Zuhörer erkennen, dass sie glücklich sind, aber gleichzeitig auch verwirrt wegen Bracos Eifer, der ihn weit weg bringen wird.

Bald legte unser Boot an einem Kai am steilen Ufer an, und wir stiegen aus. Es war ein langer Weg über die Stufen, die uns zur Vrela-Höhle führten, einer bekannten Sehenswürdigkeit, wegen der beeindruckenden Formen, die von Wassertropfen im Gestein geschaffen wurden. Als wir eintraten, schaltete jemand das Licht ein, und vor uns tat sich eine massive Höhle auf. Die Luft war merklich kühler - eine willkommene Linderung der draußen herrschenden Hitze. Braco stürzte sich nach vorne, und ich versuchte, mit ihm Schritt zu halten, aber meine flachen Sandalen erschwerten mir die Bewegung auf dem rutschigen Steinweg. Wir drangen immer weiter in die Tiefe vor und erreichten schließlich unser Ziel, wo uns eine ganze Fledermauskolonie über unseren Köpfen erwartete.

Miki trat nach vorne und bot seine Hilfe an, während Branko die ganze Zeit auf Braco achtete, damit ihn sein Forscherdrang nicht zu nahe an den steilen Rand brachte. Sead folgte ihm und fand eine Position für die Kamera. Wir wurden angewiesen, auf die große Gesteinsformation vor der Fledermauskolonie zu steigen. Das war kein leichtes Unterfangen, denn alles war mit Schleim und Fledermausexkrementen bedeckt. Man spürte auch den

Ammoniakgeruch unserer geflügelten Freunde, doch es gelang mir langsam, meinen Platz bei Braco einzunehmen. Dann entspannten wir uns im Inneren der Erde und ließen die Atmosphäre der Höhle auf uns einwirken. Sead kam zu seinen Aufnahmen und zu der gewünschten Perspektive, und so war diese Aufgabe schnell beendet.

Als wir wieder an das Tageslicht traten, erkannte ich, dass ich die Hilfe des Wassers dringend nötig hatte, denn der Schleim rann an meinen Händen und Beinen hinunter. Erde und Schlamm machten mir nichts aus, aber in diesem fall wollte ich mich möglichst schnell waschen. Braco war ohne nennenswerte Flecken davongekommen, und es beeindruckte mich, mit welcher Leichtigkeit er auf solch unsicherem Boden klettern konnte. Er war sicher ganz in seinem Element, und Sead sagte später, er habe Braco oft an gefährlichen Stellen gefilmt, weil er den Ausblick von einer besonderen Stelle liebt. Braco war recht risikofreudig und setzte sich Gefahren aus, um zu solchen Stellen zu gelangen. Wegen seines abenteuerlichen Geistes war Braco ein Mann, der mein Herz mit seiner furchtlosen Natur berührte.

Auf der Rückfahrt wurden noch einige Aufnahmen gemacht, wie wir zusammen am Bug des Bootes stehen, und als das beendet war, setzten wir uns und genossen noch die wenigen Minuten Stille, bevor wir an der Anlegestelle ankamen und ausstiegen. Bonnie, ein Teenager voller Energie, begleitete mich auf dem Weg zu unseren Autos und erzählte mir noch etwas über die Geschichte dieser Region und über die besonderen Aktivitäten der Jugendlichen, die in Makedonien aufwachsen. Sie war ein herrlicher Gesprächspartner, ihr Englisch war tadellos, und es freute mich, dass sie uns Gesellschaft leistete. Jetzt hatten wir auch schon Appetit, und so entschlossen wir uns zu einem späten Mittagsmahl in einem besonderen, in den Bergen gelegenen Restaurant namens Pantelemon, von wo aus sich eine spektakuläre Aussicht auf die Stadt bot.

Während der Fahrt sagte ich Braco, wie sehr das schätzte, was wir heute gesehen hatten. Für mich war das Erlebnis konkurrenzlos im Vergleich zu jeder beliebigen Stadt oder Großstadt mit zahlreichen Attraktionen. Braco fühlte dasselbe und sprach, dass unsere Gastgeber diese Dinge aus Liebe mit uns geteilt und unserer Gruppe einen besonderen Festtag beschert haben. Daraufhin meinte Atanas, er habe mich als Frau mit besonderem Charisma erkannt, und dann lud er mich ein, wieder sein Gast zu sein, wenn Braco das nächste Mal zu Besuch kommt.

Ich war dankbar, und der Gedanke stimmte mich froh; ich dankte ihm für seine Großzügigkeit und sagte, dass ich hoffte, in Zukunft die Gelegenheit zu haben, sein Angebot anzunehmen. Überraschenderweise übersetzte Braco meine Antwort nicht vollständig und meinte, das würde schwer zu machen sein. Leider hatte er Recht, denn die nächste für Makedonien geplante Begegnung würde im Dezember stattfinden, und das war zu nahe am Veranstaltungstermin meines Kongresses, so dass ich in diesem Zeitraum Hawaii nicht verlassen konnte.

Das Restaurant Pantelemon

Wir fuhren auf einer sich schlängelnden Dorfstraße ins Gebirge und kamen an einem großen Parkplatz an. Hier stand ein aus Stein gebautes Restaurant mit einer großen Terrasse und großen, offenen Fenstern, die einen herrlichen Blick auf die Stadt im Tal boten. Wir gingen ein Stück des Weges zu Fuß und setzten uns alle zusammen an einen großen Tisch. Kurz darauf erhielt Danka einen Anruf und führte ein anstrengendes Gespräch. Im Hotel war es abermals zu Problemen mit der Veranstaltung der Begegnung gekommen, und Atanas und seine Frau mussten sofort gehen und sich um das Problem kümmern. Sie ließen Bonnie die Gastgeberrolle übernehmen und versprachen, so schnell wie möglich zurück zu kommen.

Braco schien sich um diese Familie große Sorgen zu machen und betonte nochmals, dass sie alles verlieren könnten. In einem Moment der Verstimmung sagte mir Braco, dass er das Land aus diesem Grund nicht mehr besuchen würde, aber später änderte er seine Meinung und sagte, er müsse wiederkommen. Es war eine schwere Last, aber ganz offensichtlich würde sich der Doktor diesem Joch nicht beugen. Er war entschlossen und bereit, bis zum Ende zu kämpfen. Er dachte keinen Moment an Kapitulation, und seine Frau war seine treue Begleiterin.

Wir mussten es dabei bewenden lassen, denn es lag nicht in unserer Macht, die Situation zu ändern. Unsere Stimmung besserte sich recht bald, denn beide Töchter waren anwesend, und es hatte keinen Sinn, sich mit Unheil zu befassen. Die fröhliche Bonnie war eine perfekte Gastgeberin; sie bestellte ein Abendmahl, das sich aus traditionellen makedonischen Spezialitäten zusammensetzte. Die Portionen waren selbst nach amerikanischen Standards riesengroß, und schon die Vorspeisen hätten für eine komplette Mahlzeit gereicht. Frische Tomaten, gebackene Paprika und milder Schafskäse zu frisch gebackenem Brot und Oliven machten den Anfang, und Bonnie achtete darauf, dass mein Teller mit vegetarischer Kost immer voll war. In der Küche hatte man eine besondere vegetarische Suppe nur für mich zubereitet, und obwohl ich bereits von dem ersten Gang gesättigt war, aß ich auch noch die Suppe und legte daraufhin eine Pause ein.

Mich nährte die Energie, und mein Bedarf an Nahrung war noch immer recht gering. Als die Hauptspeise serviert wurde, stürzte sich Braco auf das Fleisch; seine Gastgeberin hatte ganz bestimmte Spezialitäten für ihn bestellt, und man wollte, dass alle die volkstümlichen makedonischen Gaumenfreuden genießen. Braco war verspielt, und als die Hauptspeisen serviert wurden, nahm er Mikis und Rudis Teller und füllte sie mit Unmengen von Speisen. Es war wohl eine Art Balkanhumor, und sie würden nun versuchen, alles aufzuessen. Ich war froh, bei diesem Spiel nicht mitmachen zu müssen, und Braco gab mir nur jene Speisen zu kosten, von denen er wusste, das sie fleischlos waren. In dieser Hinsicht war er äußerst aufmerksam. Ohne Chauvinismus, Männer behandelten Frauen generell mit Anstand, und ich schätzte diese Zuvorkommenheit.

Nach den Hauptspeisen fand Sead sofort eine Stelle, wo er ein Schläfchen machen konnte, nämlich auf der gegenüberliegenden Seite des Hofs inmitten eines Haufens beiseite gelegter Stühle. Wir mussten lachen, als wir sahen, wie er sich schön ordentlich eine Stuhlreihe zusammensetzte, und die nächsten zwei Stunden mussten wir auf seine Gesellschaft verzichten. Braco wollte sich noch einen Spaß mit ihm erlauben, aber dazu kam er nicht mehr, weil die Nachspeise und Espresso serviert wurden. Bonnie weihte uns in makedonische Bräuche und Kultur ein, in der auch der zum Dessert servierte „Treska“-Kuchen eine Rolle spielte, der dem bosnischen "Baklava"-Kuchen mit Honig und Rosinen ähnelte, aber viel leichter und schmackhafter war.

Als das Festessen zu Ende war, gingen die Gäste in verschiedenen Richtungen auseinander. Braco und ich machten noch einen Spaziergang um das Restaurant. Wir fanden immer wieder neue Gesprächsthemen, und ich würde sagen, dass keiner von uns auch nur einen Augenblick Langeweile hatte. Es war einfach nicht seine Lebensweise, für hatte jeder Augenblick eine Bedeutung, und er nutzte ihn vollauf. Nach kurzer Zeit kehrten wir zum Tisch zurück und fanden dort Branko. Es war Zeit, dass auch er etwas sagt, und so entschlossen wir uns zu einem langen Verdauungsspaziergang auf dem Dorfweg. Ich stellte die Fragen und zeichnete die Antworten auf, Braco diente als Übersetzer.

Branko Belak *- Gespräch mit dem ehemaligen Zagreber Polizeichef*

A. Wie haben Sie Ivica kennen gelernt?

B. Im Frühling des Jahres 1990 besuchte ich meinen Nachbarn, und wir tranken einen Kaffe miteinander. Er erklärte mir, dass er bei einem Mann namens Ivica gewesen war, der sich mit alternativer Medizin und Bio-Energie befasste. Da der Sohn meines Nachbars gesundheitliche Probleme hatte, führte ihn mein Nachbar zu Ivica.

A. Fanden Sie seine Geschichte interessant?

B. Ich fand sie sehr interessant, denn meine Frau Marija hatte ein Augenleiden, sie begann zu erblinden. Dann ging ich mit ihr zu Ivica. Meine Frau war auch im Krankenhaus behandelt worden, und ich hatte Arzneien für ihre Augen bekommen. Zu jener Zeit arbeitete Ivica noch nicht am Srebrnjak 1, sondern empfing jeden Besucher einzeln, erst später begann er, Gruppen zu empfangen. Er pflegte die Besucher mit seiner Energie zu berühren. nach dem ersten Besuch fühlte sich meine Frau besser. Bald darauf machten wir einen Spaziergang durch die Stadt, und sie erblickte eine Statue in der Ferne. Marija hatte sie wegen ihres Augenleidens noch nie gesehen, aber nach dem Besuch bei Ivica konnte sie die Skulptur erkennen.

Daraufhin begann ich mich etwas mehr für Ivica zu interessieren. Damals war ich Polizeichef in einem Bezirk, einem von zehn Verwaltungsbezirken. Ivica wusste nicht, wer ich bin, und so besuchte ich ihn ein zweites Mal, weil es mich interessierte, was er mir über meine Zukunft sagen würde. Zu jener Zeit befasste sich Ivica nicht nur mit Heilungen, sondern sprach mit den Besuchern auch über ihre Vergangenheit und Zukunft. Was mir Ivica sagte, war unglaublich, denn niemand auf der Welt konnte das über mich wissen. Nicht einmal meine Gemahlin kannte diese Angaben aus meiner Vergangenheit. Es interessierte mich, woher er diese Dinge wissen konnte.

Nach der ersten Begegnung allein mit Ivica träumte ich in der selben Nacht, dass Ivica nicht sein richtiger Name war. Ich träumte, dass sein Name Toplica ist und dass er nicht in Kroatien, sondern in Serbien geboren wurde. Am nächsten Tag stattete ich Ivica wieder einen Besuch ab, zusammen mit meinem Nachbarn, der mir von ihm erzählt hatte. Aber Ivica war nicht in seinem Büro, und ich wollte ihm von meinem Traum berichten. Wir warteten eineinhalb Stunden im Freien, und dann kam Ivica an. Er kam mit dem Bus und trug einen Jeansanzug. Als er mich erblickte, sagte er nur "Hallo". Ich fragte mich, weshalb Ivica nicht schon vor diesen 90 Minuten angekommen war, und dachte, er habe vielleicht erfahren, dass ich Polizeibeamter war, und habe aus Angst entschlossen, lieber nicht zu kommen.

Es zeigte sich, dass meine Vermutung falsch war, Ivica hatte sich einfach verspätet. Als er uns in sein Zimmer hereinbat, erzählte ich ihm meinen Traum. Ivica sagte nur, mein Traum sei richtig, und das nächste Mal würde er mir seinen richtigen Namen sagen. Bei meinem nächsten Besuch sagte er mir, sein richtiger Name sei Toplica. Zwei Tage später, ich war außer Dienst und zu Hause, rief mich mein Stellvertreter an und teilte mir mit, es sei ein Mann verhaftet worden, der wahrsagt. Die Polizei war in Ivicas Büro eingedrungen und hatte ihn und mehrere andere Personen in das Untersuchungsgefängnis gebracht. Was Ivica tat, Heilen und Wahrsagen, war damals in ganz Jugoslawien gesetzwidrig. Die Kommunisten waren an der Macht, und solche Dinge waren gesetzlich verboten.

Ich meldete meinem Wachtmeister unverzüglich, dass ich diesen Mann kenne und dass er unschuldig ist, und so ließen ihn die Polizeibeamten frei, zusammen mit den anderen. Ich war bereit, meine Karriere durch diese Tat aufs Spiel zu setzen, und das zu einer Zeit, als der Krieg zwischen Serbien und Kroatien begann, denn ich war Kroate, und Ivica Serbe.

A. Und das haben Sie nach so einer kurzen Zeit der Bekanntschaft für Ivica getan?

B. Ja, wir hatten uns nur zwei Mal getroffen, und ich gab den Befehl, diesen Mann freizulassen. Als ich das nächste Mal zu Besuch war, kaute Ivica einen Kaugummi, und ich sagte ihm, dass ich ihn wie einen Bruder empfinde und dass er mir ab jetzt der beste Freund in allem ist. Ivica sprach, "Gott hat dich gesandt, du musstest hier sein, du musst hier Polizeichef sein, denn du musst für die Sicherheit dieser Mission sorgen."

A. Was hielten Sie von dieser Aussage?

B. Mir erschien dieser Moment ein wenig albern, denn ich führte ein völlig anders Leben. Ich lebte in normalen Verhältnissen; Schule, Hochschule, verstehen Sie?

A. Sehr konventionell?

B. Aber andererseits, als Mensch, nicht als Profi, fand ich Gefallen an Ivica, denn er war offen, so freundschaftlich gesinnt. Ivica hatte völlig Recht, und ich lernte ihn einfach schätzen. Meine Frau glaubte ebenfalls an Ivicas Kraft, an seine Fähigkeit, Menschen zu helfen und über ihre Vergangenheit und Zukunft zu sprechen. Dazu kam noch, dass Maria im Jahr 1991, als der kroatisch-serbische Krieg wirklich losbrach, Ivicas Geburtsort besuchte. Ivica hatte unter anderem die Fähigkeit, manchmal einer Person eine bestimmte Vision einzugeben. Das machte er nur mit wenigen Personen; sie würden sich entspannen, und Ivica würde die Hand ausstrecken, und dann würden die Visionen eintreten. Die Personen würden zu sprechen beginnen, weil sie etwas mit eigenen Augen gesehen haben. Das überraschte mich sehr, denn Ivica bewirkte, dass auch meine Frau eine Vision hatte.

Während ich neben ihr stand, sah Marija alles über Ivica. Seinen Geburtsort, wo er als kleiner Junge gelebt hatte, später in der Schule, seinen Umzug nach Zagreb. Sie konnte alles sehen. Aber davor wusste keiner von uns etwas über diese Dinge, sie schilderte nur, was sie sah, wie im Film oder im Fernsehen. Dann sah sie die Zukunft, ein Haus, wie es jetzt am Srebrnjak 1 steht, und prächtige, königliche Holzmöbel, wie sie jetzt am Srebrnjak 1 bestehen. Also sah Marija damals ein Bild unserer Gegenwart. Er hatte sie wohl in die Zukunft versetzt, denn das war vor 15 Jahren.

Dann begann Ivica meiner Frau bestimmte Fragen zu stellen, etwa, wer wird der nächste Präsident dieses Landes? Sie versuchte, einen Mann mit Bart zu beschreiben - und unser Präsident trägt tatsächlich einen Bart. Ivica fragte, wer der nächste Papst sein würde. Marija antwortete, dass jemand versuchen wird, ein Attentat auf den Papst zu verüben - und das ereignete sich tatsächlich einige Jahre später. Ivica fragte sie, ob ich meinen Beruf wechseln würde. Sie wusste genau den Zeitpunkt meines Berufswechsels in der Zukunft - es stand mir eine baldige Beförderung bevor. Marija beschrieb auch die Menschen aus meinem Umfeld, und alles ereignete sich tatsächlich, alles in meiner Zukunft. Nachdem die Visionen meiner Frau verschwunden waren, sprachen Ivica und ich wie Freunde miteinander.

Er sprach oft darüber, dass ein junger Mann kommen wird und dass sich dieser Mission nach seiner Ankunft viele neue Wege öffnen werden. Er dachte dabei an Braco. Das nächste Mal versetzte er meine Frau in eine andere Vision, und sie sprachen über die selbe Sache. Sie sprachen über die gleiche Vision. Was der eine sah, sah auch der andere. Nach diesen Ereignissen wurden Ivica und ich gute Freunde. Nach seinem Arbeitstag kam Ivica oft bei mir auf einen Kaffee vorbei. Dabei erzählte er mir über viele Traumgesichte, die er über die Zukunft hatte.

Als ich mir die Geschichten anhörte, kamen sie mir albern vor, weil sie unmöglich schienen. Aber ich mochte Ivica, obwohl ich nicht glaubte. Ivica sagte, dass es jetzt vielleicht lächerlich klingt, aber eines Tages würde ich hierher kommen und hier arbeiten. Im Grunde genommen sagte er, dass ich eines Tages am Srebrnjak 1 arbeiten werde. Als Ivica einmal in meiner Wohnung war, sagte er mir, das Gebäude mit den vielen Wohnungen sei kein guter Ort zum Leben, weil hier vor viel Jahren ein Friedhof stand. Es wird eine Zeit kommen, in der ich von meinem Polizeirevier eine neue Wohnung bekommen werde. Nach zwei Monaten bekam ich tatsächlich eine viel größere und herrliche Wohnung, genau, wie Ivica es beschrieben hatte.

Während des Krieges wurde ich Polizeichef in Kroatien, zuständig für Kontakte mit Serbien und Amerika. Ich war der Hauptansprechpartner in der Kommunikation mit Polizeibehörden anderer Länder. Auch während ich diese höchste Stellung bekleidete, glaubte ich Ivica und mochte ihn als Menschen, denn alles, was er in dieser kurzen Zeit ausgesprochen hatte, war eingetreten wie etwa die Beförderung und die neue Wohnung. Zahlreiche Visionen dieser Art wurden wahr. Mit jedem weiteren Tag glaubte ich Ivica mehr, dass er diese unglaubliche Kraft hatte, dass er in die Vergangenheit und Zukunft schauen konnte und dass seine Berührung Menschen half. Jetzt war das keine alberne Geschichte mehr, sie war rational, und jetzt glaubte ich ihm wirklich jedes Wort.

A. Wie oft besuchten Sie Ivica damals? Sahen Sie ihn jeden Tag?

B. Wir sahen uns mindestens dreimal in der Woche. Ivica kam gewöhnlich um 11:00 oder 12:00 Uhr nachts bei mir vorbei, und wir plauderten bis 3:00 Uhr, obwohl ich um 5:00 Uhr zur Arbeit musste. Ich fragte ihn, weshalb er um Mitternacht kommt. Er meinte, er müsste kommen, denn er hätte gerade eine Botschaft bekommen und musste noch kommen und mich sehen. Das war Ivicas Antwort.

An einem Abend im Jahr 1993 kam Ivica ganz aufgeregt zu mir. Er sagte. "Er ist erschienen, es ist geschehen." Und ich fragte, was? Ivica sagte, ein junger Mann sei gekommen, in Zagreb geboren, 27 Jahre alt, aus einer recht wohlhabenden Familie, mit Hochschulabschluss, Magister der Betriebswirtschaft. Ivica meinte, dieser Mann sei wie seine rechte Seite, er werde sein Assistent sein. Er sagte, es sei unglaublich, dass er erschienen ist, und dass er sogar bei ihm übernachtet. Ivica kümmerte sich um ihn wie um einen eigenen Sohn, und es war kein Ende abzusehen.

Er pflegte mir zu sagen, dass ihn dieser neue Mensch manchmal selbst überrascht, denn er stellte ab und zu so verrückte, aber so gute Fragen, auf die Ivica keine gute Antwort hatte. Dieser junge Mann hatte auch wunderschöne Pläne für die Zukunft, was Ivica manchmal überraschte. Am meisten verwirrte es ihn jedoch, dass dieser Mann Ivicas Büro betreten und ihm eine große goldene Sonne und eine goldene Uhr geschenkt hatte. Damals bezeichnete Ivica Braco als jungen Mann.

Als Ivica einmal bei mir war, versprach er mir, mich recht bald mit diesem jungen Mann bekannt zu machen. Und eines Tages erschien Ivica zum ersten Mal mit Braco in meiner Wohnung. Ich sah mir Braco genau an, er wirkte wie ein Junge, und ich konnte mir nicht vorstellen, dass Braco eines Tages das werden könnte, was Ivica für die Zukunft vorhergesagt hatte. Was Braco werden konnte, war für mich ein Märchen, und ist es auch heute noch.

A. Was für eine fast unglaubliche Geschichte hatte Ivica prophezeit?

B. Damals erklärte Ivica, Braco habe einen Magistergrad in Betriebwirtschaft und eine große Energie, deren er sich noch nicht bewusst war. Ich erwartete einen Mann von kräftiger Statur, und nicht so ein Milchgesicht. Ich saß beschämt in meinem Stuhl.

Es überraschte mich auch, dass Ivica, wenn über Pläne geredet wurde, immer auch Braco fragte, was er davon hielt. Das war schon ein Schock für mich. Ich fragte mich – wieso fragt Ivica diesen Jüngling, Braco, was weiß der schon, nichts? Ivica bat Braco immer um seine Meinung, weil der etwas wusste.

A. Hat Ihnen Ivica jemals erklärt, weshalb er Braco um seine Meinung fragte?

B. Nein, erklärt hat er das nie. Doch es war offensichtlich, dass er Braco glaubt, und manche Situationen bewahrheiteten sich, zu denen Braco Ja oder Nein gesagt hatte. Ich war Ivica auch sehr dankbar, denn als meine Tochter zum Studienabschluss eine Studentenreise plante, fehlten mir die finanziellen Mittel dazu. Ivica fragte Braco, was er davon hält, ob mir Ivica finanziell unter die Arme greifen sollte, und Braco meinte, ich sollte das Geld bekommen. In dem Moment sagte ich beiden, dass ich das Geld nicht brauchte. Aber trotz meiner Weigerung stand Braco auf, ging zum Wagen und brachte mir das Geld. Das war eine schöne Sache, als mir Ivica die Mittel zur Verfügung stellte, damit meine Tochter auf Reise gehen konnte.

A. Wie lange kannten Sie Ivica vor dem Unfall in Afrika?

B. Ich kannte ihn fünf Jahre vor dem tragischen Ereignis.

A Gibt es noch welche Prophezeiungen oder Visionen über die Zukunft der Mission?

B. Ich erinnere mich an einen besonderen Moment in jenem Haus, das heute der Srebrnjak 1 ist… dass vor diesem Haus tausende und abertausende stehen werden. Ivica wird sie nicht berühren oder ihnen etwas erklären, aber es werden Tausende zum Srebrnjak 1 kommen. Das war vor 15 Jahren unglaublich; denn erstens stand dort kein Haus, und zweitens gab es dort keine Menschen. Wie konnten Tausende von Menschen dort sein? Ebenso bewahrheiteten sich seine Worte, dass Braco seine Arbeit fortsetzen würde, und Braco hatte tatsächlich die Kraft, Ivicas Mission fortzusetzen... Und Ivicas vor vielen Jahren ausgesprochenen Worte, dass ich eines Tages am Srebrnjak 1 arbeiten werde, auch das wurde wahr. Ivica sah auch voraus, dass ich in der Zukunft viele fremde Länder besuchen werde. Damals war das unmöglich, denn ich arbeitete bei der Polizei in Jugoslawien, und es herrschte Ausreiseverbot.

A. In welchem Jahr sind Sie zu Ihrer Arbeit am Srebrnjak 1 angetreten?

B. Nach Ivicas Tod besuchte mich Braco oft, denn es gab nicht viele Orte, die Ivica und Braco zu Ivicas Lebzeiten frequentierten. Braco hatte nur wenig Freunde und Freundinnen, er war ziemlich alleine. Deshalb kam er öfters bei mir vorbei. Die Zahl der Besucher wurde immer größer, und an einem Tag im Jahr 2005 war ich bei Braco zum Abendessen. Wir tranken noch einen Kaffee, und dann erklärte mir Braco, dass er wegen der stetig steigenden Besucherzahl neue Mitarbeiter brauchte, die ihm helfen würden. Er bot mir diese Arbeit an, und ich dachte, warum nicht. Ich weiß nicht weshalb ich zugesagt hatte, ich erinnere mich nicht, was Braco getan hatte, ich weiß nur, dass es gegen zehn Uhr abends war. Am nächsten Morgen um acht Uhr war ich am Srebrnjak 1. Ich habe keine Ahnung, wie Braco es an diesem Abend geschafft hatte, mich zu überreden, am nächsten Morgen am Srebrnjak 1 zu erschienen.

Am Srebrnjak 1 angekommen, nahm ich zum ersten Mal an der Begegnung mit Bracos Blick teil. Da Braco und ich Freunde waren, kamen wir einander auch zu Besuch, aber ich war niemals am Srebrnjak 1 bei den Gruppenbesuchen mit dabei. An jenem Tag kam ich wie alle anderen an und stand in der Menge, meinen Blick Braco zugewandt. Da stand ich also vor Braco, und Braco begann, in die Gruppe zu blicken. Ich war zunächst ein wenig nervös, aber nach wenigen Sekunden löste sich meine Angespanntheit, und ich fühlte mich ausgeglichen. Und was unglaublich war, ich sah, wie Braco näher an mich herankam und sich wieder entfernte. So sah ich Braco, aber ohne jegliche Unruhe, ich fühlte mich so frei, so leicht, die Nervosität und alles Negative war verschwunden.

Ich erzählte dieses Erlebnis meiner Frau und meinem Sohn, die später ebenfalls and den Begegnungen mit Bracos Blick teilnahmen. Nach einiger Zeit besuchte uns Braco und vermittelte meiner Frau Visionen, genau so, wie es Ivica gemacht hatte. Das war eine Belastung, denn Maria sah den Augenblick, als Ivica i Meer sein Leben ließ. Sie weinte, und alles, was sie sagte, entsprach genau den späteren Ereignissen. Marija hatte das Bild von Ivicas Tod vor Augen und weinte; ich machte mir Sorgen um sie und bat Braco, die Vision abzubrechen, was er dann auch tat. Marija öffnete die Augen, konnte sich aber an nichts erinnern. Auf alle Fragen, die ich ihr stellte, wie zuvor mit Ivica, gab sie viele Antworten. Ich erinnere mich, wie sie sagte, dass in Kürze eine sehr bedeutende Person aus dem Militär kommen würde, und nach einigen Monaten erschien ein General. Jetzt sind wir gute Freunde, ich und dieser General. Er ist jetzt in den Vereinigten Staaten, in Washington

D.C. Er erschien auf dem Srebrnjak 1, wie es Marija vorausgesehen hatte. Sie sah auch, dass eines Tages eine bedeutende Person aus der Regierung kommen würde. Und vor einigen Jahren kam ein Premierminister aus dem Ausland zu den Begegnungen mit Bracos Blick.

Während meiner Zeit auf dem Srebrnjak 1 erlebte ich auch einen Moment, der mich zu Tränen rührte, als Besucher mit einem Bus aus Makedonien angereist waren, um Braco zu sehen. Ein sehr alter Sonderbus ging in Flammen auf, nachdem die Gruppe bei den Begegnungen mit Braco war. Diese Besucher waren unvermögend und konnten keinen Ersatzbus beschaffen, und so blieben sie im Garten am Srebrnjak 1 zurück. Sie hatten nichts zu essen und nichts zu trinken. Braco bestellte sofort Speisen, Zigaretten und Wasser. Dann bestellte er einen Bus aus Zagreb, bezahlte ihn aus eigener Tasche, und ermöglichte den Besuchern so die Heimreise.

Oder auch in Basel, als Braco auf einem großen Kongress in der Schweiz weilte, kamen viele Menschen in Rollstühlen. Aus technischen Gründen konnten viele nicht in den Raum, wo die Begegnungen stattfanden, und mussten draußen, vor der Tür warten. Ich bemerkte, wie sie Braco durch das Fenster erblickte. Er eilte sofort ins Freie und begann die Besucher zu umarmen. Diese Tat war ein sehr wichtiger Moment für mich.

Ein weiterer besonderer Moment, der mir in den mit Braco verbrachten Jahren in Erinnerung geblieben ist, war die Begebenheit mit einer Frau aus Kanada. Sie war von Geburt an stumm, und wollte Braco sehen. Braco konnte sie nicht zusammen mit der Gruppe empfangen, und so beschloss er, eine Ausnahme zu machen und eine ganze Begegnung lang nur sie anzublicken. Das sind kurze Geschichten, die ich über Ivica und Braco erzählen kann.

A. Mich würde interessieren, was Sie von Bracos Mission auf Erden halten?

B. Ich erinnere mich, wie mir Ivica sagte, dass eine Zeit kommen wird, in der Braco seine Mission fortsetzen und abertausende Besucher aus der ganzen Welt anblicken wird. Braco wird auf einen anderen Kontinent umziehen, und Menschen aus Amerika werden ihm anbieten, Begegnungen zu veranstalten. Ich glaube an diese Mission, und deswegen bin ich hier, um zu helfen. Es gibt keinen Grund, an Ivicas und Bracos Worten zu zweifeln. Auch ich sehe Menschen, die wie Sie um die Welt reisen. Alles Gesagte hat sich bewahrheitet. Deswegen bin ich überzeugt davon, dass sich die Mission weltweit ausbreiten wird.

A. Hat Ihnen Ivica gesagt, in welchem Maß diese Mission die Welt verändern wird?

B. Ivica sah voraus, das Tausende, und daraufhin auch Zehntausende aus der ganzen Welt kommen werden. Braco wird weder sprechen, noch darauf achten, aber Zehntausende werden kommen. Dasselbe hatte er auch Bracos Vater, Viktor gesagt - dass Braco vor einer schweren Aufgabe steht, und dass er selbst nicht in Bracos Haut stecken möchte, wenn diese Zeit kommt. Das sind Worte, die er sowohl mir als auch Viktor gegenüber ausgesprochen hat. Damals fand ich das albern, aber jetzt nicht mehr, weil sich alles als wahr erwiesen hat.

A. Wie sehen Sie Ihre Rolle neben Braco?

B. Kurz gesagt, Braco ist wie ein Sohn für mich. Ich habe beschlossen, diese Arbeit bis zu meinem Lebensende zu behalten.

A. Sprach Ivica jemals über Braco und seine Verbindung zu Atlantis?

B. Ja, Ivica erzählte mir viele Dinge über Atlantis, doch darüber wusste ich nichts und maß dem nicht viel Bedeutung zu. Es schien mir wie ein Märchen, und ich erinnere mich an nichts mehr, außer, dass Ivica bei einer Gelegenheit sagte, dass es vor langer Zeit einen Kontinent gab, auf dem Menschen lebten.

A. Erinnern Sie sich, ob er etwas über Amerika sagte? Hatte er Visionen?

B. Ich erinnere mich, wie er sagte, dass eines Tages ein Farbiger Präsident sein wird. Aber auch, dass dem Land schlechte Zeiten bevorstehen. Ivica sah viele Orte in Flammen, und das erinnert mich an den Krieg in Kuwait. Aber ich stellte keine Fragen, weil mir diese Dinge fremd waren.

A. Gibt es noch Erinnerungen, die Sie mit uns teilen möchten?

B. Ein Moment wird mir für immer in Erinnerung bleiben: Als Ivica sagte, dass er mich in einem Buch verewigen werden muss. Er wusste, dass die Zeit dafür noch nicht reif war, weil ich für die Polizei arbeitete, und die Erwähnung meiner Person in seinem Buch hätte mir große Schwierigkeiten verursachen können. Ivica hatte in seinem zwölften Buch nur meine Initialen erwähnt, B.B., und die Zeit, als ihm jemand aus den Reihen der Ordnungshüter geholfen hatte, und er sagte "Danke". Ivica ließ mich wissen, dass in Zukunft ein anderer Verfasser meine Geschichte auf Papier bringen wird, die jedoch nicht in Ivicas Büchern enthalten sein wird. Wahrscheinlich ist das jetzt Ihr (Angelikas) Buch, und deswegen war ich auch bereit, Ihnen meine Geschichte zu erzählen. Ivica sagte voraus, dass er in seinem Leben nur dreizehn Bücher schreiben wird - und so war es auch.

Am selben Abend stattete mir Bracos Vater einen Besuch ab, und Ivica schaute ebenfalls vorbei. Was ich nie vergessen werde, ist, dass Ivica immer "Lebe wohl - bis morgen" oder "Auf Wiedersehen" sagte. Diesmal sagte er nur "Lebe wohl" - und das bedeutete einen Abschied für immer. Ebenso verfuhr er auch mit Bracos Vater. Es hat sich so viel ereignet, aber ich glaube, das wäre das Wichtigste, woran ich mich erinnere.

Branko ist seit vier Jahren am Srebrnjak 1 und reiste mit Braco überall hin, auch ins Ausland. Es boten sich ihm viele Gelegenheiten, Braco seine Liebe und Fürsorge zu zeigen. Braco wusste, dass sein jetziger Erfolg ohne Brankos Hilfe nicht möglich gewesen wäre, denn Branko steht ihm auf die verschiedensten Weisen hilfreich zur Seite. Er kam im rechten Moment, als Braco jemanden brauchte, es war seine Sendung. Unser Spaziergang und Gespräch dauerten über eine Stunde, und da wir uns alle drei auf die Vergangenheit konzentriert hatten, verliefen wir uns auf dem Rückweg und mussten zur anderen Seite der Stadt, um unser Restaurant wieder zu finden.

Die Luft war schon recht abgekühlt und brachte Erfrischung von der Tageshitze. Als wir wieder im Restaurant ankamen, sahen wir, dass auch unsere Gastgeber zurückgekommen waren. Der Doktor sprach eine Zeit lang gestikulierend mit Braco, informierte ihn über die neuesten Probleme. Die Schwierigkeiten schienen bis zu diesem Abend noch immer nicht aus dem Weg geräumt zu sein. Danka sah besorgt aus, aber auch sie war entschlossen. Nach dem Abendessen verzehrten sie noch einen „Treska“-Kuchen und tranken einen Espresso, und dann besprach man den Artikel weiter, der am Nachmittag in der Zeitung erschienen war. Diese Zeitung hatte sich positiv über Bracos ersten Makedonien-Besuch geäußert, aber jetzt hatten sie dieselbe unvorteilhafte Geschichte wie die Morgenzeitung. Braco wirkte jedoch nicht betroffen und setzte sein Gespräch über die Strategie für den nächsten Tag fort.

Nach Abschluss des Gesprächs fragte ich Atanas, ob ich ihn interviewen dürfte. Es interessierte mich, was ihn dazu bewog, eine so große Verantwortung zu übernehmen und so viel zu riskieren. Er war einverstanden und bat Bonnie, uns zu übersetzen. Interessanterweise war ihr Akzent amerikanisch, nicht englisch, was wohl von der US-Popmusik kam, die hier, wie in allen Balkanstaaten sehr beliebt ist. Sie hatte Englisch in der Schule und wird später ein Studium im Ausland beginnen; in England war sie auch schon. Der Doktor beantwortete dann meine Fragen, und Bonnie weitete die Antworten manchmal aus, indem sie ihre persönliche Meinung über ihren Vater kundgab.

Dr. Atanas Atanasov - *Psychiater*

A. Sagen Sie mir etwas über sich, Dr. Atanasov.

DR. Als junger Arzt - vor etwa dreißig Jahren - war ich sehr liberal. Ich las oft Bücher über Alternativmedizin, über Energie, Bio Energie, Akupunktur, Homöopathie usw. Es interessierte mich alles, was der Gesundheit zuträglich sein kann. In Russland gab es vor vielen Jahren Menschen wie Braco, die Ähnliches vollbrachten, viele davon waren berühmt. Ebenso in Indien, zum Beispiel Menschen wie Sai Baba, Dalai Lama usw. In den Vereinigten Staaten lebte eine Professorin, die einen Doktorgrad in drei verschiedenen Fachgebieten hatte, die von der Modalität her sehr nahe an der chinesischen Medizin lagen. Auf dem Kongress vertrat sie die Auffassung, dass wir den Menschen gestatten müssen, zu glauben, an was sie glauben wollen. Wenn jemand zu Sai Baba, Dalai Lama, Braco oder zu einem Arzt gehen will, dann ist das seine Wahl.

Ich bin Arzt, Psychologe und Psychiater. Ich arbeite gerne mit Meditation, Relaxation und ähnlichen Verfahren. Für mich sind Menschen ein Mikrokosmos in einem großen Makrokosmos. Alles, was ich verstehe, teile ich mit meinen Mitmenschen und helfe ihnen. Nach vielen Jahren begann ich mich für Minerale und Vitamine zu interessieren. Ich gehöre nicht zu den Ärzten, die nur konventionelle Methoden praktizieren, ich glaube an die alternative Medizin - nicht nur an die alternative, sondern auch an die komplementäre Medizin. Und als ich vor zwei Jahren, obwohl noch keine Symptome vorlagen, feststellte, dass ich Lungenkrebs hatte, unterzog ich mich einer Operation, der Chemotherapie, der Bestrahlung und allem, was die Medizin zu bieten hatte.

Dann hörte ich von Braco, und vor einem Jahr reiste ich, für alle Neuerungen zugänglich, nach Zagreb. Nach der ersten Begegnung mit Braco trafen wir uns zu einem Gespräch, und er fragte uns, ob wir den Menschen in Skopje helfen wollten, denn Braco hatte viele Besucher aus Skopje in Makedonien, die den ganzen Tag reisen mussten, um Braco 15 Minuten zu sehen. Deswegen wollte Braco nach Makedonien kommen und all diesen Menschen helfen. Zusammen mit meiner Gemahlin Danka, die ebenfalls Psychologin ist, trafen wir die ersten Vorbereitungen für Bracos Besuch. Kurz vor Neujahr veranstalteten wir das Treffen; zuvor waren wir nach Slowenien und Zagreb gereist, um zu sehen, wie die Gruppen organisiert werden.

A. Wie viele Menschen kamen zu dem Treffen in Skopje?

DR. Es wurde ein großer Erfolg; es kamen etwa 10.000 Besucher.

A. Waren Sie darauf vorbereitet?

DR. Nein, wir hatten mit 2.000 gerechnet, aber es erschienen 10.000. Das führte zu Schwierigkeiten, denn die Räumlichkeiten des Restaurants, wo die Begegnungen mit Bracos Blick stattfanden, waren zu klein für 10.000 Menschen. Heute haben wir Schwierigkeiten, weil gewisse Menschen in Makedonien nicht verstehen, was Braco macht. Sie denken, Braco sei Arzt oder etwas Ähnliches, und dass er Geld nimmt, ohne den Menschen etwas zu geben. Sie denken, dass sich Braco der Medizin bedient.

A. Wer denkt das?

DR. Nicht die 10.000 Menschen, die gekommen waren, sondern vielleicht 100, die nicht gekommen waren. Etwa 100 Menschen haben etwas gegen Braco. Sie haben Vorurteile - sie erkennen nur konservative Behandlungsmethoden an. Sie stiften Unruhe um Bracos Aufenthalt in Skopje, sie wollen ihn nicht sehen, sie glauben, er sei ein Quacksalber, ein Kurpfuscher. Sie verstehen nicht, was Braco eigentlich tut. Wenn sie sich nur die Webseiten anschauen würden, auf denen alles über Braco erklärt wird, wenn sie nur ein Buch lesen, eine DVD ansehen würden, dann könnten sie begreifen, was Braco bewirkt. Heute war ein sehr schwerer Tag, denn ungeachtet der Tatsache, dass wir sämtliche Unterlagen und Genehmigungen vorlegen können, wollen einige Personen einfach nicht aufgeben, sie wollen die morgigen Begegnungen mit Bracos Blick verhindern.

Heute ist der 14 Juli, 9:00 Uhr, und morgen finden die Begegnungen mit Bracos Blick statt. Wir hoffen nur, dass es ein glänzender Tag werden wird und das alles reibungslos abläuft. Wir hoffen stark, so stark, dass uns Braco im September, Oktober und noch vielmals wieder besucht, denn es gibt Tausende von Menschen, die ihn lieben. Ich hoffe, dass morgen alles glatt geht und das Braco wieder kommt. Abschließend möchte ich nur noch sagen, dass es mich wirklich freut, dass Braco in vielen Ländern Europas, in Amerika und, so hoffe ich, bald auch in Japan und Australien arbeitet. Er ist in den anderen Ländern gern gesehen, und hoffentlich werden sich die Gegebenheiten in Makedonien eines Tages zum Besseren wenden, denn die Makedonier mögen Braco sehr. Nur einige wenige mögen ihn nicht und unternehmen alles, um einen erneuten Besuch zu verhindern.

A. Sie hatten eine Krebsgeschwulst in der Lunge, mussten eine Operation, Chemotherapie und Bestrahlungen über sich ergehen lassen. Ein Jahr später besuchten Sie Braco?

DR. Ja.

A. Wie lautete der Befund damals, als sie Braco besuchten?

DR. (Die Tochter Bojana - Bonnie - beantwortet die Frage). Er hatte nicht Krebs, als er zu Braco ging, er war schwer depressiv, wegen der Krankheit und den Behandlungen. Er war nicht glücklich, sondern die ganze Zeit traurig.

Aber nachdem er Braco gesehen hatte, stellte sich ein Glücksgefühl wieder ein, die Energie kam zurück, er hatte die Kraft, um zu überleben, um sich um mich und meine Schwester zu kümmern, um sich um seine Arbeit zu kümmern. Und jetzt ist er sehr glücklich. Vor zwei Jahren war er ein anderer Mensch, depressiv, mürrisch, kraftlos, aber jetzt ist er wie neugeboren. Deswegen will er Braco auch helfen, hier seine Begegnungen abzuhalten und allen Menschen in Makedonien zu helfen.

A. Wieso setzten Sie ihre Karriere aufs Spiel, um hier Begegnungen mit Bracos gebendem Blick zu veranstalten? Man sieht, welche Opfer Sie und Ihre Frau bringen.

DR. Ja, Sie haben Recht. Ich habe das Gefühl, dass die alternative Medizin, nicht nur die Medizin, sondern die Kraft mit Braco, die Energie, die er gibt, eine wichtige Rolle in verschiedenen Anwendungsbereichen spielt. Nicht nur in der Meditation, Gesundheit, Liebe, in finanziellen Belangen. Braco hilft jedem in allen Lebensbereichen. Ein großes Zentrum, geleitet von Vladimir Pudin, einem führenden Psychologen und Professor der Psychiatrie, vertritt die These, dass die Patienten den Ärzten glauben müssen, wie die Menschen, die Braco glauben. Die Menschen glauben… das ist ausschlaggebend.

A. Was haben Sie bei der ersten Begegnung mit Bracos Blick gespürt?

DR. Mich überkamen viele verschiedene Gefühle, vielleicht eine Energie, etwas, das sich nicht in Worte fassen lässt. (Bonnie fügt hinzu, ihre Mutter habe geweint). Vor allem am Srebrnjak 1, in Bracos Onyx-Tempel, herrscht eine ganz besondere Stimmung.

A. Ich danke Ihnen vielmals, Herr Doktor, für Ihre Geschichte.

Recht bald nachdem wir unser Gespräch beendet hatten, verließen wir unseren Berggipfel. Es war spät am Nachmittag, und wir mussten zurück zum Hotel. Braco hatte abgemacht, sich später am Abend mit Rebeka und ihrem Sohn in dem Café unter unserem Hotel zu treffen. Das tut er gewöhnlich nicht, doch in diesem Fall ließ er sich überreden, denn diese Frau hatte ihre ganze Kraft aufgeboten, um dem Doktor zu helfen, die behördliche Genehmigung für unsere Veranstaltung einzuholen. Rebeka hatte nur den Wunsch, dass ihr Sohn Braco kennen lernt, da sie hoffte, so auf eine Verbesserung seines Gesundheitszustandes einwirken zu können. Wegen der Intensität des Kraftstroms dürfen Kinder unter 18 Jahren nicht an den Begegnungen mit Bracos Blick teilnehmen. In diesem Fall würde Braco eine Ausnahme machen, aber sich mit ihnen nur wie mit guten Freunden treffen.

Als sich unser Tag zu Ende neigte, fühlte ich mich schon ein wenig abgespannt. Ich legte eine kleine Ruhepause ein, erfrischte mich und begab mich daraufhin wieder nach unten. Als ich das Café betrat, waren alle anderen bereits da, und der Sohn der Sängerin saß Braco im Schoß. Rebeka hatte auch ihre Mutter mitgebracht, die Journalistin war und bereits im Jahr 1980 über alternative Medizin geschrieben hatte. Damals wurde sie für verrückt gehalten. Jetzt meinte sie, alle Kollegen hätten ihr gesagt, dass sie im Recht gewesen war. Sie war eine starke Frau, und man konnte sehen, dass Rebeka von ihr eine gewisse Entschlossenheit geerbt hat. Ihr Sohn Markiyan spielte in Bracos Schoß, aber die meiste Zeit schaute er Braco nur mit großen, fragenden Augen an. Ganz offensichtlich war er verzaubert.

Rebeka erklärte mir höflich, dass sich ihr Sohn Fremden gegenüber gewöhnlich nicht so verhält, er sei eher etwas schüchtern. Ich wusste, welchen Auftrieb es ihr gab, wenn sie sah, wie sich die Bindung zwischen Braco und ihrem Sohn entwickelte. Braco hielt den Jungen auf eine väterliche Art fest, mit viel Geduld und Liebe. Ich trank ein Glas Rotwein und knüpfte ein Gespräch mit Marjana an, die neben mir saß. Es spielte Musik, und auf dem Bildschirm hinter Braco liefen Videoclips im MTV-Stil. Etwa gegen Mitternacht stand Braco auf, und man wünschte sich gegenseitig gute Nacht. Rebeka würde morgen noch zu einer letzten Begegnung mit Bracos Blick kommen. Das wird früh am morgen sein, und so umarmte ich alle und ging auf mein Zimmer.

Kapitel 13

17. Tag - Mittwoch, 15. Juli 2009

Skopje, Makedonien

Der Lärm von den Cafés und Bars unter dem Fenster meines Hotelzimmers und die Schwüle des heißen Tages ließen mir in dieser Nacht keinen erholsamen Schlaf zu. Als ich um fünf Uhr erwachte, begriff ich, dass ich den Zeitpunkt unseres Treffens missverstanden hatte; jetzt blieben mir nur 30 Minuten, um mich auf den großen Tag vorzubereiten. Obwohl ich mich nur fünf Minuten verspätete, war meine gute Laune dahin, aber sobald ich Braco und die anderen erblickte, war meine Mattigkeit verschwunden, und ihre heitere Begrüßung sorgte wieder für Wohlbehagen.

Im Hotel waren die Räumlichkeiten für die Begegnungen vorbereitet; alle arbeiteten noch hektisch an den letzten Details, richteten Blumenkörbe her und stellten Anmeldeformulare, DVDs und vieles andere bereit. Wir machten einen Rundgang durch die Räume, und Sead half mit, die Beleuchtung so einzurichten, dass Bracos Gesicht von allen Besuchern an diesem Tag gleich gut zu sehen sein wird. Da Braco immer gerne Neues in das gewohnte Programm aufnahm, beschloss er an diesem Tag, dass ich am Ende der Begegnungen vor der Gruppe sprechen sollte, und nicht zu Beginn, wenn er die Bühne betritt und in die Gruppe blickt. Er wollte, dass die Besucher den Raum mit meinen Worten im Kopf verlassen. An diesem Tag gab er mir ständig neue Anweisungen, wie ich bestimmte Teile meiner Präsentation ändern, und verschiedenen Ideen, die er betont haben wollte, Nachdruck verleihen sollte.

Die Neuerungen gefielen mir, denn er war schon langweilig geworden, jeden Tag die selbe Rede zu halten. Jetzt bot sich mir die Gelegenheit, kreativ zu sein, und seine Anweisungen waren eine angenehme Herausforderung. Die Transformation hatte mich bereits so stark erfüllt, dass ich mich nicht mehr vorbereiten oder wichtige Faktoren kontrollieren musste. Es schien, als ob ich das Ende der Geschichte nicht mehr im voraus wissen musste. Ich war bereit, die Reise so zu genießen, wie sie kommt. Meinem Geist kam eine neu erkämpfte Ruhe zu, und ich ließ meine Fähigkeiten einfach mit den neuen Umständen mitfließen. Diese Ruhe habe ich Braco und der Energie zu verdanken.

Draußen hatten sich bereits Schlangen gebildet, während es noch dunkel war, und das war ein vielversprechender Anfang. Als alle Vorbereitungen zur Begegnung mit der ersten Gruppe getroffen waren, zogen Braco und ich uns zurück in den Pausenraum, in dem es immer zu interessanten Gesprächen und

Scherzen, zu neuen Plänen und hier und da zu einem bezaubernden Besuch kam. Es war ein Portal zu Bracos Welt hinter der Bühne, und ich fand bei allen Begegnungen großen Gefallen an dieser Zeit, die ich in einer abgeschirmten Glückseligkeit verbrachte.

Marjana hatte heute keine Übersetzerpflichten und übernahm an diesem besonders langen Tag freundlicherweise die Sorge um unsere Bewirtung mit Espresso, Säften und Sandwiches. Ich war ihr für diese Zuvorkommenheit und Unterstützung äußerst dankbar. Heute würden wir die Zeit haben, zu einer neuen Ebene des gegenseitigen Verständnisses und Respekts zu gelangen. Vor der ersten Gruppe bat mich Braco, die Besucher unzweideutig davon zu unterrichten, dass er bald Hawaii und andere Zielorte besuchen würde. Und wieder einmal bereitete ich die Menschen auf kommende Ereignisse vor, und dabei musste ich sehr umsichtig vorgehen, die Bedeutung dieser Veränderung betonen, um die Unterstützung der Besucher zu erwirken.

Branko begleitete Braco jedes Mal, wenn eine Gruppe bereit war, während Miki mein Begleiter war. Nachdem jeder von uns seine Arbeit erledigt hatte, wurden wir einzeln in den Pausenraum begleitet. Während Bracos erster Begegnung bemerkte ich deutlich, wie sehr ihn die Anwesenden lieben, und - wie immer - war so viel Hoffnung in den Gesichtern zu sehen. Ich war im Laufe des Tages bei jeder Begegnung in der Gruppe dabei, und manchmal erkannte ich ein Gesicht aus einer vorherigen Begegnung und wurde mit einem vertraulichen Lächeln begrüßt.

Nachdem Braco seinen Teil beendet hatte, trat ich aus der Gruppe heraus, Rudi gab mir ein Mikrofon und wir positionierten uns zusammen vor der Gruppe. Ich hatte Anweisungen, Bracos Pläne klar herauszustellen, und so betonte ich diesen Teil am Ende meiner Rede. Und dennoch hatte ich nach meiner ersten Rede an diesem Tag nicht das Gefühl, zu den Menschen vorgedrungen zu sein. Meine Formulierungen waren ähnlich wie in den vergangenen Präsentationen, doch ich sah, dass die Anwesenden keinen Gefallen an dem Teil über Bracos Umzug in neue Länder fanden. Als meine Rede beendet war, herrschte Stille, und ich verließ die Bühne, um von Miki schnell in den Pausenraum begleitet zu werden.

Rudi hatte mir noch in der ersten Woche meines Aufenthalts gesagt, dass das hiesige Publikum Beifall klatscht, wenn ihnen die Person auf der Bühne gefällt. Bisher hatte ich immer die Zustimmung des Großteils der Anwesenden bekommen, aber an diesem Morgen, zum ersten Mal, blieb die Reaktion aus. Miki, verständnisvoll wie immer, meinte, meine Rede sei gut gewesen, aber ich antwortete, dass ich unzufrieden bin, denn ich hatte keine innere Regung bei den Besuchern gespürt, hatte sie nicht berührt. Ich beschloss, etwas zu ändern, um die Situation zu verbessern, in der ich eine Botschaft überbringen musste.

Als ich unsere heilige Stätte betrat, fragte mich Braco gleich, wie es gelaufen sei. Miki antwortete sofort - sehr gut, und ich war ihm für diese Zuvorkommenheit dankbar, aber meines Erachtens hatte ich es nicht geschafft, zu diesen Menschen vorzudringen. Sie haben eine andere emotive Haltung als die Menschen, die ich in anderen Ländern traf, und so erklärte ich, dass ich versuchen werde, auf einem anderen Weg eine Bindung herzustellen, wie ich sie mir in meinem Herzen wünschte. Braco verstand das und sprach über die Psyche des Landes und die Dynamik seiner Einwohner. Ich übermittelte die gewünschte Botschaft und fügte später neue Einzelheiten hinzu, die, wie ich wusste, ebenfalls weniger gut bei den Anwesenden ankommen würden, weil sie einfach auf allen Ebenen anders waren.

Marjana gab mir den Rat, es mit ein wenig Trost zu versuchen, und so änderte ich bei der nächsten Gruppe die Taktik und fügte hinzu, dass Braco, der Sohn des Balkans, immer in seine Heimat zurückkehren würde, egal in welches Land man ihn einladen würde. Das genügte, um eine andere Reaktion bei den Zuhörern der zweiten und jeder darauf folgenden Gruppe auszulösen. Ich hatte wieder ein Gefühl für die Menschen, spürte ihre Verbundenheit mit. Und endlich kam auch der Beifall als Zeichen der Anerkennung und Billigung meiner Worte, und ich war glücklich. Es würde niemandem nutzen, wenn das Publikum verärgert oder enttäuscht wäre, weil ich Braco entführe oder zur Ausreise überrede, aber jetzt bildeten die richtigen Worte eine Brücke zu Verständnis und Bejahung.

Von diesem Moment an traten manchmal Besucher an mich heran, wenn ich die Bühne verließ, und schüttelten mir die Hand oder drückten ihre Dankbarkeit in Worten aus, und mir war die Begegnung mit ihnen eine Freude. Ich hatte manchmal das Bedürfnis, diese besondere Energie mit ihnen zu teilen, die jetzt viel persönlicher durch mich floss. Aber Miki meinte danach scherzend, ich sollte lieber sofort in zum Ausgang flüchten. Er war um den Schutz Bracos beflissener als alle anderen und wollte mir den gleichen Dienst erweisen, aber ich fühlte mich gut beschützt. Braco schätzte die Liebesbezeigungen sehr, aber er sprach nicht in der Öffentlichkeit, und das war wichtig, damit er sich auf den Blick konzentrieren konnte. Wir erzielten einen flüssigen Ablauf, so dass sich die Gruppen ohne Hast durch die Räume bewegen konnten, um den neuen Besuchern Platz zu machen. Unser vorrangiges Ziel war es, das jeder Besucher rechtzeitig an die Reihe kam, um Braco sehen zu können.

Braco hatte mich angewiesen, vor jeder Gruppe über Amerika, Alternative und Energieheilung, über den Standpunkt der Presse zu dieser Praxis sowie über viele andere Themen zu sprechen. Er gab mir nie konkret vor, was ich sagen musste, sondern regte nur das Thema an und meinte, ich sollte das sagen, was ich als Wahrheit erachtete. Das tat ich auch, nur manchmal musste ich die Gedanken in einen gewissen Rahmen bringen; wie etwa die Aufgeschlossenheit der Vereinigten Staaten mit ihrem neu entdeckten Bewusstsein um alternative Behandlungsmethoden, oder der Gedanke von der Verantwortung jedes Einzelnen für die persönliche Transformation, was der konservativen Betrachtungsweise der Anwesenden entgegenstand. Ich sprach diese Themen besonders vorsichtig und mit viel Feingefühl an. Manchmal entschuldigte ich mich danach bei Rudi, denn ich war mir bewusst, dass der Großteil der Anwesenden solche Dinge nicht hören will, aber es musste sein. Er deutete mir immer so taktvoll an, dass er verstand.

Viele Gruppen kamen und gingen, und ich hatte im Pausenraum neue Erkenntnisse für Braco. Von allen Ländern, die wir besucht hatten, war dieses hier ganz anders, denn die Besucher schienen nicht bereit zu sein, Braco mit der Welt zu teilen. Dann drang mir ins Bewusstsein, dass diese Menschen durch die Umstände niedergeschlagen waren und nicht glauben, dass die Zukunft Besserung bringt, warum auch? Ihr Land ist ärmer als die anderen europäischen Staaten, die Möglichkeiten sind beschränkt, die orthodoxe Kirche ist streng, an neuen Ideen wird Kritik geübt, und die korrupte Regierung arbeitet gegen das eigene Volk und übt Kontrolle aus, manchmal auf unbarmherzige Weise. Und so wussten diese Menschen nur, dass sich an das einzig Gute halten müssen, das sie haben.

Braco hörte sich meine Bemerkungen an, und wie bestellt platzte unser Gastgeber mit einer neuen unerfreulichen Nachricht herein, die diesen Morgen in der Zeitung stand. Und wieder einmal stand geschrieben, Braco sei medizinisch nicht qualifiziert und ein Quacksalber, er habe keine Genehmigung von den zuständigen Stellen zu dieser Veranstaltung. Den ganzen Morgen mussten Atanas und Danka sich mit neuen Inspektoren auseinandersetzen. Wir konnten beobachten, wie Danka den ganzen Morgen, mit der Zeitung in der Hand, kreuz und quer durch das Hotel laufen und jeden neuen Beamten von der Rechtmäßigkeit dieser Veranstaltung überzeugen musste. Sie schien den ganzen Tag eine große Last auf dem Rücken zu tragen, und Braco tat es sehr leid, sie in solchen Schwierigkeiten zu sehen.

Doch der Doktor und seine Frau hatten monatelang an der Vorbereitung dieses Ereignisses gearbeitet und sich in große Unkosten gestürzt; etwa 10.000 Dollar für den Sondereinsatz der Polizei, dazu Ausgaben für Genehmigungen, Hotel, Werbung und vieles mehr. Jetzt mussten sie gegen einen neuen Ansturm von Inspektoren kämpfen, die drohten, die Veranstaltung zu verbieten. Sie hatten sogar einen Beamten der Finanzverwaltung dabei, der den Verkauf von Büchern bis zum Abschluss der Veranstaltung streng kontrollierte. Braco schenkte ihnen seine volle Aufmerksamkeit und machte ihnen Mut, aber ich konnte erkennen, dass es ihn nicht freute, wie sich die Situation entwickelt hatte. Aber er blieb stark und ertrug alles mit stoischem Gleichmut.

Gegen Mittag ließ uns der Direktor eine Platte mit Pralinen bringen, und ich platzte fast vor Lachen, denn der Tisch in unserem Pausenraum war voll von Kuchen, Schokolade, Gebäck und anderer Süßigkeiten. Braco erklärte, dass man auf dem Balkan seine Zuneigung durch süße Geschenke auszudrücken pflegt, also war man uns ziemlich zugeneigt. Ich war dankbar, dass sich unter all den Süßigkeiten auch eine Platte mit frischem Obst befand, und verzehrte hauptsächlich Trauben, um mit dem gelegentlichen Espresso durchhalten zu können. Ich beobachtete Braco und seine Mitarbeiter, wie sie alles ohne Widerrede verspeisten, und alle waren vital, gesund und gut in Form, was wieder von der Kraft der Energie in ihnen allen zeugte. Braco hatte mir bereits gesagt, dass wir es selbst einschätzen, ob diese Dinge gesund sind, oder nicht.

Um 13:30 Uhr teilte uns Danka mit, dass bisher etwas mehr als 1.600 Besucher zu verzeichnen waren, und das war eine traurige Nachricht. Das negative Bild in der Öffentlichkeit hatte seine Opfer gefordert, und Braco und ich begannen zu rechnen, ob der Doktor und seine Familie überhaupt die Kosten decken werden. Dann betrat Atanas den Pausenraum und sprach mit Braco. Man teilte mir mit, dass eine junge Journalistin da sei, die Englisch spricht und ein Interview haben möchte. Sie arbeitete für eine jener Zeitungen, die bewusst die Desinformation veröffentlicht hatten, Braco habe keine Genehmigung für seine Arbeit in diesem Land. Ich sprach mich gegen das Interview aus, da ich wusste, dass man Braco nicht fair präsentieren würde. Aber Braco gab klar zu verstehen, dass wir Liebe zu jedem Mitmenschen zeigen müssen, auch zu jenen, die gegen uns arbeiten, und deswegen willigte ich ein. Braco forderte mich nur noch auf, stark zu sein und zu sagen, was ich fühle.

Als die Journalistin ihr Diktiergerät hervorholte, erklärte sie, dass sie noch nie von Energieheilung gehört hat, dass sie in einer sehr agnostischen gesellschaftlichen Denkart erzogen wurde und nur schwer an all diese Dinge glauben kann. Ich tat mein bestes, um sie kurz in die Grundlagen einzuweihen. Doch schließlich musste ich erkennen, dass sie voreingenommen an ihren Überzeugungen festhielt und dass daran nicht zu rütteln war. Diese Erfahrung verursachte in mir keine Gewissensbisse oder Minderwertigkeitsgefühle, sie stärkte nur noch meine Entschlossenheit, mich mit den Menschen zu verbinden, die sich die Mühe gemacht haben, bei diesen Begegnungen mit dabei zu sein, und sie zu rühren. Auch Braco zeigte großes Selbstvertrauen, nachdem ich meine Meinung geäußert hatte, und sagte, er könnte diese negative Energie verschlingen. „Ich könnte mehr verschlingen, als sie haben!" Und das war der Grund, weswegen ich mich seiner Person und seiner Arbeit vollkommen ergeben fühlte, denn das war die Wahrheit.

Den ganzen Tag über gaben sich Medienagenturen, Fernsehen, Tagespresse und Zeitschriften die Klinke in die Hand. Wir fragten uns, wie letztendlich ihre Berichterstattung zu dieser Veranstaltung aussehen wird. Bis jetzt hatten zwei Zeitungen nichts als Lügen veröffentlicht, und Atanas bat Braco um Erlaubnis, eine Klage wegen Verleumdung anzustrengen. Zunächst erklärte Braco, dass er keine Klage erheben möchte, aber den Wunsch des Doktors respektieren wird, falls er sich für rechtliche Schritte entscheidet. Später sprachen sie nochmals darüber und Braco bat ihn, keine weiteren Schritte zu unternehmen. Nach Bracos Ansicht war hier niemand schuld: der Mensch hat das Recht, selbst zu entscheiden, an was er glaubt. Atanas stimmte zu; der Rechtsstreit könnte mit einem Schadenersatz enden, der die Zeitung ruinieren würde, und das wollte er niemandem antun.

Atanas meinte, Bestechung und Korruption seien in den Behörden gang und gäbe. Wer Erfolg hat, werde automatisch als Krimineller erachtet. Der Neid sei hier so ausgeprägt, dass jeder in diesem Lande bereit ist, den anderen in die Knie zu zwingen, falls dieser es zu etwas gebracht hat. Wenn er könnte, sagte der Doktor, würde er dieses Land verlassen, wegen der Wirtschaft, der Regierung, der Korruption, der monatlichen Erneuerung der Genehmigung zum Kongress, und noch aus vielen anderen Gründen. Braco tat es leid, dass Atanas wegen ihm nun mit so vielen Problemen zu kämpfen hatte. Während er davon sprach, kam Bonnie, die sich bisher in einer Ecke des Raums aufgehalten hatte, voller Begeisterung an unseren Tisch.

Sie überzeugte uns, dass Braco ihren Vater von großen Depressionen befreit hatte. Ich bemerkte selbst, dass Atanas alle diese Schwierigkeiten mit großer Lebenskraft und Entschlossenheit meisterte und sich dem Stress nie beugte; eigentlich nahm er gekonnt alle Hürden. Voller Lebenskraft, Heiterkeit und unerschöpflicher Energie, zeigte er nie Schwächen. Er war ein Mensch, der seinen Weg ging, komme was wolle. Bojanas Augen verrieten, wie stolz sie auf ihren Vater und ihre Mutter war. Indem sie rückhaltlos zeigte, wie sehr sie ihre Eltern bewunderte und liebte, zeigte sie auch die Bedeutung von Bracos Arbeit auf. Sie war phänomenal in ihrer Reife und Anmut.

Unsere beste Gruppe an diesem Morgen zählte fast 500 Besucher, aber um 14:00 Uhr setzten sich die Gruppen nur aus knapp 100 Personen zusammen. Ungeachtet der Zahl der Besucher behandelten wir jede Gruppe gleich und gaben ihr unser Bestes. Sead machte an diesem Tag mehrmals Videoaufzeichnungen, und in der nächsten Pause ließ er Braco wissen, dass ich anders auf der Bühne wirke als vor einigen Tagen, und dass ihm diese Veränderung gefällt. Das freute mich, weil ich seine Meinung schätzte, und ich fühlte mich auch selbst anders. Von allen Mitarbeitern, mit denen ich eng zusammenarbeitete, hatte nur Dinko, der alle einleitenden Reden hielt, keine Gelegenheit, mehr Zeit mit uns zu verbringen. Es tat mir leid, dass sich mir die ganze Zeit keine Gelegenheit geboten hatte, mit ihm zu sprechen, was zum Teil auch der Sprachbarriere zuzuschreiben war.

Einmal stand Braco auf, als der Großteil der Anwesenden den Raum verlassen hatte, und begann, sich wie ein Kind bei einem Stromschlag zu schütteln. Es machte Spaß, ihm zuzuschauen, und ich machte es ihm sofort nach, aber er konnte das viel besser. Deswegen setzte ich mich und schaute zu, wie er sich vergnügte. Kurz darauf betraten Branko, Miki und Sead den Raum, und Sead begann, mit einer Papierkugel Fußball zu spielen. Diese Herausforderung konnte ich annehmen, und als ich die Schuhe ausgezogen hatte, konnte das Match beginnen. Sead war geschickt, aber ich war entschlossen, und es wurde ein gutes Spiel. Dann machten Branko und Miki mit, während ich mich ausruhte, und der Ball knallte gegen die klappernde Glaswand.

Braco schaute nur zu, aber als ich mich endlich setzte, sagte er mir, dass ihm unser Match sehr gefallen hat. Das war ein fairer Tausch für meinen Spaß, als ich ihm zuschaute, wie er sich schüttelte. Ich erinnere mich an meine erste Begegnung mit Braco, wie ich dachte, dass er selbst im privaten Leben selten spricht, dass er wohl ständig in der Natur meditiert, dass er wie viele geistvolle Menschen ist, die sich vom Leben distanzieren; sie gönnen sich nur wenig Freuden, weil sie so erhaben sind, aber Braco war nichts von all dem. Seine verspielten, lebhaften, manchmal auch ernsten Seiten strotzen vor Lebenskraft, und er hat auch eine starke Seite, die Ärger zeigen kann. Mein Märchen erwies sich als nichtig im Vergleich zur wahren Geschichte.

Es war Zeit für die nächste Gruppe, und Branko begleitete Braco hinaus, während Miki mich an der Hand führte und mich als seine blonde Schönheit bezeichnete. Wir lächelten einander kameradschaftlich zu. Die Begegnungen mit Bracos Blick weckten in mir auch weiterhin neue Ebenen, und ich spürte jedes Mal den Kraftstrom. Sehr oft sah ich auf der Bühne, obwohl sich Braco überhaupt nicht bewegte, wie seine Aura sich in ein Weiß ausweitete, und manchmal schien es mir, als ob zwei Auren gleichzeitig neben ihm existierten. Sein Gesicht veränderte sich vor meinen Augen, und mein Körper erhitzte sich von den Energiewellen. Viele Menschen bestätigten ebenfalls, das gleiche Phänomen gesehen zu haben, das ihnen in gleicher Weise unerklärlich war. An diesem Tag weinten viele Menschen, und meine große Erfahrung stand erst noch bevor.

Als ich in unseren heißgeliebten Pausenraum zurückkehrte, kam Marjana und sagte, dass die Besucher fragen, was sie mit den ihnen überreichten Blumen machen sollen, vor allem, wenn sie nach einigen Tagen verwelkt sind. Die Besucher wollten nichts falsch machen; sie betrachteten die Blumen als etwas Besonderes, das mit Braco in Verbindung stand. Sie wollten die Energie in Ehren halten, und die Blumen waren Teil des Gesamtbildes. Dann kam Atanas zurück und meinte beherzt, es sei sehr wichtig, dass niemand die Durchführung der Begegnungen stoppen konnte, und dass die Inspektoren keine einzige Vorschriftswidrigkeit zu beanstanden hatten. Der finanzielle Verlust stellte im Vergleich zu diesen Unannehmlichkeiten ein geringeres Problem dar, und mir schien auch, dass es für ihn von größter Bedeutung war, in Bracos Nähe zu sein, denn ich wusste, dass es ihm eine Stärkung des Lichts und der Kraft bringen wird.

Dann rief jemand nach dem Doktor; ein Fernsehteam war angekommen, angeführt von einer Journalistin, die bereits bei Bracos erstem Besuch äußerst voreingenommen von den Begegnungen berichtet hatte. Sie war während der letzten Begegnung erschienen und hatte in einer sehr arroganten Form ein Interview mit Braco verlangt. Sie wollte weltweit die erste sein, der das gelang. Natürlich wurde sie zurückgewiesen, denn Braco schlug entschlossen alle Interviews ab, und es war weder in der Presse noch in den Medien ein Interview mit ihm zu finden. Nach der Abfuhr hatte sie einen sehr beleidigenden Beitrag über Braco geschrieben, in dem es von Unwahrheiten und Beleidigungen wimmelte. Deshalb trat Atanas an sie heran, um ihr zu erklären, dass sie hier unerwünscht ist, weil sie schon früher die Tatsachen verdreht hatte.

Es folgte eine heftige Diskussion, so dass der Hoteldirektor eingreifen musste, der die Journalistin und ihr Team darauf aufmerksam machte, dass sie auf privatem Grund stehen und gehen müssen. Ein Kameramann wollte das aufnehmen, doch einer der Sicherheitsleute riet ihm, das zu unterlassen, oder er würde die Kamera zerschlagen. Endlich verließ das Team das Haus. Bonnie sagte mir, dass diese Journalistin sehr beliebt sei und regelmäßig Beiträge aus negativer Perspektive bringt. Diese sensationalistische Weise der Berichterstattung hatte nichts mit sachlichen Tatsachenberichten zu tun. Die Reporterin verabschiedete sich mit einer Drohung: Sollte ihr das Interview nochmals verweigert werden, würde sie die Karriere des Doktors ruinieren und schreiben, dass Braco keine Genehmigung für die Veranstaltung dieser

Begegnungen hat. Atanas blieb unerschrocken bei seiner Meinung, und Bonnie strahlte wieder einmal vor Stolz.

Endlich war die letzte Besuchergruppe an diesem Tag an der Reihe. Niemand in unserem Team ließ Anzeichen von Müdigkeit erkennen, ganz im Gegenteil, vor allem nach all den Problemen, die bewältigt werden mussten. Der letzten Gruppe stand ich mit einem besonderen, anderen Gefühl gegenüber, vielleicht deshalb, weil viele jüngere Besucher in ihren Zwanzigern und Dreißigern dabei waren, vor allem auch jüngere Frauen, deren Gesichter nicht nur Respekt, sondern auch eine Offenheit des Herzens verrieten. Es war ein besonderes Erlebnis, unter ihnen zu stehen, als Braco seinen Platz auf der Bühne einnahm.

Diese Begegnung mit Bracos Blick würde den wichtigsten Moment meiner ganzen Reise bilden. Ich hatte noch einen letzten Wunsch, der mir an diesem Tag nicht einfiel, der aber von der Energie in unbeschreiblicher Kraft dargeboten wurde. Während Braco mit Liebe sein Geschenk übermittelte, geriet ich in einen Zustand der völligen Erhebung. Ich wollte mich an etwas erinnern, das lange Zeit in mir verborgen war, an etwas Geheimnisvolles, aber auch Funkelnagelneues. Im Wesentlichen wollte ich mich an alles im Sinne eines höheren Daseins erinnern, jedoch ohne zu wissen, was das eigentlich bedeutete. Mein Wunsch war ein Gefühl, das mir selbst unklar erschien.

Und doch ging dieser Wunsch auf eine Erfahrung zurück, die ich vor vielen Jahren im Traum hatte. Dieser Traum war für mich wirklicher als alles andere in meinem Leben. Ich war Ende Zwanzig, als ich diese unglaubliche Erleuchtung erfuhr, aber sie war zeitlos und deutlich sichtbar in mir. In dieser Erleuchtung sah ich mich selbst auf einem Felsplateau stehen, auf einem Berggipfel mit uralten, schneebedeckten Felsblöcken, die das Plateau von allen Seiten umgaben. Auf diesem Plateau erkannte ich eine alte, möglicherweise mehrdimensionale Version meines eigenen Ichs, wie es mit gekreuzten Beinen da saß und meditierte. Mein anderes Ich sah genau so aus wie ich, und ich wusste, dass ich das bin, aber auf eine gewisse Weise losgelöst und meinem wachen Ich unbekannt. Dieses andere Ich trug eine einfache weiße Tunika und Hosen; es öffnete die Augen auf dem Plateau und schaute mich direkt an, wie ein wachgerütteltes Bewusstsein, das ein Zwischenspiel betrachtet, und dann lächelte es. Ich spürte, dass es von meiner Anwesenheit wusste.

Dann stand dieses Ich auf und trat an den Rand des Felsplateaus, das von einer dramatisch schroffen Felswand gehalten wurde. Entschlossen bückte es sich, platzierte die Hände an den Rand der Felswand und machte einen Handstand. Es hielt sich sofort in einem perfekten Gleichgewicht am Rande des Abgrunds, und in dem Augenblick explodierte eine riesige, strahlend gelbe

Sonne. Die Sonne nahm eine zitternde, orangene, mandarinenähnliche Farbe an und tauchte mein anderes Ich und sein Umfeld sowie mein waches Bewusstsein in diese Farbe ein. Plötzlich erfuhr ich dieses Einssein mit dem Universum, mit allem, was besteht, und das ließ alle meine falschen Auffassungen zerschmelzen und zu reiner Liebe werden. Dieser transzendentale Moment dauerte eine Ewigkeit in nur wenigen Sekunden, und dann erwachte ich mit einem Gefühl der vollsten Ehrfurcht.

Seit dieser Erfahrung war ich mein ganzes Leben lang bemüht, dieses Gefühl und diese Bindung wiederzuerlangen, und in Bracos Energie sah ich dieses Potential. Er lebte wie die Verkörperung der Verbindung zu dieser höheren Dimension, ein uralter Geist in der materiellen Welt. Mit der Reinheit seines Herzens konnte Braco auf wundersame Weise die Energie der Quelle und alles Bestehenden aufnehmen und sie den Menschen, die zu ihm kamen, anbieten. Was er tut, hat absolut keine Grenzen. Er hat das Potential, menschliche Beziehungen in den wahren Zustand geistigen Ausdrucks zurück zu versetzen. Er ist ein Gebilde, das die gesamte Evolution der Menschheit verkörpert, ein unmittelbares und auf göttlichem Wege empfangenes Geschenk.

Dann begann die Begegnung mit Bracos Blick, und der Kraftstrom begann zu fließen. Ich spürte sofort eine gesteigerte Wirklichkeit in mir und fand mich in der strahlenden Weite der Energie selbst. Ein Gefühl der Befreiung und Grenzenlosigkeit zeigte mir den Weg aller Wahrheiten meiner Seele. Ich existierte in einer von Göttlichkeit umgebenen Einheit mit etwas Unbeschreiblichem, dessen Ruhm mich erfüllte, und sämtliche im ganzen Leben erfahrenen Gefühle von Schmerz, Trauer, Erniedrigung und Unheil verschwanden wie unlogische Illusionen. Ich fühlte mich erfüllt von einer Vision der Wahrheit, die außerhalb des Materiellen ihren Ursprung hatte. Ich stand im Dienst dieses Etwas und war bereit, alles für das Unbeschreibliche zu tun, denn ihm zu dienen war nichts als unsagbare, endlose Freude.

Nicht war in meinem Leben mehr sinnlos, wertlos oder erbarmungslos. Alles kam von der Liebe dieses Alles; es war eine grenzenlose Barmherzigkeit und Schönheit in Bewegung. In einem einzigen Augenblick verschwand jede Frage, die ich jemals gehabt hatte, und zurück kam die Perfektion der enthüllten Wahrheit, die einen Zweck hatte: Erleuchtung und grenzenlose Liebe. Der von Atlantis zur heutigen Zeit führende Weg war da, und der höhere Dienst zeigte sich der Mission des Lebens selbst. Ich erinnerte mich an alles auf eine Weise, die auf keine Weise zu erfassen war. Ich fühlte mich, als ob alles in Freude und Liebe getaucht ist, und zwar so vollständig, dass im Leben nichts mehr gleich sein konnte, denn ich hatte meine Erinnerungen.

Ich hätte nie gedacht, dass man so viel und so vollständig fühlen kann. Als Braco seine Session beendete, wusste ich, wem ich diente, kannte ich meinen Daseinszweck über Zeit und Wirklichkeit hinaus. Mein Herz war ein Vulkan der Liebe, die so endlos war, dass mir Tränen über die Wangen rollten, und ich atemlos außerhalb der Zeit verharrte. Das Gefühl war nun unzerstörbar in mir verankert und unantastbar, und wird von nun an meinen Weg beleuchten, nicht durch Verstand, sondern durch etwas viel Direkteres geleitet. Ich konnte nicht sprechen und mich nicht bewegen, während Braco das Podium verließ, ich war in den Weiten der Ewigkeit, die nun durch meine Adern floss.

Meine erste Erfahrung mit dieser unbeschreiblichen Einheit war im Traum, und damals war das die einzige Art und Weise, sich ihr zu nähern. Jetzt, in völlig wachem Zustand, brachte Braco diese Einheit durch seine Energie zurück, als noch großartigere und direktere Erleuchtung, und dafür war ich ihm ewig dankbar. Ich konnte mich nur fragen, ob er dasselbe fühlte, als er sich der Energie öffnete, um seinen Blick auf die Besucher zu richten. Ich wusste, dass er während der Begegnungen ein Potential verkörperte, das wir alle in uns wecken können, dass wir uns treffen und entstehen, und so wusste ich, dass er ein größeres Wunder ist, als ich mir überhaupt vorstellen konnte.

Alles kam ans Licht, ich erinnerte mich an alles, und das ereignete sich in sieben kostbaren Minuten, angehalten in einem endlos dauerndem Gefühl. Es war nun Zeit für meine Präsentation, und ich bewegte mich langsamer als je zuvor. Ich wusste, dass ich vor meiner größten Herausforderung stehe. Nun musste ich verstehen, wie meine Gefühle in mein Bewusstsein, in die materielle Wirklichkeit einzufügen sind. Die reine Aufgeschlossenheit gegenüber dieser Energie wird alle Widersprüche des körperlichen Daseins auflösen und zulassen, dass der Geist überwiegt und selbst vollständig in die materielle Welt eintritt. Auf der Bühne konnte ich mich irgendwie fassen und sah, dass alle Frauen weinten; viele umarmten ihre Freunde, die mitgekommen waren, um sie zu unterstützen. Ich sah erhobene Hände. Etwas Unerwartetes und Maßloses erfüllte diesen Raum, diese Besucher, ich konnte das an den Gesichtern, den Tränen und Umarmungen erkennen.

Mein Herz öffnete sich zu dieser Gruppe hin wie noch zu keiner zuvor, und etwas durchströmte mich und war so viel mehr, als ich persönlich zu geben im Stande bin. Rudi hatte meine letzten Worte so gefühlvoll an die Besucher weitergegeben. Bevor ich den Raum verließ, hielt ich mehrmals an, um Besucher zu umarmen, die an mich herantraten, um meine Hand zu halten und ihren Gefühle mit viel Wärme und Liebe Ausdruck zu geben. Einige Minuten später, im Pausenraum, konnte ich Braco nur zuflüstern, dass er mir bei dieser Begegnung etwas Unermessliches gegeben hatte. Jetzt war meine Liebe zu dieser Energie, zu ihm und zu seiner Arbeit tausendmal stärker.

Mein Weg hatte begonnen, ich spürte seinen Anfang nach der Ankunft in Makedonien, aber damals waren mir die Zusammenhänge noch nicht klar. Jetzt verstehe ich mein früheres Vorgefühl und die Vorbereitung der Traumerfahrung im Flugzeug.

Die Ehrfurcht in mir ließ noch immer kein Überlegen zu. Ich wollte das Gefühl nicht mit Worten, Ideen oder begrifflichem Denken einschränken. Ich wollte nur weiter fühlen, und während die anderen sich unterhielten und die Sachen packten, saß ich nur still da, in meiner inneren Welt. Unsere Veranstaltung war beendet, und alle trafen sich in der Empfangshalle, um bei einem Erfrischungsgetränk den vergangenen Tag zu kommentieren. Ich kam ebenfalls, aber ich spürte, dass die Tränen unkontrolliert weiter flossen, deshalb entschuldigte ich mich schnell und kehrte in den Pausenraum zurück, um dort einige Momente alleine zu verbringen. Nach etwa zehn Minuten fühlte ich, dass ich wieder normal funktionieren, mich normal verhalten konnte, aber nichts war mehr normal in mir. Als ich wieder mit unserer Gruppe zusammen saß, spürte ich, dass mich Miki und Rudi gespannt beobachteten, aber sie stellten keine Fragen und lächelten nur freundlich. Sie wussten wohl intuitiv, dass alles in Ordnung war.

Atanas und seine Familie blieben noch, um die Abrechnung zu machen, die Sachen zu packen und alle Rechnungen zu bezahlen. Tedo brachte uns mit dem Kombi zurück, und als wir ankamen, entschlossen Braco und ich, noch einen Spaziergang am Fluss zu machen. Marjana und Miki schlossen sich uns an. Wir wollten uns entspannen, uns strecken, der Serenade des lauten Flusses lauschen, und da kam unser Ritual des langen Spaziergangs gerade recht. Wir lachten und scherzten, verbrachten unterhaltsame Momente. Ich pflückte einen federähnlichen Grashalm und steckte ihn mir ins Haar, und Miki sang mir mit süßer und sanfter Stimme Liebesballaden, wobei er seinen professionellen musikalischen Status erkennen ließ. Wir waren so in unsere Gespräche vertieft, dass wir die Abbiegung zu unserer Straße verfehlten und so die Gelegenheit hatten, mehr zu besichtigen als erwartet. Das Abendessen war für 21:30 Uhr im nahegelegenen Restaurant geplant, aber Atanas und seine Familie verspäteten sich ein wenig, so dass wir um 22:00 Uhr noch rechtzeitig zu unserer Mahlzeit kamen. Wie gesagt, unser Restaurant hatte einen großen Innenhof, und schmückende weiße Regenschirme waren über unserem Tisch aufgespannt. Es wurden Säfte und Wein serviert, und dann erzählte Atanas Braco, dass bisher alle Journalisten unerfreuliche Berichte geschrieben hatten. Der Doktor konnte das nicht verstehen, da mehrere Journalisten an diesem Tag mit den Besuchern gesprochen hatten, die alle Positives und Rührendes zu berichten hatten. Schließlich gab er den Behörden die Schuld, die alle Medien kontrollieren und diese Kontrolle nicht verlieren wollten.

Trotz aller Ereignisse war der Doktor auch weiterhin fest entschlossen, Braco im Oktober wieder hier zu haben. Er meinte, er werde deshalb auf seinen Jahresurlaub verzichten. Bei diesem gemeinsamen Abendessen waren auch Rebeka und ihr Gemahl Milan dabei. Milan merkte an, dass Makedonien gerade einen Wandel hinsichtlich der Prüfung, des Leugnens und der Überwindung durchmacht. Für ihn würde Bracos nächster Besuch kein Problem darstellen, aber es war eine offene Feindseligkeit gegen Braco herauszuhören, die als ernstzunehmende Warnung zu verstehen war. Mehr denn je war Braco eine Kostbarkeit über allen anderen Werten, die es zu beschützen galt, wie es Branko so gewissenhaft tut, und der trotz seiner manchmal forschen Art immer mit wacher Weisheit vorgeht.

Bei diesem Abendessen sah ich Danka zum ersten Mal entspannt und lächelnd. Es tat so gut, sie von dem Druck befreit zu sehen und zu beobachten, wie sie fröhlich mit Rebeka und Milan spricht. Einige Zeit lang sprach ich mit Braco über die außerordentliche Erfahrung während der Begegnung mit der letzten Gruppe, aber mir fehlten die richtigen Worte, die das Gefühl real beschreiben könnten. Stattdessen sprach ich über die Liebe, die ich immer für ihn, die Energie und seine Arbeit empfinden werde. Mit seinem Wagemut und der Fähigkeit, die Energie weiterzuleiten, gab er den Menschen etwas Unermessliches.

Später sprach Braco mit seinem Sohn Andelon, der mich grüßte; er wartet auf mich, damit wir zusammen Fußball, Boccia und Karten spielen. Braco war es wichtig, dass ich eine Bindung zu seinem Sohn herstelle, damit er sich besser fühlt, wenn sein Vater nach Hawaii abreisen muss. Ich verstand, und in den kommenden Tagen mit seiner Familie an der Küste genoss ich die begeisterte Gesellschaft seines Sohnes und spielte mit viel Liebe. Unser Abendessen war großartig und üppig wie immer. Danach gesellte ich mich zu Braco, trank noch etwas Wein und rauchte einige Zigaretten. Es herrschte wieder Spaß und Heiterkeit an unserem Tisch. Branko stand wieder einmal mit seinen vielen Witzen im Mittelpunkt. Um Mitternacht ging die Gesellschaft auseinander. Wegen der im Laufe des Tages freigesetzten Energie wollten Braco und ich noch etwas unternehmen, und so schlugen wir vor, in die Disco zu gehen, wo Braco seit seiner Jugendzeit nicht mehr gewesen war.

Branko war dagegen und sagte Braco, er dürfe nicht gehen. Branko machten die Ereignisse der vergangenen Tage, das negative Bild im Fernsehen und in der Presse Sorge, und ich verstand diese Vorsicht, war jedoch so von Freude erfüllt, dass ich am liebsten die ganze Nacht getanzt hätte, selbst wenn die Nacht um 04:20 Uhr enden würde, also bis zu der Zeit, wenn wir uns in der Empfangshalle des Hotels treffen und zum Flughafen fahren würden. Skopje war eine viel größere Erfahrung, als ich mir vorstellen konnte. Wie gesagt, das erinnerte mich daran, dass bei der Begegnung mit der Energie absolut alles möglich ist.

Kapitel 14

18. Tag - Donnerstag, 16. Juli 2009

Skopje, Makedonien

Wir mussten alle um 03:30 Uhr aufstehen, um unsere Koffer für den Rückflug nach Zagreb zu packen. Alle waren müde nach unserem Abendessen, aber ich war dank meiner Erfahrung voller Energie. Ich bestellte eine Tasse Cappuccino an der Rezeption in der Vorhalle und begab mich dann in den Frühstückssaal, um zu arbeiten, denn dort war ein Internetanschluss vorhanden. Mit genau dreißig Minuten Schlaf in jener Nacht war ich am frühen Morgen vor die erste Gruppe getreten. Nun wusste ich mit absoluter Sicherheit, dass etwas über mein Leben herrschte, das so geheimnisvoll und unergründlich, und dennoch so unvorstellbar voller Liebe war, das ich alles für diese Herrlichkeit, der ich begegnet bin, tun würde. Und ich würde alles tun, was Braco von mir verlangt.

Nach solch einem Ansturm der Gefühle aus dem wahren Bewusstsein erscheint die Rückkehr in das Alltagsleben recht eigenartig. Für mich bestand noch immer eine starke Trennung zwischen der wahren Quelle des Alls und dem materiellen Plan unseres Daseins, aber jetzt wusste ich, dass eine Vereinigung möglich ist. Braco war die lebende Verkörperung dieser Synthesen, und es war ein unsagbarer Trost, in seiner Nähe zu sein. Ich glaube, seine Kraft ist noch stärker geworden, seit er diese zwei Faktoren vereint hat. Langsam, und im Einklang mit der eigenen Seele, habe ich wiederentdeckt, was der Mensch jahrhundertelang suchte, und dank Braco bin ich nun überzeugt, dass das Goldene Zeitalter für die Menschheit kommt, wie Ivica prophezeite. Ein feinfühliger und sanfter Mann mit jugendlicher Spontaneität und einer gewaltigen Geistigkeit, mein geliebter Gastgeber, ein junger Mann aus Zagreb, bahnte den Weg.

Der Doktor und seine Frau erwarteten uns am Flughafen, und nach dem Check-in setzten wir uns noch zu einem Gespräch zusammen. In einer Fernsehsendung war Braco als Jesusfigur, und das Hotel Aleksandar Palace als seine Kirche bezeichnet worden. Keine einzige Fernsehreportage hatte etwas Positives zu sagen. Alle waren äußerst voreingenommen und wiederholten die selben Unwahrheiten. So zogen wir einen Schlussstrich unter das Kapitel Makedonien, bis zu einem neuen Tag, denn wir wussten alle, dass auf die Flut die Ebbe folgt, und hier wird die Flut schnell fallen, wenn Braco in einem Land wie den Vereinigten Staaten Erfolg hat. Dann wird er als Held zurückkehren und den Respekt der Medien genießen; so einfach war das.

Braco lehnte jegliche Vergütungen für die während der Veranstaltung verkauften DVDs und Bücher ab. Er wusste, dass der Doktor und seine Familie einen Verlust erlitten hatten, und deshalb überreichte er ihnen selbst noch 5.000 Dollar. Darüber hinaus drohte Braco, falls der Doktor versuchen sollte, auch nur einen Dollar an seine Organisation zu überweisen, würde Braco nie wieder nach Makedonien kommen. Die Familie stimmte schließlich zu, weil sie sehr gut wusste, dass Braco seine Meinung nicht ändern würde, und so nahm sie seine Hilfe und seine Wohltätigkeit an. Es beeindruckte mich, dass Atanas und Danka uns nach all den Anstrengungen der vergangenen Tage so früh am Flughafen erwarteten, aber die Güte ihrer Herzen war grenzenlos. Jetzt wurden bereits neue Pläne für Bracos Rückkehr geschmiedet.

Der Flug war angenehm, und einige Mitglieder unseres Teams würden nach der Heimkehr ebenfalls Sommerurlaub in Europa machen. Der Srebrnjak 1 wird ohne Unterbrechung weiter arbeiten, nur das Team wird sich mit seinen Urlaubsterminen abwechseln. Die Besucher werden, wieder in Gruppen, Bracos Stimme hören; das habe ich bisher noch nicht erleben können. Ich war keineswegs verwundert, als ich hörte, dass die Menschen auch wegen Bracos Stimme in großer Zahl kommen und eine ähnliche Wirkung verspüren, wie wenn er anwesend ist. Das überraschte mich nicht; wenn die Energie über mitgebrachte Fotos, über das Sonnensymbol und die Filme über Braco übertragen werden konnte, würde sie natürlich auch durch das Anhören seiner Stimme wirken.

Die Adriaküste

Wieder am Zagreber Flughafen angelangt, warteten wir auf Damir, der einige Teammitglieder nach Hause fahren sollte. In der Zwischenzeit nahmen wir wieder im offenen Café Platz, während Braco etwas einkaufen ging. Er kam mit Riesenschokoladentafeln verschiedener Geschmacksrichtungen zurück und legte sie auf unsere zusammengeschobenen Tische. Die Philosophie dieser Gruppe war, dass einer immer genug für alle mitbringen wird; der Gedanke, dass jeder eine eigene Einheit bildet, war ihnen fremd. Es war eine einschließende und vereinheitlichende Betrachtungsweise, und ich respektierte diese Werte, die von der Sorge um Jeden zeugten. Man behandelte also alle gleich, und Braco ging immer mit eigenem Beispiel voran.

Als Damir eingetroffen war, gingen Dinko, Rudi, Miki und Branko mit ihm, während Tedo Braco und mich in einer dreistündigen Fahrt wieder an die Adriaküste beförderte. Jetzt begann für Braco der richtige Jahresurlaub, jetzt würde er seine Zeit überwiegend mit seinem Sohn verbringen, denn der Achtjährige brauchte die Liebe und Aufmerksamkeit seines Vaters. Wir fuhren direkt zu Bracos Grundstück am Meer, wo uns Dinkos Freundlichkeit und Andelons jugendliche Heiterkeit erwarteten. Braco wurde von seinem Sohn sofort zur Seite gezogen, und ich wühlte in meiner Tasche nach dem Badekostüm und zog mich sofort um. Im Nu war ich im wunderbaren, warmen und sauberen adriatischen Meer und schwamm eine ganze Stunde lang am Ufer entlang. So erfrischt, fühlte ich mich wie neu, trotz dem Mangel an Schlaf.

Zu Andelons Freude zog ich ein Algenpulver aus der Tasche, mein Mittel nach zu viel Zucker oder Wein, wie etwa nach dem Frühstück am Flughafen nach Bracos Wahl. Diese Algen brachten meinen Organismus sofort wieder ins Gleichgewicht, denn ich hatte Bracos völlige Unempfindlichkeit gegen Speise und Trank noch nicht erreicht. Bracos Sohn hatte so etwas noch nicht gesehen und schrak vor der grünen Farbe des Wassers zurück. Nachdem er daran gerochen hatte, verschwand er blitzschnell und kam erst zurück, als es Zeit zum Fußball spielen war. Glücklicherweise gab mir mein Trank genügend Kraft für dieses anstrengende Spiel. Im langen Kleid konnte ich im Spiel mithalten.

Unser Spiel machte Braco unendlich viel Spaß. Andelon war geschickt und flink, und ein Spiel genügte, um mir den Atem zu nehmen; ich forderte eine Erholungspause. Tedo sprang für mich ein, und so freuten wir uns alle wie Kinder und genossen die Sonne und die frische Luft. Ich begann Freundschaft mit diesem süßen Kind zu schließen, und es freute mich, dass es meine Gesellschaft suchte. An diesem Nachmittag überredete uns Andelon, Boccia zu spielen, was ich während des ersten Versuchs ignorierte, weil ich das Spiel überhaupt nicht verstand. Jetzt hatte ich die Regeln gelernt. Braco und ich bildeten ein Team gegen Tedo und Andelon. Obwohl sie siegten, machte ich schnell Fortschritte. Braco war ein natürlicher Sportler und ein guter Bocciaspieler, wie alle Männer, die zu Besuch kamen. Hier war dieser Sport populär und konnte stundenlange Unterhaltung bieten.

Wieder einmal zeigte ich Braco meine Fähigkeiten im Kartenspiel und brachte ihm die Pokerspiele 5 Card Draw und 7 Card Stud bei. Auf die Frage, woher ich diese Dinge wusste, gab ich zu, dass ich in meiner Jugend mehrmals in Kasinos am Tahoe-See in Nevada war. Mein Lieblingsspiel ist allerdings "Siebzehn und Vier". Braco verriet, dass er in jungen Jahren ebenfalls in Kasinos ging, aber nur "Siebzehn und Vier" spielte. Wir zogen einander über unsere Gleichartigkeit auf und spielten mit Steinen anstatt mit Pokerjetons. Andelon zeigte mit Abstand den größten Wunsch, zu gewinnen.

Danach gingen wir baden, und ich spielte mit meinem jungen Freund wild im Wasser, bis ich wirklich erschöpft war und ein Schläfchen unter dem Olivenbaum machen musste. Braco und Tedo hatten hier ebenfalls ein Nickerchen eingelegt, aber zu verschiedenen Zeiten, und so verbrachten wir unsere Zeit mit Unterhaltung und Faulenzen. Dinka kümmerte sich um unser leibliches Wohl und genoss die Sonne und das Gespräch mit einer Freundin, die an diesem Nachmittag vorbeischaute.

Braco und ich waren noch satt von den üppigen Mahlzeiten in Makedonien, die unsere Gastgeber so großzügig servieren ließen, und baten die Hausherrin um ein leichtes Abendessen. Dinka war sehr zuvorkommend und bereitete uns Pasta mit Oliven auf gesundem heimischen Olivenöl zu. Als es dunkel wurde, packten wir unsere Sachen und fuhren zurück zu unserem Sommerhaus im Dorf. Hier erwarteten wir die Ankunft von Detlev, der mir bei den Begegnungen übersetzend eingesprungen war, und Stevo, der uns kochen sollte. Sie hatten mehrmals angerufen und von einer Autopanne berichtet, und bis 22:30 Uhr waren sie noch immer mit der Reparatur beschäftigt, um weiterfahren zu können. Braco mietete für sie und Tedo ein Appartement, so dass wir sie diese Nacht nicht sahen.

Im Haus machten wir es uns auf dem Marmorbalkon gemütlich und sprachen über die neuesten Unternehmungen, während Andelon im Zentrum des Interesses stand. Braco schenkte ihm Comic Strips mit Zagor, seinem Lieblingshelden. Ich hatte nie von Zagor gehört, doch man klärte mich auf, dass er schon lange ein Superheld war, den Braco in seiner Jugend mochte. Dann brachte uns Andelon seine Sammlung: eine Reitertruppe aus Metall, Menschen- und Pferdefiguren, die Braco als Junge gesammelt und jetzt seinem Sohn geschenkt hat. Es war ein besonderes Geschenk, das Andelon eines Tages an seine Kinder weitergeben würde.

Endlich war es Zeit, sich zur Ruhe zu begeben. Ich wünsche allen gute Nacht und machte mich auf den Weg zu meiner Wohnung im Obergeschoss. Es war schon Freitag, und nachts hörte man die Musik der Achtziger aus dem Café unten. Die Schallwellen wurden im Dorf von beiden Seiten des Berges über die Meeresoberfläche reflektiert und brachten Musik in jedes Haus. Es war eine akzeptable Seite der Kultur dieser Region. Jetzt hatte ich mich bereits daran gewöhnt und sank zu den dynamischen Tönen in den Schlaf.

19. Tag - Freitag, 17. Juli 2009

Die Adriaküste

Braco kam in diesem Zeitraum nur am 4. August nach Zagreb, zu Ivicas Geburtstag. An diesem Tag kamen tausende von Menschen zum Srebrnjak 1; alle wurden festlich bewirtet, und die Begegnungen fanden den ganzen Tag über statt. Diese Arbeit erforderte eine umfassende Organisation und die Mithilfe aller Beschäftigten im Zentrum. Aber momentan konnte man sich Zeit lassen, und Braco verbrachte die Urlaubstage mit seiner Familie und den besten Freunden.

Etwas früher als geplant kam Braco an meine Tür und lud mich zum morgendlichen Spaziergang und zum Kaffee ein. Unbeschwert schlenderten wir durch die Straßen bis zur Riva. Unsere kurze Freundschaft war in etwas Besonderes übergegangen, das ich überaus schätzte. Alles, was er tat, zeugte von Sorgfalt und Aufmerksamkeit; sein Mut und seine Hingabe waren endlos. Ich konnte diesen Mann nicht von der Energie trennen, die er gab, für mich waren sie eine Einheit; ich glaubte ebenfalls an ihn, denn er könnte das, was er tut, nicht mit solch einer Leichtigkeit tun.

Tedo, immer der Gentleman, brachte einen zusätzlichen Stuhl, als Braco und ich im Café zu ihnen stießen. Und unsere Neuankömmlinge Detlev und Stevo erschienen ebenfalls, sie waren gestern spät in der Nacht angekommen. Detlev ließ uns wissen, dass ihm eine Reise nach China bevorsteht und er die Umgangsformen noch studieren muss, als Vorbereitung für sein Geschäftstreffen. Er verließ Bracos Organisation, um eine leitende Stellung in einer deutschen Firma zu übernehmen, und die bevorstehende Reise wurde als sehr unerbittlich beschrieben. Dann bekam Braco einen Telefonanruf, und während er sprach, sahen wir alle, dass er immer aufgeregter wurde.

Er sprach sehr energisch, wie ich ihn bisher noch nicht gehört hatte. Es stellte sich heraus, dass Ida, die Veranstalterin der Begegnungen in Stuttgart, am Telefon war, die noch immer ihren Standpunkt vertrat, dass man die Menschen in Westeuropa nicht so unter Druck setzen kann wie auf dem Balkan. Aber Braco erklärte Ida, dass die Gefühle und Bedürfnisse des Einzelnen hier eine untergeordnete Rolle spielen, weil den Besuchern seiner Begegnungen alles gegeben werden muss. Braco zeigte Marjana, Ida und den anderen, dass man alles geben muss, und das war ein herausfordernder Prozess. Braco setzte große Hoffnungen auf Ida und glaubte an sie. Sie musste nur einen Durchbruch in ihrer sozialen Anpassung machen. Es war offensichtlich, dass er absichtlich harte Worte gebrauchte; er wollte sie für neue Möglichkeiten empfänglich machen. Dieses Gespräch erwies sich als letzter Schritt zu einem überaus positiven Ausgang.

Dann machten wir uns auf den Weg zu dem Grundstück am Meer. Braco, Detlev und ich entschlossen, zu Fuß zu gehen. Die warme Sonne machte unsere Wanderung zu einem Schwitzbad, und als wir den letzten Markstein vor der Abbiegung zu Bracos Grundstück erreicht hatten, hielt ich unsere Gesellschaft an. Es war Zeit, baden zu gehen, und Braco verkündete auf seine kindliche Art, er würde ins Wasser springen, falls ich es auch tue. Detlev war zunächst unentschlossen, weil er einige Wertsachen dabei hatte, aber ich wickelte meine Sachen in mein Kleid ein und sprang ins Wasser. Braco folgte, und so konnte auch Detlev nicht widerstehen. Das Wasser war eine absolut notwendige Vorbereitung für den noch bevorstehenden Fußmarsch, und wir unterhielten uns und schwammen ein wenig, bevor wir unseren Weg nach oben fortsetzten.

Als Braco an unseren Sachen vorbeikam, stehen blieb und ins Meer schaute, bot sich mir eine Gelegenheit. Ich machte blitzschnell einen Schritt nach vorne und stieß ihn belustigt ins Wasser, doch Detlev hatte das gleiche mit mir vor, und schon flog ich ebenfalls ins kühle Nass. Ich lachte Braco schelmisch an und schwamm zum Kai, bevor er sich rächen konnte. Er lachte nur und nahm mir diesen Streich nicht übel. Bald darauf waren wir wieder auf unserem Weg.

Auf dem Gut trafen wir Dinko, Andelon, Tedo und Stevo, und verspürten nochmals das Bedürfnis nach einer Erfrischung in der lockenden Adria. Ich sprach mit Braco über seine einstigen Mitarbeiter, die sich der Arbeit mit besten Absichten angenommen hatten, aber später der Geldgier zum Opfer fielen. Für Braco war ich in diesen Dingen noch immer ein Grünschnabel. Er lehrte mich, die dunklen Seiten des menschlichen Charakters zu erforschen, nicht um zu urteilen, sondern der Wachsamkeit wegen, und ich lehrte ihn über meine Freunde, die Delphine und Meerestiere, die er noch nicht kennen gelernt hatte. Es war eine für beide Seiten nutzbringende Fortbildung.

Tedo, ein umgesiedelter, schon viele Jahre in Deutschland lebender Jugoslawe, war der Nächste, der mich brennend interessierte. Er war ein Musterbeispiel der Treue und Zuverlässigkeit, und diese Charaktereigenschaften sind in heutigen geschäftlichen und freundschaftlichen Beziehungen nur noch selten zu finden. Ich fand ihn an unserem Tisch, im Schatten der Olivenbäume, und bat ihn, mir zu erzählen, wie er Braco entdeckt und es geschafft hat, jetzt eine Schlüsselrolle in Bracos Arbeit in Deutschland zu spielen. Er war sofort einverstanden und ich hörte aufmerksam zu und notierte mir jedes Wort.

Tedo Branković - *Wundersame Heilung*

An einem Samstagmorgen, im Oktober des Jahres 1995, waren meine Schwiegereltern und Miki aus dem Haus gegangen und kamen erst nach zwei oder drei Stunden zurück. Sie sagten, sie seien bei Braco gewesen, aber das interessierte mich nicht, obwohl ich keine Zweifel hatte. Im April 1996 kam ich plötzlich auf den Gedanken und bat meine Mutter, mich beim nächsten Mal mitzunehmen, weil ich es auch ausprobieren wollte. So fuhren wir los, um Braco zu sehen, ohne seine Besuchszeiten zu kennen, uns erblickten ihn und Besucher, die mit Blumensträußen ankamen.

Ich hatte keine Ahnung, weshalb ich hier war. Als ich in den Raum gerufen wurde, schaute ich mir zunächst die Besucher an, die mit Braco sprachen. (Damals sprach Braco noch mit jedem einzelnen Besucher.) Endlich war ich an der Reihe und stand nun vor Braco, wusste aber nicht, was ich ihn fragen sollte. Braco blickte mich an und begann nach einigen Minuten zu sprechen. Braco sagte, dass er wusste, wie ich mein ganzes Leben lang hart gearbeitet habe, aber mir alles unter den Händen zerrinnt.

Ich hatte noch immer kein Wort gesagt und wollte eines von Bracos Büchern kaufen. Braco hielt mich an, suchte ein Buch aus und schenkte es mir. Es war sein erstes Buch. Ich nahm es, bedankte mich und ging. Und wusste noch immer nicht, weshalb ich gekommen war. Dann dachte ich darüber nach, was Braco gesagt hatte, und wusste, dass es vollkommen der Wahrheit entsprach. Danach kam ich jahrelang zu den Begegnungen mit Bracos Blick in Deutschland, außer einmal, als ich auf Reisen war.

Meine Schwiegereltern leiteten ein Restaurant und waren Bracos Gastgeber, und ich war immer mit dabei, um zu helfen, gehörte aber nicht zu Bracos engerem Mitarbeiterkreis. Im November des Jahres 2006 bat mich Braco zum ersten Mal, mich seinem Team anzuschließen, und zwar wegen dem Psi World Healing Kongress in Basel. Alles war für den Kongress in Basel vorbereitet, und wir reisten am Donnerstag zu der dreitägigen Veranstaltung an. Am Montag, drei Tage davor, war mein Vater verstorben. Ich war zu seiner Beerdigung in Bosnien, und danach, am Mittwoch, saß ich 12 Stunden am Steuer, auf dem Weg nach Deutschland, damit wir zum Kongress nach Basel losfahren können.

(Tedo ist Orthodoxer, und solche Beerdigungen dauern Wochen, aber er machte sich auf den Weg, weil er spürte, dass er nun wirklich die Gelegenheit hatte, Menschen zu helfen. Und es war das erste Mal, dass Braco ihn um Hilfe bat.)

Braco kam zu Weihnachten nach Kraichtal, und wieder verließ ich wegen ihm ein Fest, meine Familie und meine Arbeit. Ich war materiell sichergestellt und wollte jetzt nur noch dienen.

Damals, als Braco noch immer sprach, etwa um 1999, erlitt ich wegen meiner schweren Arbeit einen Bandscheibenvorfall zwischen dem dritten und vierten Wirbel. Der Arzt meinte, das müsse operiert werden, und da gäbe es keine Alternative. Aber die Operation war sehr gefährlich und man sagte mir, dass körperliche Arbeit für mich nicht mehr in Frage kommen würde.

Zur gleichen Zeit war Braco im Restaurant, doch wegen meiner Beschwerden konnte ich nicht mehr mithelfen. Deswegen beteiligte ich mich nur an den Begegnungen mit Bracos Blick. Braco erkundigte sich nach meinem Befinden, und ich sagte ihm, wie die Diagnose lautete. Er meinte, ich sollte mir keine Sorgen machen, denn es würde alles wieder gut werden. Es blieben noch zehn Tage bis zu meiner Operation. Aber nach wenigen Tagen konnte ich langsam gehen, und mein Zustand besserte sich allmählich.

Ich ließ den anberaumten Termin verstreichen und meldete mich stattdessen bei meinem Chef, den ich um eine körperlich leichtere Arbeit im Vergleich zu meinem früheren Arbeitsplatz ersuchte, und dann dachte ich nicht mehr an meine Beschwerden. Schließlich übernahm ich wieder meine alten Aufgaben. Zwei Jahre später verglich mein Arzt eine neue Röntgenaufnahme mit der Aufnahme der Verletzung. Er meinte, dies sei unerklärlich, aber meine Bandscheibe sei in tadellosem Zustand. Mein Arzt fragte, weshalb ich überhaupt gekommen war, und ich antwortete, dass zwei Jahre seit meiner angesetzten Operation vergangen waren, und ich wissen wollte, wie es jetzt um mich steht. Alles war perfekt.

(Ich fragte Tedo, was er von Braco und seiner Arbeit hält, und er antwortete mit den Händen gestikulierend.)

Was Braco vollbringt... das lässt sich nicht in Worte fassen, dass lässt sich mit nichts vergleichen. Das ist so groß und besonders, was Braco für die Menschen tut .... in meinen Augen existiert nichts anderes. Ich fühle mich so unbeschreiblich geehrt, allein schon dadurch, dass ich Teil seiner Arbeit sein kann.

Nachdem Tedo seine Geschichte zu Ende erzählt hatte, fügte er noch erklärend hinzu, dass seine Wirbelsäule verformt und die Bandscheiben nicht zugänglich waren. Der Arzt hatte sogar erklärt, die Röntgenaufnahme müsste man umdrehen, denn die Verformung der Wirbelsäule war nicht zu erkennen, und die neuen Röntgenogramme hielt man für Bilder vor, und nicht nach der Verletzung. Mit aufrichtiger Demut sprach Tedo weiter über seine Liebe zu Braco und über seinen Respekt vor allem, was der Menschheit durch die Gabe dieses außerordentlichen Mannes dargereicht wurde. Ich konnte klar erkennen, dass Tedo alles tun würde, um Braco zu helfen, ungeachtet aller Probleme und Schwierigkeiten.

Am Nachmittag kam Bracos Mutter Ivanka und sonnte sich mit uns, während wir stundenlang mit Andelon Karten und Boccia spielten. Stevo war unser Küchenchef für die Abendmahlzeit, und er verwöhnte uns wieder mit der heimischen Gewürzvielfalt. Dinka, Ivanka und ich tranken ein gutes Glas Rotwein, Tedo und Detlev ebenso. Es folgte ein angenehmes Gespräch und einige harmlose Scherze. Der leichteren Verdauung wegen gingen Braco, sein Sohn, seine Mutter, Detlev und ich nach dem Abendessen zu Fuß zurück in die Stadt. Braco übersetzte, und so konnte ich mit seiner Mutter sprechen, die immer so sanftmütig und behutsam war und eine so milde Ausdrucksweise hatte. Sie sprach darüber, was sie am meisten liebte, wie etwa stundenlanges Schwimmen, Blumen und ihren Sohn.

Als ich einmal allein an diesem sich schlängelnden Weg spazieren ging, sah ich drei große Füchse auf dem Weg vor mir, deshalb hielt Andelon nun Ausschau und hoffte, sie ebenfalls zu erblicken. Da wir unseres Beisammenseins, unseres stets einfallenden Lichts und der gelegentlich tiefgründigen Gespräche noch immer nicht überdrüssig waren, beschlossen wir, uns noch einmal zu treffen, das letzte Mal am späten Abend, im offenen Café unter Bracos Haus. Ivanka ging nach Hause, um sich umzuziehen, und Detlev begab sich ebenfalls zu seiner Ferienwohnung. Braco, sein Sohn und ich stiegen die steilen Treppen hoch, bis zu seinem Haus, um zu duschen und uns umzuziehen, für die letzte Station des Tages mit Espresso und Eisbecher.

Um 23 Uhr sahen alle frisch und strahlend aus, weil sie den Tag auf eine so entspannende und gesunde Weise verbracht hatten. Wir stellten mehrere kleine Tische zusammen und setzten uns. Andelon schien niemals müde zu sein, er konnte bis spät am Abend mit uns Erwachsenen mithalten. Er war aufgeweckt und glücklich, vor allem, als Dinko mit seinem Sohn erschien, der nur einige Jahre älter war als Andelon. Dinko war jetzt in Urlaub; er hat ebenfalls ein Ferienhaus in der Nähe, wo er mit seiner Familie den Sommer verbringt. Sie arbeiteten nicht nur alle zusammen, sondern hatten auch eine harmonische, brüderliche Beziehung zueinander, die stabil und aufrichtig war. Sie waren alle so gegenwärtig und zeigten ihre Liebe auf unzählige Weise. Nachdem wir unseren Wunsch nach Süßem gestillt hatten, schlossen wir diesen Tag endgültig ab.

Kapitel 15

20. Tag - Samstag, 18. Juli 2009.

Die Adriaküste

Unser morgendlicher Spaziergang war ruhig und besinnlich. Braco und ich tranken zuerst einen Espresso im ersten Café und schlossen uns dann den anderen im Café Light an. Detlevs kurzer Einfall in unsere idyllische Welt ging heute zu Ende, weil er am nächsten Tag in den frühen Morgenstunden abreisen musste. Es war unschwer zu erkennen, dass er gerne in unserem geselligen Kreis um Braco geblieben wäre, aber wegen seiner geschäftlichen Verpflichtungen musste er zurück zur Arbeit und bald darauf nach China. Im Café stieß der Mann zu uns, der all die schönen Steinmauern um Bracos Grundstück am Meer gebaut hatte. Er war ein kräftiger und robuster Mann, doch ich konnte im Gespräch mit ihm erkennen, dass er sehr empfindsam war und sich auf sehr gefühlvolle Art ausdrückte.

Es war an der Zeit, sich an der Adria zu entspannen, denn er verrichtete schon dreißig Jahre lang Schwerstarbeit. Auf Bracos Grund arbeitete er seit über einem Jahr, volle zehn Stunden am Tag, um alle Mauern so fertig zu stellen, wie er sie sich vorstellt. Für ihn waren die Steinmauern lebendig, und als wahrer Künstler hatte er ein Gefühl für den Stein. Seine Arbeit war absolut meisterhaft, mit Liebe gestaltet, und er verlieh seinem Werk ein Gefühl von Stolz. Hier stand ein Mann, der wusste, dass er es im Leben zu etwas gebracht hat. Und jetzt bot er an, Braco und mich zu den steinernen Hügeln zu bringen, um nach wilden Pflanzen zu suchen, die kräftig und sehr wohlschmeckend waren. Eine Mahlzeit aus solchen Pflanzen klang verlockend, und ich wollte zustimmen, doch Braco machte mich darauf aufmerksam, dass uns die Zeit dazu fehlte. So beschlossen wir, diesen Ausflug auf meinen nächsten Besuch zu verschieben.

Stevo verfolgte unser Gespräch schweigend mit. Ich hatte Stevo recht lieb gewonnen, weil er eine einfache Schönheit und Freundlichkeit in sich trug. Er achtete wirklich darauf, dass es seinen Mitmenschen gut ging, und hatte mir während der vergangenen Wochen viele kleine Aufmerksamkeiten erwiesen, um meinen Aufenthalt so angenehm wie möglich zu gestalten. Er war ebenfalls in der Lage, tief und vollständig zu empfinden; dieses Merkmal war allen gemeinsam, die mit Braco eng zusammenarbeiteten. Als unser Steinexperte gegangen war, ermunterte ich Stevo, mir über seine Stellung als Koch am Srebrnjak 1 zu erzählen, und er vertraute mir seine Geschichte an, die ich in meinem roten Notizbuch niederschrieb.

Stevo Pernjak - *Kochen für Braco*

Meine jüngere Schwester erzählte mir im Jahr 2001 von Braco. Sie erklärte mir kurz, was Braco tut, und zeigte mir ein Foto von ihm. Es überraschte mich ein wenig, dass meine 19-jährige Schwester einen Heiler besucht - welche Probleme konnte sie denn haben? Sieben oder acht Monate später beschloss ich ebenfalls, Braco aufzusuchen. Ich erinnere mich weder, welche Fragen ich stellte, noch, was Braco mir antwortete, aber ich erinnere mich an ein wunderschönes Gefühl, als ob ich fliegen könnte. Ich hatte kein bestimmtes Problem. Ich setzte meine Besuche nur wegen dieses besonderen Gefühls fort und erschien regelmäßig zweimal im Monat - einmal in Slowenien und einmal in Zagreb, oder zumindest einmal im Monat.

Eines Tages äußerte Braco in einem Gespräch mit Branko den Wunsch, einen professionellen Koch einzustellen. Braco kannte mich, und ich hatte Branko gesagt, er solle mich anrufen, falls ich für ihn kochen soll. Ich erkannte die Telefonnummer vom Srebrnjak 1 auf meinem Display und bekam zunächst einen Schreck. Aber ich meldete mich, und Branko bat mich, vorbeizuschauen. Dann sprach Braco mit mir und machte mir das Angebot, ab Januar 2007 für ihn zu arbeiten.

Damals lebte ich in Poreč. Ich sagte Braco, ich hätte eine Frau und zwei Töchter und müsste mir die Sache überlegen. Braco meinte, es gäbe nichts zu überlegen, denn er werde mir das selbe Gehalt zahlen, das ich im Hotel, wo ich beschäftigt war, hatte, und fügte noch hinzu, dass ich mein Haus verkaufen und nach Zagreb umziehen könnte. Ich stimmte kurzerhand zu, und nach einem Jahr verkaufte ich mein altes Haus und habe nun eine wunderschöne Wohnung in Zagreb.

(Braco merkte an dieser Stelle an, dass Stevo genau wusste, was die Menschen mögen und sich so still um alles kümmerte, dass man ihn kaum bemerkte. Er arbeitet seit zweieinhalb Jahren am Srebrnjak 1, und Braco ist von der unerschütterlichen Ruhe begeistert, mit der alle Aufgaben erledigt und immer genau abgemessene Portionen zubereitet.)

Von den Einwohnern meiner Stadt bekam ich im Laufe der Jahre viele Geschichten über Heilungen zu hören. Ich finde es wunderbar, dass Braco den Menschen helfen kann, ihr Leben leichter zu meistern. Ich schätze einfache Schönheiten. Braco ist ein sehr einfacher Mensch im Vergleich zu den Ärzten, Anwälten und anderen, die das Restaurant, in dem ich beschäftigt war, frequentierten, und das zieht mich an. Zu Beginn verlor ich manchmal die Fassung, wenn Braco so einfache Dinge wie Milch mit Honig oder gekochtes

Hähnchenfleisch bestellte. Ich wollte mein Talent zeigen. Jetzt freut es mich, dass Braco mit der Kost zufrieden ist, und besondere Mahlzeiten bereite ich auch für die anderen zu.

Jetzt kommen meine Familienangehörigen regelmäßig hierher und unterstützen meine Arbeit in jeder Hinsicht. Sie sind gleichermaßen glücklich. Falls es Schwierigkeiten gibt, besuchen sie Braco, aber meist kommen sie nur der Energie und der wunderbaren Erfahrung wegen.

Die Insel Murter

An diesem Tag hatte Braco einen besonderen Plan für mich vorbereitet; er wollte mir einen neuen Strand und die Stadt auf einer nahegelegenen Insel zeigen. Wir verließen das Café und gingen nach Hause, um uns vorzubereiten. Tedo, Detlev und Stevo schlossen sich Braco, seiner Familie und mir zu diesem besonderen Ausflug an. Wir packten unsere Strandsachen und Tauchausrüstung ein und fuhren an der Küste entlang. Weiße Häuser im Stil italienischer Villen erhoben sich am Meeresrand, schöne Ausblicke reihten sich aneinander, das Wasser war türkisfarben. Nach etwa fünfzehn Minuten bogen wir zur Stadt ab und erreichten einen populären Strand. Hier gab es Rutschbahnen und viele Verkaufsstände, offene Restaurants und laute Musik, die aus großen Lautsprechern dröhnte. Wir überquerten den überfüllten Sandstrand; überall genoss man die Sonne und die Atmosphäre.

Nach der Stille des Küstendorfs und Bracos abgelegenen Guts überrumpelte diese Gegend völlig meine Sinne. Unerwarteterweise kam eine heftige Enttäuschung in mir auf, die ich nicht erklären konnte und nicht verstand. Der Strand war sehr auf Handel ausgerichtet, und obwohl wir über einen schmalen Pfad zu einer weniger hektischen Stelle gelangen konnten, nämlich auf die großen ebenen Flächen der Felsen auf der anderen Seite des Strandes, verdarb mir die große Zahl der Wohnmobile und Menschen gehörig die Freude. Ich fühlte mich, als hätte ich mein kostbares Paradies in dieser Kakophonie des Lärms und Geschreis verloren, und alle meine Sinne des Wohlbehagens waren dahin.

Was ich noch nicht erkannte, war der innere Konflikt in mir zwischen dem einzigartigen Erlebnis in Makedonien während der letzten Begegnung mit Bracos Blick, und der Konfrontation mit der Wirklichkeit, der materiellen Welt, die dem Menschen so attraktiv erscheint. Die geistige Harmonie schlug hart auf dieses schöne, aber vollkommen kommerzialisierte Urlaubsgebiet auf. Da ich meinen inneren Kampf nicht verstand, suchte ich blind nach der Quelle meiner Unruhe und versuchte sie verstandesmäßig dem Trubel und dem Lärm zuzuschreiben. Das trieb mich noch weiter zu irrationalen Gedanken, und es kam Unmut in mir auf, weil ich an solch einen Ort gebracht wurde.

Eigenartigerweise konnte ich einfach keine Verbindung zu der Schönheit der uns umgebenden, zurechtgemachten Natur herstellen. Selbst die mit neuen Orten verbundene Abenteuerlust wollte sich nicht einstellen. Beunruhigt bemerkte ich, wie ich mich innerlich entfernte, und ich fühlte mich unfähig, etwas dagegen zu unternehmen. Während ich mit viel Unbehagen das über mich ergehen ließ, was eine von Braco speziell geplante, unterhaltsame Abwechslung sein sollte, versuchte ich ständig, der Ursache meiner Unzufriedenheit, sicherlich einer überzogenen Reaktion, auf den Grund zu gehen. Ich distanzierte mich von den anderen und zwang mich dazu, schwimmen zu gehen, aber nach zwanzig Minuten war ich schon zurück, völlig unbeeindruckt von der Großartigkeit des Meeres unter mir.

Schließlich folgte der letzte Schlag meines inneren Kampfes. Während ich im Wasser war, holte Braco mit Andelon einen Imbiss. Alle verspeisten wohlriechende Sandwiches, doch auf meinem Handtuch lag ein dünnes Gebäck Schokoladenguss und Puderzucker. Alle schauten mich neugierig an, was ich zunächst ignorierte, doch dann packte mich der Zorn. Ich nahm das Gebäck in die Hand und schleuderte es ins Meer. So unsinnig das auch war, in dem Moment verkörperte dieses Gebäck alles, was mich an diesem Ort störte.

Alle waren schockiert; Braco schien fast beleidigt zu sein, und Dinka fragte mich, warum ich das Gebäck ins Meer geworfen hatte. Ich antwortete nur, die Fische sollten es fressen, und machte mich dann auf die Suche nach einem Happen ohne Zucker. Ich war noch immer verärgert und konnte das Chaos meiner Emotionen nicht verstehen. Erst viel später verstand ich die höchste Herausforderung zwischen dem Geistigen und dem sichtbar Künstlichen. Braco führte mich mittels der Energie, und alles in mir verlangte nach einer erneuten Begegnung mit ihr. Aber diese Umgebung bewirkte, dass ich mich meilenweit von dieser Energie entfernt fühlte. Der magische Ballon war geplatzt, und ich wurde von einer Seite des Spektrums auf die gegenüberliegende Seite katapultiert, zumindest von meinem Gesichtspunkt aus betrachtet. Diese Erfahrung verwandelte sich schließlich in ein großes Geschenk, denn schon die Erkenntnis selbst konnte mir helfen, diesen Wahrnehmungsfehler zu beseitigen.

Trennung ist eine große Illusion, denn die Quelle von Allem ist in allen Dingen gegenwärtig. Es ist nur eine Frage der Betrachtungsweise, und Braco hatte das Geistige und Materielle miteinander verwoben, ohne dem wirklichen Leben zu entsagen; er fällte einfach keine Werturteile, alles war gleichviel wert. Dieser Nachmittagsausflug ließ mich meinen eignen Standpunkt zum Leben entdecken, der ein Gesichtspunkt des schlummernden Bewusstseins war, und das versperrte mir den Weg zu dem, was ich eigentlich wollte. Braco wusste, dass die Energie überall ist, dass sie Alles ist, und jetzt musste ich das ebenfalls erkennen, um zur Erfüllung meines Wunsches zu gelangen. Ich musste das in jeder Situation und in jedem Umfeld spüren. Es war die Synthese aus der materiellen und der geistigen Welt.

Wir blieben einige Stunden, badeten und lagen in der Sonne. Dann packten wir unsere Sachen, und ich freute mich, dass wir diesen Ort verließen, denn ich verstand meine Unruhe noch immer nicht. Tedo, Detlev und Stevo fuhren im Kombi, während ich mit Andelon auf dem Rücksitz von Bracos Wagen saß. Als wir uns unserer Ortschaft näherten, bildete sich ein Verkehrsstau, und ich fand heraus, dass die Hebebrücke 25 Minuten lang gesperrt sein würde und wir warten mussten. Es war noch immer sehr heiß, deshalb stieg ich aus, ebenso wie Braco, der mit Andelon Fische am Meeresufer betrachten ging. Ich bewegte mich zur Brücke hin, dachte aber nicht daran, dass weder Autos noch Fußgänger auf die andere Seite der Stadt konnten.

Ich kam an Braco vorbei, der mich endlich anhielt und fragte, was nicht in Ordnung sei. Doch ich konnte nicht antworten; ich verstand nicht, und meine Augen standen plötzlich voller Tränen. Stattdessen fragte ich ihn, weshalb er mich an so einen Ort gebracht hatte, wo er doch wissen sollte, dass es mir dort nicht gefallen würde. Er antwortete, dass Andelon nicht gehen, sondern lieber auf dem Grundstück am Meer bleiben wollte. Aber Braco sagte ihm, der Ausflug sei für mich, damit ich etwas Neues erlebe und mir am selben Ort nicht langweilig wird. Er erklärte auch, er habe recht viel Zeit damit verbracht, eine Konditorei zu finden, wo es eine besondere Süßspeise gab, mit Walnüssen und Schokoladenguss aus der selben Schokolade, die ich so gerne auf meinen Cappuccino streute. All das hatte er aus Liebe zu mir unternommen; ich war sprachlos. Ich fühlte mich absolut blöde.

Die Tränen kullerten über meine Wangen, als ich ihm sagte, dass ich überhaupt nicht verstehe, was schief gegangen ist. Er war weder beleidigt noch verärgert, sondern ermutigte mich nur, ihm sofort zu sagen, falls mich etwas betrübt. Er wollte sicher sein, dass sich uns nichts in den Weg stellt, und jetzt verstand ich vollends, warum er mir das bereits einmal gesagt hatte. Braco umarmte mich sanft, und dann umarmte ich ihn aus Dankbarkeit ebenfalls. Mein Tag war mit Liebe geplant worden, und jetzt sah ich, dass Liebe durch alle Dinge strömt, falls wir im Stande sind, hinter unsere schlummernden Illusionen zu blicken. Das war der Grund, weshalb all mein Leid und alle meine Betrübnisse während der einzigartigen Vereinigungserfahrung in Makedonien verschwunden waren.

Meine Aufgabe war jetzt nichts Geringeres, als wieder zu sehen, die Liebe und das Licht wieder zu sehen, die überall, in jedem Menschen vorhanden waren, die Gleichheit aller Dinge wahrlich zu erkennen. Braco zog den einfachen Vergleich mit dem Vögelchen heran, das zunächst einatmen muss, dann schauen und erst dann berühren kann. Was mir anfangs etwas albern vorkam, erwies sich auf großartige Weise tiefsinnig. Bisher bildete meine Reise die erste Phase, doch ich wusste, nach 21 mit Braco verbrachten Tagen und nach der Heimreise würde meine Rückkehr zu Braco den Beginn der zweiten Phase markieren, das wirkliche Anblicken des Lebens, den Vorstoß unter die Oberfläche der Welt, den ich erst später, im zweiten Buch, beschreiben werde.

Niemand hatte mir meine schlechte Laune an diesem Tag übel genommen, niemand fand den Vorfall jemals erwähnenswert. Sie lächelten mich nur an, als sie sahen, dass ich lachte, dass ich wieder die Alte war. Braco teilte mir mit, dass wir zu einem besonderen Abendessen in eine kleine Ortschaft bei Split fahren werden. Wieder einmal wurden aus Liebe zu mir Pläne geschmiedet. Deshalb ging ich zurück ins Haus, weil sich die Brücke gerade hob, was mir die Gelegenheit bot, meine Sinne wieder ins Reine zu bekommen.

Braco ließ mich wissen, dass wir bald losfahren werden. Ich hatte noch Zeit, zu duschen und mich umzuziehen; bis der Wasserstrahl mich traf, hatte ich mich wieder gesammelt.

Ich machte mich für diesen Abend besonders schön und war als erste zum Aufbruch bereit. Ich nahm auf der Veranda Platz und wartete auf die anderen. Braco kam als nächster; wir lächelten einander an, und mein Herz schlug wieder höher. Er fragte sich, warum, da ich doch so etwas Schönes auf Hawaii hatte, warum verspürte ich den Wunsch, mich seiner Arbeit anzuschließen? Vielleicht fragte er sich, ob mir das, wie Atanas und seiner Familie, nur süßen Schmerz bereiten wird. Aber für mich gab es kein Zurück mehr, was auch kommen mag, und ich betonte diese Tatsache in aller Deutlichkeit. Ich musste nicht die Tiefe erklären, aus der meine Antwort entsprang, ich bestand nur darauf, diese Arbeit fortsetzen.

Das genügte, und er sah wegen dieser Antwort wirklich glücklich aus. Ich wiederum wusste: Sollten wir auf ein Hindernis stoßen, werden wir es überwinden.

An diesem Abend bekam Braco einen neuen Anruf von Ida. Sie hatte endlich einen Fortschritt gemacht, einen großen Durchbruch geschafft; sie hatte die Wahrheit in Bracos Worten über Kraft und Führung erkannt. Jetzt sprach sie hingerissen von der Veranstaltung vieler weiterer Begegnungen, damit noch mehr Menschen in Deutschland Braco sehen. Braco war von der Neuigkeit und von Idas neu gewonnenem Selbstvertrauen absolut begeistert. Er würde sie in allen Tätigkeiten unterstützen, damit sie Erfolg hat, und ich glaube, er hielt sie von diesem Moment an für einen der stärksten Veranstalter. Ida war eine entschlossene und mutige Frau, die keine Mühe scheut, um eine

Aufgabe gut zu erledigen. Beim Abendessen freuten wir uns alle über diesen wertvollen Fortschritt.

In der Nähe von Split kamen wir in eine prächtige Stadt von elegantem Charme, mit Palmen und einer wunderbaren Promenade voller Menschen und Geschäfte für Touristen. An den Ständen waren Muscheln aus der Region, Perlen und Schwämme ausgestellt. Wir schlenderten noch eine Weile am Ufer entlang und fanden dann ein Restaurant, das allen gefiel. Als wir uns an den Tisch gesetzt hatten, teilte man uns mit, dass der Fremdenverkehr in dieser Stadt so stark zurückgegangen ist, dass sofort ein Tisch für uns frei war, während man früher mindestens eine Stunde warten musste. An der ganzen Adriaküste gingen die Geschäfte schlecht, denn der Tourismus machte überall Verluste; die Gäste wollen Geld sparen und machen keine langen Reisen.

Andelon war wie immer gut gelaunt, wie unsere ganze Gruppe, während wir Wein und unsere Speisen bestellten. Viele an unserem Tisch bestellten frisch gefangenen Tintenfisch, Braco ebenfalls. Nachdem er seinen Teller leer gegessen hatte, bot ich ihm die Hälfte meiner Gnocchi in Gorgonzolasoße an, seine Lieblingsspeise, wie er mir gesagt hatte. Er lehnte zunächst ab, schnappte sich später aber meinen Teller und aß alles auf. Nach dem Abendessen standen wir vor dem Restaurant warteten darauf, dass alle vom Tisch aufstanden.

In Anwesenheit von Tedo, Stevo, Detlev und mir knöpfte sich Braco einen Hosenknopf auf und sagte lachend, er habe noch nie so viel gegessen, und im Spaß warf er mir noch vor, ich sei schuld daran. Er war gerade dabei, einen weiteren Knopf zu lösen, und hatte die Hände unter dem Hemd, als ein Paar in den Fünfzigern vor ihm stehen blieb. Sie hatten Braco erkannt und wollten ihm die Hand schütteln; sie strahlten vor Freude, als sie beim Abschied ihre Liebe zum Ausdruck brachten. Nachdem sie gegangen waren, brachen wir in Gelächter aus, und Braco zog sich selbst auf. Er hob das Hemd, um die gelösten Knöpfe zu zeigen, und fragte sich, was sich dieses Paar wohl dachte. Er sprach das mit einer so ernsten Miene aus, dass wir wieder einen Lachanfall bekamen.

Danach machten wir noch einen langen Spaziergang, um später noch Eis essen gehen zu können, und besuchten eine Spielhalle, wo wir mit Andelon spielten. Es war eine auf glänzende Weise verbrachte Stunde, und jetzt waren wir bereit für unsere Eisbecher. Nach der Nachspeise nach eigener Wahl spazierten wir noch ein wenig an der Riva entlang und machten uns dann auf den Heimweg. Unser Abend war so angenehm und entspannend, wie es nur Urlaubstage sein können. Nach diesem guten und sättigenden Abendessen wünschte ich Detlev noch von Herzen eine gute Reise nach China.

21. Tag - Samstag, 19. Juli 2009

Die Adriaküste

Heute war das unser letzter Spaziergang über das Steinufer am blau-grünen Wasser der kroatischen Adria, während mich Bracos starke Präsenz umgab. Wir sprachen miteinander, als ob wir das ganze Leben lang Freunde waren, und ich wusste, dass die Bedeutung unserer Beziehung sich erst in der Zukunft voll zum Ausdruck kommen wird. Die Zeit war reif, dass Braco über die Grenzen Europas hinaus wirkt, um neue Ebenen in seiner Mission zu erreichen, und ich würde helfen, wo ich konnte. Wir hielten an und kauften Bananen und einen Croissant und setzten uns dann in unser Lieblingscafé. Er begann darüber zu sprechen, dass alle Menschen so miteinander umgehen sollten, wie sie es zu Anfang getan hatten. Es sei sehr wichtig, dass die Menschen diese anfängliche offene Einstellung beibehalten, auch wenn sich ihr Umfeld verändert. Ich merkte rechtzeitig, dass der Song Living on a prayer von Bon Jovi den Raum erfüllte, während wir über dieses Thema sprachen.

Wir sprachen auch das Thema des Schicksals an, und der Rolle, die jemand im Leben spielt. Als Beispiel führte Braco seine Frau Dinka an, deren Rolle es ist, sich um ihren Sohn zu kümmern. Braco ist wegen des straffen Zeitplans und der Reisen oft nicht zu Hause, und Dinka hat die Verantwortung natürlich und gerne übernommen. Zu Bracos Schicksal wäre zu sagen, dass er die Fähigkeit des Blicks nicht entwickelt hätte, wenn Ivica nicht gewesen wäre. Im Grunde genommen wollte er diese anstrengende Arbeit oft aufgeben, doch er hielt sein Wort, das er seinem lieben Freund gegeben hatte. Durch seine Arbeit ehrte er Ivica; er wusste, falls er diese Arbeit aufgibt, wäre alles, was Ivica getan hatte, der Grundstein, den er gelegt hatte, verloren. Braco würde das niemals zulassen, und ich spürte, dass er sein eigenes Leben opfern würde, nur um die Fortsetzung dieser Arbeit zu gewährleisten.

Am zweiten Tag meines Kroatienaufenthalts schenkte mir Braco einen glänzenden Sonnenanhänger. Er verkörpert klar seine Energie und ist für mich aus vielerlei Gründen von großer Bedeutung. Ich äußerte meine Sorge um den Anhänger, wenn ich im Meer schwamm, weil viele meiner geliebten Halsketten auf dem Meeresgrund gelandet waren, doch Braco sagte mir, ich könnte die Halskette immer tragen und müsste mir keine Sorgen machen. Falls ich sie verliere, würde er sie ersetzen, und das war die Natur seiner immer so großzügigen Seele.

Nach vielen privaten Gesprächen mit Braco begriff ich, dass er viel weiter sehen kann, als andere, besonders was Menschen betrifft. Selbst das, was die

Menschen verstecken wollten, war für Braco offensichtlich, und dennoch war er immer freundlich und tolerant. Er ließ die Menschen trotz ihrer Mängel in seiner Nähe sein, und das war ein weiteres Geschenk, das er mir machte. Ich stellte fest, dass ich menschliche Fehler nur bis zu einem gewissen Punkt akzeptiere, danach distanziere ich mich. Aber sein Beispiel zeigte mir den Weg zu einer größeren, trefflicheren Weise, die es jedem gestattet, trotz seiner Schwächen gleich behandelt zu werden.

Ganz unerwartet trat Viktor an unseren Tisch heran und begrüßte uns. Er hatte über eine Woche in Zagreb verbracht und sich um den Garten gekümmert. Er zeigte mir einen Plastikbeutel mit Birnen aus dem eigenen Obstgarten und sagte, sie seien für Andelon und mich. Ich nahm eine, und beim Verzehr konnte ich die Liebe spüren, die Viktor diesem Stück Obst zuteil werden ließ. Sie waren alle fähig, dem Boden und ihren Gärten Liebe angedeihen zu lassen, und meine Ergebenheit und Bewunderung ließ mich die Energie der Liebe in dieser Birne noch mehr schätzen. Bracos Vater verließ uns nach diesem kurzen Besuch schnell, um sich später, beim Abendessen, wieder zu uns zu gesellen. Ich war so froh, ihn noch einmal zu sehen und die Gelegenheit zu haben, mich auf angemessene Weise von ihm und Ivanka zu verabschieden.

An diesem Morgen wünschte ich mir von ganzem Herzen, heute nicht traurig zu sein, und das Universum antwortete mir in seiner Güte, indem es mir ein Gefühl der inspirierten Absicht gab, die mir Glück und Entschlossenheit schenkte. Das tiefste Gefühl des Verlusts des Umgangs mit einem Menschen, der mit solcher Leichtigkeit ein Beispiel des Zusammenschlusses des Geistigen und Materiellen setzt, der so mysteriös eine wundersame Energie ausstrahlt und der solch eine wunderbare Familie um sich versammelt hat, dieser Verlust bahnte sich nun an. Doch meine neu gewonnene Kraft ließ kein Gefühl der Niedergeschlagenheit oder Hilflosigkeit aufkommen. Ich gehe, um eine neue Mission zu schaffen und mit der Befriedigung eines neuen Fortschritts wieder zu kommen. Ich werde der Spontaneität der Energie freudig folgen, die mein eigenes Schicksal aufzeigen wird, das Schicksal, das Braco befreit hat und das fliegen kann.

Stevo und Tedo kamen zu uns ins Café Light, wo wir weitere Pläne für Hawaii schmiedeten. Ich beschloss, dass Sead Braco auf die Inseln begleiten und den in Makedonien mit uns begonnenen Film fertig stellen sollte. Ich versprach ebenfalls atemberaubende Szenen, die den Film noch attraktiver machen würden. Kurz darauf bekam Stevo einen Anruf von Dinko; der hatte schlechte Nachrichten – sein Auto hatte einen Motorschaden, und Dinko konnte seine Schicht in den nächsten zwei Tagen nicht abarbeiten. Wegen der Urlaubssaison musste man nun Rudi alle Präsentationen aufbürden, und das tat Braco sehr leid. Falls Rudi irgend etwas dazwischenkommen sollte, wäre niemand mehr da, und solch eine Situation wäre für Braco inakzeptabel. Wenn es erforderlich war, wies Braco seine Mitarbeiter an, die Probleme zu lösen und die Anforderungen der Arbeit abzustimmen, ungeachtet der Problemsituation. Wie sie diese Situation lösten, ist mir nicht bekannt, aber Bracos Sorge um die Menschen, die kommen, um ihn zu sehen, stand wieder im Brennpunkt.

An diesem Morgen beschloss ich, etwas Neues mit Braco zu versuchen. Da nun eine Webkamera an seinen Rechner am Srebrnjak 1 angeschlossen war, sollte er über Skype live mit mir sprechen. Uns kam auch der Gedanke, dass wir eine Begegnung mit Bracos Blick über das Web einrichten, zwischen Braco live aus Zagreb und mir live aus Hawaii. Ich würde es als erste ausprobieren, und falls ich die Energie auf diese Weise spüren kann, würde ich Menschen aus der Umgebung einladen, das gleiche Gefühl durch Übertragung zu erfahren. So legten wir den Termin für unseren ersten Versuch fest; es sollte der 4. August sein, in der Nacht von Ivicas Geburtstagsfeier. Nun taten sich phantastische Möglichkeiten auf, denn auf diesem Wege konnte ich in den langen Monaten vor uns Bracos Energie wieder empfangen, was den Schlag unserer Trennung bereits milderte.

Danach verließ ich unsere Gruppe und ging in das örtliche Internet Cafe, um einige unserer morgendlichen Pläne sofort in die Tat umzusetzen. Schnell und zielsicher schickte ich E-Mails an meine Freunde in Hong Kong, Japan, Kanada und Australien, die mithelfen konnten, dass Braco diese neuen Länder besucht. Gedanken voller Hoffnung gaben neuen Taten Auftrieb, und ich konnte es kaum erwarten, meinen Freunden in der ganzen Welt über neue Möglichkeiten mit Braco zu erzählen. Als ich mit der elektronischen Post fertig war, klappte ich mein Laptop zu und spazierte leichten Schrittes zu dem Grundstück am Meer.

Ivica, Nikica und eine Frau namens Miranda, eine fröhliche junge Zahnärztin, die ich in Trogir kennen gelernt hatte, schlossen sich unserer Gesellschaft an; wir kosteten alle den Käse, den Nikica nochmals mitgebracht hatte, und dazu Trauben und hausgemachtes Brot. Danach wollte Andelon Karten spielen, so dass wir die nächste Stunde im Spiel verbrachten. Jeder von uns hatte 10 Steine für den Einsatz im Poker bekommen. Nikica und Tedo wurden ihre Steine schnell los, und so zahlten sie mit Zigaretten weiter. Bald darauf gingen auch den anderen, mich eingeschlossen, die Steine aus, und da ich keine Zigaretten hatte, verwendete ich meine Sonnenbrille als Einsatz. Andelon musste am Ende sein Hemd, die kurzen Hosen und die Schuhe an Nikola abgeben, während meine Sonnenbrille bei Ivan landete. Glücklicherweise bedeckten gerade jetzt Wolken den Himmel, denn Ivan und Nikica gaben uns unsere Sachen erst gegen Ende des Tages zurück.

Später sprachen Braco und ich über seine aufgezeichnete Stimme, die den Besuchergruppen vorgespielt wird, wenn er auf Reisen oder, wie in diesem Fall, auf Urlaub ist. Diese Form der Übertragung von Bracos Energie wird einfach als Die Stimme bezeichnet. Ich sagte, dass ich bedauerte, diesen wichtigen Aspekt seiner Arbeit nicht erlebt zu haben, und Braco kam sofort ein Gedanke.

Er hatte für mich ein Flugticket vom örtlichen Flughafen nach Zagreb reserviert, von wo aus ich am Nachmittag einen Anschlussflug nach Barcelona hatte. Jetzt entschloss er, diesen Flug zu stornieren; stattdessen wird mich Tedo um 04:15 am Morgen zum Srebrnjak 1 fahren. So werde ich, vor meiner Abreise mit dem Flugzeug am Nachmittag, in Zagreb noch die Stimme mit drei Gruppen anhören können.

Ich wusste, dass ich mir diese Erfahrung nicht entgehen lassen darf, und so war schnell alles abgesprochen. Braco rief sofort Damir an, der meinen Flug stornieren sollte, was nun bedeutete, dass ich die Küste einen halben Tag früher verlassen musste. Das war der einzige Moment dieses Tages, an dem mich der Schmerz des Abschiednehmens erfüllte, und seine Intensität lähmte mich für einen Augenblick. Glücklicherweise konnte ich mich schnell fassen und mich voll auf Miranda konzentrieren. Sie war eine langjährige Freundin von Braco und schwärmte so von der Stimme, dass ich beschloss, noch ein letztes Interview mit ihr zu machen. Wir zogen uns an einen ruhigen Ort zurück und begannen mit dem Gespräch.

Miranda - Die Wichtigkeit der Wünsche

A. Miranda, können Sie uns zunächst erzählen, was Sie zu Braco geführt hat?

M. Es war der 31. Januar 2000. Ich stand vor dem Abschluss meines Studiums und suchte etwas, das meinem Leben Sinn verleihen würde. Wissen Sie, ich hatte alles, das Studium verlief absolut problemlos. Doch als ich als Person herangereift war, suchte ich etwas zur Ausbildung der Persönlichkeit. Eine Person schlug mir Braco vor, und ich meinte, in Ordnung, das schaue ich mir an. An einem Morgen ging ich zu Braco - es war ein Montag. Es kam mir recht seltsam vor.

A. Sie besuchten ihn am Srebrnjak 1?

M. Ja, ich kam um sechs Uhr morgens zum Srebrnjak 1 und war ganz aufgeregt, ihn zu sehen. Damals hatte ich keine besonderen Probleme. Er sagte mir einige Dinge und ich antwortete, OK, wir sehen uns wieder. Ich komme Sie besuchen. Und dann begann ich zu leben. Der Studienabschluss stand bevor, die Suche nach einem Arbeitsplatz; es war nicht leicht, ein neues Leben zu beginnen. Und Braco half mir, Arbeit zu finden.

A. Bei der ersten Begegnung mit Braco am Srebrnjak 1 hatten Sie keine besonderen Probleme wie viele andere Besucher, Sie suchten etwas Geistiges…

M. Ja, genau. Aber meine erste Frage bezog sich auf Liebesangelegenheiten, denn ich war der Meinung, dass mir Liebe im Leben fehlt.

A. Und hat er Ihnen etwas geantwortet… (Braco sprach bis zum Jahr 2003 mit seinen Besuchern.)

M. Er sagte mir, ich sehe Dich nicht hier, ich sehe Dich in einer Großstadt, Du wirst in einer großen Stadt leben. Das war alles. Ich kam im April wieder, und als ich sein erstes Buch gelesen hatte, wurde mir alles klar. Das Erwachen. Eine Zeit lang besuchte ich ihn jede Woche, dann alle zwei Wochen. Ich kaufte ein Buch und las. Das erfüllte mich.

A. Wie alt waren Sie damals? Sie standen vor dem Studienabschluss…

M. Ich war 23 Jahre alt.

A. Das ist sehr früh, um nach Geistigkeit zu suchen.

M. Wissen Sie, ich versuchte etwas in der Religion zu finden. Doch ich wurde nicht fündig, und dann reifte ich heran; Probleme in der Familie, in Beziehungen, mit der Gesundheit meiner Mutter, alles ging bergab. Viele Herausforderungen.

A. Besuchten Sie dann Braco einmal in der Woche?

M. Ja, regelmäßig. Ich war auch auf seiner Hochzeit. Er half mir, Arbeit zu finden. Nach einem Jahr half er mir wieder, eine andere Arbeit zu finden, und ich kam regelmäßig zum Srebrnjak 1. Ich hatte das Gefühl, mich zu einer besseren Person zu entwickeln. Das wurde zu meiner Lebensweise.

A. Glauben Sie, dass Braco Ihre Betrachtungsweise so verändert hat, dass Sie besser mit dem Leben zurechtkamen?

M. Ja, ja. Hätte ich ihn nicht getroffen, wäre ich heute nicht die Person, die ich bin.

A. Inwiefern hat er Ihnen geholfen?

M. Ich wurde offener. Ich bewertete die Menschen nicht nach Geld, Aussehen, Glauben. Er lehrte mich, jede Person auf die gleiche Weise zu betrachten. Aber ich wähle selbst, mit wem ich meine Zeit verbringen werde. Er lehrt die Grundlagen, die jeder haben sollte, mit denen sich jeder auseinandersetzen muss. Wenn ich Sie ansehe; es spielt keine Rolle, ob Sie aus Amerika, von Hawaii oder aus einem Dorf kommen. Das habe ich von ihm gelernt und dafür bin ich ihm dankbar.

A. Sie kennen ihn schon fast neun Jahre. Und Sie kommen ab und zu noch immer zum Srebrnjak 1?

M. Jetzt lebe ich nicht mehr in Zagreb, sondern in Split. Deshalb komme ich einmal im Monat zu Besuch. Die längste Pause zwischen Besuchen betrug drei Monate. Ich versuche, einmal im Monat zu kommen, und ich gehe zur Begegnung mit der Stimme. Wenn mich Probleme plagen, wenn ich nicht mehr arbeiten will, gehe ich dorthin, und alles wird klarer. Ich würde sagen, ich habe geistig viel dazu gewonnen.

A. Haben Sie eine Veränderung bei Personen aus Ihrem Umfeld bemerkt, die Braco besuchen?

M. Ja, meine Mutter, mein Bruder, meine Schwestern, sie kamen alle mit gesundheitlichen Problemen, Problemen mit dem Partner, alles lief schlecht. Meine Mutter hatte Schmerzen in der Schulter, aber ich dachte nicht weiter darüber nach. Ich sagte, sie ist alt, das geht vorbei. Aber der Schmerz blieb, und die Ärzte fanden keine Ursache. Als ich an einem Samstag am Srebrnjak 1 war, ich weiß selbst nicht, warum, dachte ich an meine Mutter und ihre Schmerzen. Nach einigen Tagen kehrte ich nach Split zurück, und meine Mutter sagte mir, der Schmerz sei verschwunden und nie mehr wiedergekommen. Davor konnte sie nicht einmal laufen, die Schmerzen ließen nie nach, und die Ärzte waren ratlos. Danach war der Schmerz für immer verschwunden.

A. Das ist eine wunderbare Geschichte. Hatten Sie nur an Ihre Mutter gedacht?

M. Ich dachte nur an sie, während ich der Stimme zuhörte. Ich dachte nicht, wie die meisten Menschen: es muss sein, es muss sein. Ich dachte nur, in Ordnung, ich wünschte, die Schmerzen meiner Mutter ließen nach.

A. Miranda, ich habe bemerkt, dass die Menschen um Braco etwas wünschen. Nicht aggressiv, wie wenn man mit Gewalt etwas herbeiführen will. Sondern viel sanfter. Wie der Wunsch eines Kindes. Ich sah viele Menschen, die sagten, sie hätten es sich nur gewünscht und es sei eingetreten.

M. Ja, ja, ja, wenn wir es mit Aggressivität versuchen, wird es nicht Wirklichkeit, weil es nicht natürlich ist. Ich glaube, Braco schenkt uns dieses Urgefühl, so dass kein Bedarf nach Aggressivität besteht - ich muss dies, ich muss das, ich muss! Wenn wir in unseren Gefühlen, in allem rein sind, dann fließt der Kraftstrom. Wir lassen es geschehen. Wer den Kraftstrom fließen lässt, dem erfüllt sich sein Wunsch. Deshalb bin ich so glücklich, Braco kennen gelernt und dieses Gefühl erfahren zu haben. Dieses Gefühl habe ich schon immer gesucht.

A. Die Menschen, mit denen ich sprach und die regelmäßig zu Braco gehen - viele von ihnen haben dieses Licht in ihren Augen. Das ist die Kraft, ich kann sie deutlich sehen; sie lässt nicht nach und wird scheinbar niemals verloren gehen. Spüren Sie so etwas in Ihrem Inneren?

M. Ja, ich bin von vielen Menschen umgeben, die nie von Braco gehört haben. Und wenn ich vom Srebrnjak 1 zurückkommen, wissen Sie, was mir meine Freunde sagen, die nicht wissen, wo ich war? Oh, Miranda, Du siehst hervorragend aus, was ist geschehen? Wissen Sie, es gibt da etwas in den Augen. In letzter Zeit gehe ich samstags zum Srebrnjak 1, und jedes Mal gehe ich danach einen Kaffee trinken, und alle sagen mir, dass ich wunderbar aussehe. Ich glaube, ich übertrage dieses Etwas, dieses Licht, auf meine Mitmenschen. Es ist etwas in mir, ich versuche das nicht willentlich. Wer Probleme hat, dem sage ich, er soll zu Braco am Srebrnjak 1 gehen. Danach sind alle zufrieden und froh. Jeder, der seiner Stimme zuhört, kann eine Erleichterung verspüren, das tritt ein, wenn wir wie Kinder sind.

A. Ich habe bemerkt, dass manche Menschen glauben, ihre ganzen Probleme würden verschwinden, wenn sie zu Braco gehen. Aber das Leben ist natürlich nie frei von Schwierigkeiten und Herausforderungen. So ist das Leben, aber ich sehe, ungeachtet der Art und Weise, wie das geschieht, dass dieses Licht, dass er den Menschen gibt, ihnen Kraft spendet und sie sich dem Leben anders stellen.

M. Ich bin Ärztin, aber ich glaube, dass er jedes Problem, insbesondere gesundheitliche Probleme - ich habe keine gesundheitlichen Probleme - aber ich glaube, dass er sie beseitigen kann. Das ist meine Bekenntnis, und ich glaube, dass sie durch nichts zu beeinflussen ist.

A. Außer Ihrer Mutter, die Schulterschmerzen hatte, haben Sie auch andere Berichte von Menschen mit körperlichen Gebrechen gehört?

M. Ja, meine Schwester hatte seltsame Flecken an den Beinen, und die Ärzte kannten die Ursache nicht. Ein Arzt sagte ihr, sie sollte eine Amalgamplombe aus ihrem Zahn entfernen. Es war sehr eigenartig, und da ich in Zagreb studierte, sagte ich ihr, sie müsse zu Braco gehen, denn es stand nicht gut um ihre Gesundheit, ihr Mann war gesundheitlich auch nicht auf der Höhe. Nach ihrem ersten Besuch bei Braco waren die Beschwerden verschwunden. Einfach so. Sie hatte keine eigene Wohnung und lebte bei ihren Schwiegereltern, aber es kam alles in Ordnung - sie kaufte eine Wohnung. Dann kamen Kinder. Ihre Lebenssituation hatte sich verändert. Jetzt ist sie mit ihrem Leben sehr zufrieden.

A. Welche Rolle spielt, nach Ihrem Ermessen, Braco in der Welt? Momentan besucht er einige europäische Länder und wird dort anerkannt. Manche Länder besucht er regelmäßig. Dennoch, glauben Sie nicht, dass seine Rolle größer ist?

M. Ja, er muss eine größere Rolle spielen. Europa ist eine lokale Angelegenheit. Es müssen sich viel mehr Menschen auf ihn vorbereiten, denn er hat so viel Kraft, und ich wünsche mir, dass ihn alle Menschen sehen, denn Braco muss man nur sehen oder hören - und ich würde sagen, es wendet sich alles zum Besseren. Dann werden die Menschen wissen, wenn sie ein Problem haben, das sie zum Srebrnjak 1, nach Österreich, nach Hawaii kommen können; ich weiß, dass die Menschen überall auf der Welt einen Ort finden werden, wo sie hingehen und Braco sehen können.

A. Sie würden es also gerne sehen, dass Braco in entferntere Länder reist, dass seine Stimme an vielen anderen Orten zu hören ist?

M. Ja, ja, ja, das würde ich, denn die Stimme ist herrlich und herzlich und weckt solche Kraft im Menschen; ich finde, jeder Mensch sollte Bracos Stimme hören, denn sie ist etwas Geistiges. Allein durch das Zuhören kommt es zu einer Veränderung des Geistes, und ich wünsche mir, dass die Menschen auf Hawaii oder in Japan von Braco hören. Denn er hat so viel von dieser Kraft, dass er sie mit allen Menschen teilen kann. Meiner Meinung nach ist er die Nummer eins.

A. Da stimme ich Ihnen zu. Nach allem, was ich gesehen habe, und von allen Leuten, die ich kennen gelernt habe, würde ich ihn auf Platz eins stellen.

M. Ja, ich hatte keine körperlichen Beschwerden, als ich Braco kennen lernte; ich hatte das Bedürfnis, jene Menschen zu sehen, die anderen etwas Geistiges gaben. Jetzt, nachdem ich Braco kennen gelernt habe, respektiere ich jeden, aber Braco steht an vorderster Stelle. Wissen Sie, in Ordnung, ich respektiere jeden, - Sie sind großartig - aber meines Erachtens ist Braco die Nummer eins. Wenn er in die Welt zieht, in andere Erdteile, dann wird er noch mehr Kraft haben. Und den Menschen noch mehr geben. Das ist meine Meinung.

A. Ja, ich glaube, dass das so wirkt.

M. Er muss das tun, denn ich glaube, er braucht eine größere Bühne für all die Menschen. Meiner Ansicht nach ist das die neue Evolution, die wir haben müssen. OK, es gibt auf der Welt auch viele materielle Dinge, die beschränken - Geld, Zerstörung, in allem. Jetzt ist die Zeit gekommen, dass sich die Menschen um ihre Seelen kümmern, dass sie ihre Seelen ein wenig erforschen und sagen, in Ordnung, wir haben etwas gefunden; und mir geht es gut und ich bin zufrieden. Ich glaube, der Mensch braucht eine Befriedigung dieser Art, und nicht nur die Jagd nach Geld.

A. Er gibt uns dieses besondere Etwas, nach dem wir gesucht haben, ein geistigeres Leben, das mit unserem gewöhnlichen Leben ein Ganzes bildet.

M. Ja, man muss leben, arbeiten, reisen; er führt uns zu uns selbst und zu dem, aus was wir uns zusammensetzen. Das würde ich über ihn sagen, wissen Sie. Ich hatte keine großen Probleme, als ich Braco zum ersten Mal besuchte, aber er half mir, als die Probleme kamen, ich wurde zu einer kompletten Person. Na gut, ich war bereits eine Person, ich studierte… ich hatte aber noch das ganze Leben vor mir. Er half mir im richtigen Moment, machte mich zu dem, was ich heute bin. Ich bin noch nicht komplett, aber er hilft mir jedes Mal, wenn ich zum Srebrnjak 1 komme. Ich sehe, wie ich mich weiter entwickle, ich bemerke täglich neue Veränderungen. Ich arbeite mit vielen Patienten, die mir sagen, wie gelassen ich bin, und dass sie sich bei mir sehr entspannt fühlen. Aber ich bin Zahnärztin, wissen Sie, beim Zahnarzt entspannt man sich nicht gerade. Ich glaube, er hat mir dabei auch geholfen.

A. Das ist wunderbar, denn ich sah so viele Menschen kommen, nicht nur mit schweren Krankheiten, sondern auch solche, die sagten, sie würden nur wegen der Energie kommen, weil sie sich danach besser fühlen. Sie haben kein konkretes Problem. Aber sie fühlen sich besser, nachdem sie am Srebrnjak 1 oder sonst wo waren und Braco gesehen haben.

M. Ich freue mich sehr, wenn ich viele junge Leute sehe. Wissen Sie, ich glaube, das ist die Mission der Leute von heute, dass später auch ihre Kinder kommen werden, so dass es den kommenden Generationen besser gehen wird. Für diese Generation wird es keine Probleme mehr geben, und diese Welt wird besser sein.

A. Als ich in Makedonien war, setzte sich die letzte Gruppe aus 250 Besuchern zusammen, und die Hälfte davon waren, meiner Schätzung nach, in ihren Zwanzigern und Dreißigern. Es war wunderschön, Mädchen und junge Frauen zu sehen, wie sie einander umarmen, und die Energie wirklich zu spüren. Und wenn Sie diese Gesichter sehen, wissen Sie ganz einfach, dass sie diese Energie mitnehmen und etwas damit anfangen werden.

M. Ich sagte Ihnen, wenn ich zum Srebrnjak 1 gehe, bemerken meine Mitmenschen eine Veränderung an mir, sehen, dass ich mich verändere. Und genau das brauche ich - eine tägliche Veränderung meiner Person. Im Alltag geht es mir manchmal gut, manchmal nicht so gut, aber ich gebe mir Mühe, dass es mir gut geht, wo immer ich bin. Und darum geht es.

A. Vielen Dank, Miranda.

Nach dem Gespräch mit Miranda war es mehr denn je klar, dass mir das Universum mit dem bevorstehenden Anhören der Stimme und Bracos tröstenden Worten über das Leben und die Energie ein perfektes Ende meiner Reise beschert hat. Wenn Braco Europa verlässt, werden die Reiseanforderungen an ihre natürlichen Grenzen stoßen, doch die Stimme wird das Erbe bilden und den Menschen grenzenlosen Beistand leisten. Gottes Hand öffnete hier die Wege auf die unerwartetste Weise.

An diesem Abend leisteten uns Bracos Eltern beim Abendessen Gesellschaft, und es freute mich unendlich, dass ich mich wegen ihrer Freundlichkeit und Güte als Teil der Familie fühlte. Hier konnte ich auch Bracos Sohn sehen, der in einer verständnisvollen und liebevollen Welt aufwuchs; sein unbekümmertes Spiel ruf Erinnerungen an längst vergangene Tage wach, als die Welt viel einfacher und ungefährlicher war. Hier gab es weder Rechner noch Fernseher, um das Kind zu unterhalten und zu betreuen; stattdessen war hier der Vater, der seine kostbare Zeit ganz dem Kind widmete; Baden, Boccia, Fußball und andere Spiele, und viele gemeinsame Gespräche.

Die Bindung zwischen Vater und Sohn ist sehr tief, und das trifft auch auf Dinka zu, die Geduld und Sorgfalt einer gelassenen Mutter an den Tag legt, und viel Liebe, die sie zu geben bereit ist. Ich schätzte die Vertraulichkeit, mit der ich so großzügigerweise an einer Realität teilhaben durfte, die mir bisher auf vielerlei Weise unbekannt war. Braco ist ein kompletter Mensch, ausgeglichen und ernst in der Achtung der kleinen Freuden des Lebens. Er ist kein Mensch, der unerreichbare Ideale lehren oder promovieren würde, sondern ein Mann, der den Weg der Integrität und des großen Bewusstseins zeigt. Ohne Tarnung und Illusion sieht er die Dinge, wie sie sind, und akzeptiert sie mit Geduld und Güte, aber auch mit Kraft und Beherztheit, wenn es die Arbeit erfordert.

Wenn er zu den Menschen vordringt, sieht Braco sowohl die guten als auch die schlechten Seiten besser als sie selbst, doch wird er stets alle Menschen gleich behandeln. Durch seine eigene Herangehensweise - er bahnte den Weg einer konkreten und aufgeschlossenen Weise - damit alle, die ihm folgen, profitieren. Dieses Abendessen stand im Zeichen des guten Willens, der Geselligkeit und der Liebe. Das spiegelte sich selbst in Stevos Kochkünsten wider, während er uns mit großartig zubereiteten Speisen verwöhnte, um uns glücklich zu machen. Ich saß neben Ivanka, und wir tauschten immer wieder ein Lachen aus, das von Herzen kam und keiner weiteren Worte bedurfte.

Unser Abendessen kam zu seinem natürlichen Ende, und wir kehrten in die Stadt zurück, zu einem letzten Beisammensein im Café unter Bracos Haus. Dieses Küstenstädtchen hatte einen Charme der Gastfreundschaft, und wir tranken Espresso und Wein, während sich die Musik durch die Luft schlängelte. Ivanka stimmte mein bevorstehender Abschied traurig, und sie fragte mich über Braco, ob ich mich auch so fühle. Ich schaute sie an und sagte, falls ich der Trauer erliege, würde ich überhaupt nicht aufhören zu weinen. Braco erlaubte sich einen Spaß mit mir und übersetzte meine gefühlvollen Worte mit: "Es ist ihr völlig gleich". Ich drohte ihm mit dem Finger, und er genoss dieses Spiel, in dem ich die Richtigkeit seiner Übersetzung erraten musste. Ich kannte ihn gut genug, um zu wissen, dass er unsere Gefühle gut verstand und respektierte und nur versuchte, uns etwas aufzuheitern.

Als wir endlich von unseren Tischen aufstanden, umarmte mich Ivanka und begann zu weinen. Ich konnte nur schwer die Tränen zurückhalten und umarmte sie liebevoll. Dann verabschiedete sich auch Viktor zaghaft, aber gutherzig von mir. Tedo wünschte ebenfalls allen Gute Nacht, denn er musste um 03:30 Uhr aufstehen, um Vorbereitungen für unsere Fahrt nach Zagreb zu treffen. Wir übrigen entschlossen uns noch für einen letzten gemeinsamen Spaziergang durch die Stadt und am Ufer entlang, wie in den Sternennächten aus Bracos Kindheit, von der er mir erzählt hatte. Und dann sah ich plötzlich eine riesige Sternschnuppe, die wie ein Meteor am Nachthimmel aufglühte.

Wir kamen in den frühen Morgenstunden nach Hause, und ich nahm von Dinka und Andelon Abschied. Dinka sprach ich meinen Dank aus für ihre Fürsorglichkeit und Gastfreundschaft, die mir ein Gefühl gaben, als sei ich im Kreis der eigenen Familie. Andelon, der Abschiede nicht mag, drückte ich die Hand und dankte ihm für die guten Spiele und den Spaß. Ich wollte Braco noch so viel sagen, aber es gab keine Worte, die meinen Gefühlen gerecht werden konnten. Sein letztes Geschenk würde das Aufstehen vor meiner Abfahrt um 04:15 Uhr sein. Im Beisein von Tedo umarmten wir uns noch ein letztes Mal, und das genügte. Diese letzte Liebenswürdigkeit machte mich glücklich. Mein 21-tägiger Aufenthalt war beendet, und jetzt sollte der Srebrnjak 1 und Bracos Stimme für einen letzten Eindruck auf meiner Reise sorgen.

Epilog

Die Stimme

Am Srebrnjak 1 wurden Tedo und ich fröhlich von Branko, Rudi, Sead, Stevo, Pero und den anderen empfangen. Branko und Rudi erblickten mich als erste, und ihr offenes Lachen und die herzlichen Umarmungen zeugten von der Innigkeit unserer Beziehungen, die wir durch die 21 gemeinsam verbrachten Tage erreicht haben. Sofort wurde ich in die lebhafte Küche auf dem zweiten Stock begleitet, wo Musik spielte, während Stevo schon Pfannkuchen nach Art des Hauses zubereitete. Sobald ich mich gesetzt hatte, bot er mir zuvorkommend eine Tasse meines geliebten grünen Tees und eine von Bracos Zigaretten an. Ich war von seinem einfachen Akt der Aufmerksamkeit bezaubert; nachdem ich zuerst abgelehnt hatte, wiederholte er sein Angebot, und ich nahm aus nostalgischen Gründen an.

Sead hatte bereits erfahren, dass er Braco auf Hawaii begleiten wird, und als er die Küche betrat, dankte er mir untertänig für die Einladung. Er war ein so gut erzogener und intelligenter Mann; was ich bei ihm schätzte, war diese ausgeglichene, wahrhaft geistige und künstlerische Ausdruckskraft und Liebe zur Natur. Da Sead und Rudi Englisch sprachen, standen sie mir beide bei der Verständigung hilfreich zur Seite. Nachdem ich mehrere Pfannkuchen mit hausgemachtem Honig oder Marmelade verspeist hatte, war es Zeit, sich der ersten Besuchergruppe anzuschließen.

Branko war meine Begleitung; er brachte mich zu der großen Holztür an der Front des Zentrums, wo eine Besuchergruppe darauf wartete, in den Onyx-Tempel eingelassen zu werden. Die Größe der Gruppe war ähnlich wie an den Tagen, an denen Braco anwesend war, und ich bemerkte sofort, dass die Besucher diese Form der Arbeit uneingeschränkt schätzen und respektieren. Wie immer hatten einige Besucher Fotos ihrer Liebsten mitgebracht und hielten Blumen in der Hand, die sie nach dieser Erfahrung mit nach Hause nehmen werden. Als sich die Tür öffnete, ordneten einige Mitarbeiter des Zentrums die Besucher in Reihen und zogen sich dann auf ihre Plätze zu beiden Seiten der Gruppe zurück. Sie standen bereit, falls jemand ihre Hilfe benötigen sollte, denn der Kraftstrom war einzelnen Personen manchmal zuviel.

Bisher verlief alles so, als ob Braco auf die Bühne kommen wird, und Rudi stellte sich vor die Gruppe, um eine kurze Einführung zu geben. Eigentlich hatte ich keinerlei Erwartungen, und ich wusste nicht, was ich erwarten kann. Mirandas Meinung über die Bedeutung und Wirkung der Stimme, der Aufzeichnung von Bracos Rede in kroatischer Sprache, hatte in mir eine Neugier auf allen Ebenen geweckt. Die Worte auf Kroatisch, dieser mir noch immer geheimnisvollen Sprache, konnte ich natürlich nicht verstehen, aber

Detlev hatte mich schon darauf hingewiesen, dass es nicht wichtig sein würde, denn bei allen Begegnungen mit Braco musste man nur aufgeschlossen sein und einfach fühlen.

Dann ertönte jene besondere Musik, die immer während der Begegnungen mit Bracos Blick spielt, und seine bekannte Stimme sprach nun sanft zu den Besuchern. Während ich mit den anderen da stand, spürte ich, wie mich eine Friedfertigkeit überkam und eine sanfte Energie durch meinen Körper strömte. An diesem Morgen spürte ich eine Nervosität wegen meiner Abreise, wegen des Verlusts meines Ballons und der mich umgebenden Energie, die von Braco kam. Aber jetzt hatte ich mich gefasst, mein Verstand konnte sich ausruhen, während ich in die Weiten der sanften und natürlichen Ausweitung eintauchte.

Die erste Session brachte mir Glückseligkeit und Entspannung und den inneren Trost, den ich jetzt so nötig hatte, denn ich musste weit weg von einem Mann, der mir nicht nur meine Träume zurückgegeben und mich mit der Quelle der Einheit verbunden hat, die ich mein ganzes Leben lang gesucht hatte, sondern dessen Gesellschaft ich auch ungemein schätzte. Es war mir klar, dass Bracos Kraftstrom durch seine Worte, durch seine Stimme, selbst, falls sie nur aufgezeichnet war, übertragen wird, und er konnte einen Einfluss auf den Körper ausüben, und noch viel mehr. Ich hatte den Raum mit einer Einstellung betreten, dass ich seiner physischen Anwesenheit den Vorzug gebe, doch ich verließ den Raum mit der Erkenntnis, dass dies im Grunde genommen nicht erforderlich ist, denn die Energie gelangt auch auf diese Weise zu den Besuchern und hilft ihnen. Und das war noch ein wichtiger Gültigkeitsnachweis.

Die zweite Gruppe folgte in einer Stunde. Branko begleitete mich nochmals zur rechten Zeit nach unten, und ich nahm meine Position in der Gruppe ein. Als Bracos Stimme ertönte, stellte ich mir bildhaft alles vor, was mich erwartete, die unsichere Zukunft, die Veränderungen, die sich in meinem Leben nach der Heimkehr einstellen würden, und vieles mehr. In meinen Gedanken schien mir das wie ein riesiges Gebirge, aber die Energie durchströmte alles, was vor mir lag, und schenkte mir nochmals die Ruhe, die alle angemessenen Möglichkeiten verbindet. Spontan kam ein inniger Glaube in mir auf, an alles, was die Zukunft bringen wird. Es war ein schönes und belebendes Gefühl, und ich verließ den Raum in kleinen Luftsprüngen und meinte, ich könne fliegen.

Dies war noch eine weitere direkte Erfahrung, die bestätigte, dass die Energie lebte und auf diesem Wege wirkte. Dies bedeutete aber auch, dass Braco mit seiner Fähigkeit, Energie zu geben, im Laufe der Zeit eine Riesenanzahl von Menschen erreichen könnte, und dass diese Energie stark genug war, vielen Menschen Nutzen zu bringen. Schließlich spürte ich bei der dritten Begegnung, wie warme Energie mich durchströmte, besonders in meinen Eingeweiden, und ich spürte einen Wunsch nach besserer Verdauung in mir aufsteigen. In diesem Zeitraum von wenigen Minuten, in dem Bracos Stimme ertönte, war ich mir sicher, dass das Geschenk überreicht worden war, und es spielte keine Rolle, was meine Empfindlichkeit in diesem Bereich verursacht hatte, ich wusste nur, dass die Heilung in mir begonnen hat - dessen war ich mir sicher.

Als die Musik und Worte zu Ende waren, stellte mich Rudi der Gruppe vor, und man wünschte mir von vielen Seiten gute Reise. Während die Besucher den Raum verließen, trat eine Frau an mich heran, die mit einem auffallenden Balkanakzent sprach. Sie lebt in New York, und dies war ihre vierte Reise zur Stimme, was ihr Leben verändert hat. Sie hat Braco nie persönlich gesehen, meinte jedoch, dass sie ihn durch die Stimme klar fühlen kann. Ihr Problem war die Angst vor dem Alleinsein, und nachts konnte sie in ihrer Wohnung nicht schlafen. Dann hörte sie von Braco, und als sie hierher kam, wurde den Besuchergruppen die Aufzeichnung der Stimme wiedergegeben.

Jetzt sagte sie mir glückstrahlend, dass sie dank Braco so stark und unerschrocken geworden sei, dass sie problemlos auch auf dem Friedhof schlafen könnte. Braco hat das und noch vieles mehr in ihrem Leben bewirkt, und sie wollte mir mitteilen, dass sie jetzt neues Selbstvertrauen spürt und ihr Leben sich durch Bracos Energie auf vielerlei Weise verbessert hat. Sie war nur kurz zum Srebrnjak 1 gekommen, weil sie hier nur zu Besuch ist, denn sie wollte nur die Freude durch Bracos Energie spüren und dieses Gefühl nach Amerika mitnehmen. So sah die Liebe und Dankbarkeit einer Frau aus, die etwas Licht in ihrem Inneren fand. Ich dankte ihr für diese Geschichte und wusste, dass sie anderen helfen würde, zu begreifen, dass das genügt und nichts weiter erforderlich ist.

Nachdem die Frau gegangen war, meinte Rudi, viele Besucher erzählten solche Geschichten an Tagen, an denen man nur der Stimme zuhört. Das eröffnete mir einen klaren Blick in die Zukunft von Bracos gebendem Blick, der sich über die Grenzen Europas hinaus ausbreiten und Gruppen in anderen Ländern geboten werden wird. Die Energie wird Menschen durch ihr Leben führen und ihnen bei den Versuchungen, die harte Zeiten mit sich bringen, zur Seite stehen. Dann war es Zeit für meine Fahrt zum Flughafen. Ich sprach Branko, Rudi, Stevo und allen anderen meinen liebsten Dank für die Herzlichkeit und Güte aus, die sie mir während meines Kroatienaufenthalts zukommen ließen. Sie hatten mich wirklich als Mitglied ihrer Familie aufgenommen, und ich sagte ihnen, dass wir uns wieder sehen würden, vielleicht auch früher, als wir denken, denn die Energie macht absolut alles möglich.

Braco und ein Blick in die Zukunft

Die Menschheit steht vor dem Erwachen, das ist das Schicksal unserer Zeit und die Voraussetzung der Prophezeiung von dem Goldenen Zeitalter, dem nächsten Kapitel unserer Geschichte. Der Schlüssel ist ein perfektes Gleichgewicht, das mit der Ausgeglichenheit von Körper und Geist beginnt. Ist dieses Gleichgewicht erreicht, dann kann der Verstand so weit gestärkt werden, dass er nicht mehr unter den Einfluss negativer Gedanken und kollektiver Lethargie fällt, in einer Welt, die sich nur auf oberflächliche Erscheinungen stützt. Braco lebt in einem perfekten Gleichgewicht, und die Energie, die er wegen seiner stabilen Grundlage zu geben fähig ist, stellt ein Mittel dar zur Rückführung des Geistes zu einer Harmonie mit dem Körper, zur Umgestaltung unserer Leben in den natürlichen Zustand der Reinheit und des Gleichgewichts. Das ist unser Recht, das uns mit der Geburt zusteht.

Den Beweis dieser nächsten Evolutionsstufe auf unserem Planeten stellt Braco selbst, denn er verkörpert das Urbild dessen, was für uns alle möglich ist. Seine geheimnisvolle Gabe kann jene wecken und umwandeln, die zu ihm kommen; er kann den Menschen helfen, sich auf seine Bewusstseinsstufe zu erheben, und wenn es eine ausreichende Zahl von Menschen getan hat, dann wird sich ein tiefgreifender Wandel vollziehen. Deswegen ist er selbst der Schlüssel zu einer goldenen Zukunft, die vor der Tür steht. Durch seine Arbeit kann das Licht wieder unsere Herzen und Leben erleuchten und den Aufgeschlossenen unter uns eine zielgerichtete und unaufhaltbare Fortentwicklung ermöglichen. Das ist der Wunsch des kollektiven Bewusstseins, dieses Ziel zu verwirklichen, einen heimischen Geist in unsere natürliche Welt zu bringen, der wieder herrschen wird.

Professor Schneider aus der Schweiz sagte bei einer Gelegenheit, der Arzt sei unsere erste Ebene der körperlichen Gesundung und des allgemeinen Wohlbefindens. Wenn der Arzt nicht, oder nicht zur vollsten Zufriedenheit des Patienten helfen kann, dann wenden wir uns an den Heiler auf der nächsten Ebene unserer Gesundung. Braco bildet die dritte Ebene, die das ganze Leben, die Transformation und das Erwachen vereint. Auf dieser Ebene werden nicht nur körperliche Gebrechen, sondern auch Lebensprobleme überwunden; das Individuum wird sich seiner inneren Kraft und der daraus hervorgehenden Antworten bewusst. Die Fähigkeit zu fliegen, der Flug durch das Leben ist wieder hergestellt.

Das Bewusstsein auf unserem Planeten ist in einem Wandel begriffen; es erfordert großen Einsatz und viel Hingabe der Menschen, all die Ungerechtigkeiten zu berichtigen, die wir uns selbst und unserer natürlichen

Welt angetan haben. Braco hat sein Leben der Energie gewidmet, deren Reichweite und Kraft so endlos ist, dass sie das Bewusstsein und jeden von uns verändern kann. Sein Leben ist einfach; es steht im Zeichen der Achtung und Liebe zur Natur, des Bewusstseins der Gegenwart, der Rückkehr in die Kindheit, der Offenheit, Spontaneität und Inspiration der Seele, und der Gleichheit aller Menschen ungeachtet ihrer Fehler und Schwächen, sowie des freundlichen Umgangs mit jedem Mitmenschen.

Unser Schicksal ruft uns auf, unsere Herzen zu öffnen, und es ist kein Zufall, dass die Kraft hinter Bracos Blick die größte Wirkung bei Herzenswünschen zeigt. Denn das Herz ist ein direkter Kanal zur Seele; es birgt unsere individuelle Perfektion, die, wenn wir sie hören, unsere Leben erfüllen und unsere schönsten Träume wahr machen wird. Mehr und mehr Menschen sind auf der Suche nach Geistigkeit, nach einer Ausweitung ihres Herzens in einem kostbaren Augenblick, nach dem Gefühl der Liebe zu allen Menschen, zur Natur und zur Erde. Mit der Zeit wird die Erfahrung der Einheit, erreicht durch ein natürliches Gleichgewicht von Verstand, Geist und Körper, die meisten Menschen auf dieser Welt berühren, als das Erbe unserer Erinnerung an das, was wir eigentlich sind und warum wir hier sind.

Bracos Kraft und Energie werden immer stärker, möglicherweise in direkter Verbindung mit der Kraft und Energie des Erwachens des Bewusstseins aller Menschen, die bereit sind, zum nächsten Schritt geführt zu werden. Wie Braco wächst, so wachsen auch wir. Das ist der Weg; es ist ein natürlicher Ablauf und Prozess am Werk, und dem Menschen wird nicht mehr gegeben, als was er empfangen kann. Anfang des Jahres 2010 wird Braco zu seiner Reise außerhalb Europas antreten, zunächst in die Vereinigten Staaten von Amerika, und bald darauf zu neuen Bestimmungsorten. Bisher hat er das nicht getan, weil es nicht der richtige Augenblick war. Ivica hatte in seiner Hellsichtigkeit prophezeit, dass Braco erst nach Amerika kommen wird, wenn es zu einem großen Wandel im Bewusstsein der amerikanischen Seele gekommen ist. Das ist nun eingetreten, und wir sind bereit.

Hilfe kommt immer, wenn wir bereit sind, sie anzunehmen, die Tür zu öffnen, damit sie eintreten kann. Braco hat nie Interviews gegeben, nie Werbung gemacht, sondern einfach nur seine Arbeit fließen und sich natürlich ausbreiten lassen; er hat sein Team bereits vor zehn Jahren darauf aufmerksam gemacht, dass jemand aus Amerika kommen und ihn aus Europa herausführen wird. Nun wird dieser Blick in die Zukunft zur Gegenwart, und es bietet sich uns die Gelegenheit. Der kroatische Wissenschaftler Drago Plečko stellt Bracos Phänomen mit dem indischen Phänomen namens Shaktipat gleich - das Verleihen göttlicher Barmherzigkeit von jemandem, der einen höheren Bewusstseinszustand, die Einheit mit der göttlichen Energie erreicht hat.

Viele werden versuchen, das Geheimnis von Bracos gebendem Blick zu enträtseln, indem sie ihn in bestimmte Kategorien einordnen; die der Geistigkeit Zugewandten, aber auch die Wissenschaftler, werden unsere bestehenden Auffassungen zur Erklärung heranziehen, und das ist unerlässlich, aber auch ein Hindernis. Auf der Wissenschaft beruhende Deutungen schaffen Grenzen, und geistige Kategorien ebenso; sie helfen uns nicht, unsere Herzen zu öffnen, in Bezug auf die angeborene Schönheit, Weisheit und Großartigkeit dieser geheimnisvollen Gabe, die innerhalb unserer Reichweite steht. Solche Dinge lenken uns nur von der Erfahrung des Gefühls des Wachseins ab. Gefühle sind zu groß, als dass sie mit gewöhnlichen Worten beschrieben werden könnten, oder mittels unseres beschränkten Auffassungsvermögens, das nur den Schatten des Allgemeinen bietet. Wenn und falls eine Antwort geboten ist, wird sie absolut klar sein, doch bis dahin sollte man es unterlassen, eines der glänzendsten wirkenden Mysterien des Universums zu kategorisieren oder zu deuten.

Ivica bezeichnete Braco treffend als Kind von Atlantis. Er sagte auch, dass die Kinder von Atlantis in unserer Zeit erwachen und die Dinge auf der Welt in Ordnung bringen werden; das Goldene Zeitalter sei bereits zu erkennen. Ivica bedauerte, dass die Menschen keine Ahnung haben, was ihnen in dem Zeitraum unserer Vorgeschichte, unserer wahren Geschichte, abhanden gekommen ist. Braco gab mir zwei von Ivica verfasste Bücher, die ins Englische übersetzt wurden. In einem der Bücher schrieb der Prophet, die Menschheit sei infolge dramatischer Ereignisse eingeschlummert und werde jetzt wieder erwachen. Dieser Bewusstseinswandel macht sich bereits weltweit bemerkbar.

Interessanterweise spricht ein moderner Weiser aus Russland, namens Anastasia, über den Vladimir Megre in den vergangenen zehn Jahren in einer Buchreihe unter dem Titel The Rining Cedars geschrieben hat, ähnlich über die Menschheit, die in den Schlaf gesunken und sich ihrer wahren geistigen Natur nicht bewusst ist. Er spricht auch über das bevorstehende Erwachen und das absolute Bedürfnis des Menschen nach Liebe und Wiederbelebung der Natur, nach einem einfacherem Leben unter der Obhut der Natur. Braco stellt sich der Welt, um uns allen zu helfen, diesen inneren Funken wieder zu schaffen und zu wecken, damit wir unbelastet leben und uns mehr umeinander und um all die Dinge aus unserem Umfeld kümmern können. Das wiederum führt zu einer Veränderung der Werte und Prioritäten, weg von dem Streben nach materiellem Gewinn, zurück zu Aktivitäten, die unsere Seele nähren und uns zu ewigem Wohlstand und Glück führen.

Die Mission, Menschen zu helfen, wird sich in Zukunft ausbreiten, und zwar nicht nur durch Bracos Reisen, sondern durch moderne Technologien, die Braco live übertragen können, oder durch seine aufgezeichnete Stimme, zu zahllosen Ländern und Gemeinschaften hin, die diese ihnen angebotene Gelegenheit erkennen und schätzen. Meine erste Begegnung mit Bracos Blick frischte die Kraft meiner kostbarsten Träume auf und erweckte sie in mir zu neuem Leben. Niemand hatte mir jemals solch ein Geschenk gegeben. Jetzt ist es mein größter Wunsch, in diese Energie zu blicken, die das alles möglich machte und die jedem zur Verfügung steht, der sie sucht und aufnimmt. Das ist ein Geschenk, das absolut nichts kostet, ein Geschenk der unbegrenzten Möglichkeiten.

Das Schicksal ruft und bietet uns die Gelegenheit, ein Geschenk, um unser Glück und unsere Kraft wieder zu erlangen, und dieses Geschenk kommt auf die unerwartetste Weise.

Bracos Leben wurde aufgedeckt, aber nur an der Oberfläche; doch es gibt noch so vieles, vieles, vieles zu erzählen…